Stephen Berglas · Roy F. Baumeister
Selbst-Sabotage

Steven Berglas
ist Klinischer Psychologe und Management-Berater an
der Harvard Medical School.
Roy F. Baumeister
lehrt an der Philosophischen Fakultät der Case
Western Reserve University.
Beide haben in den USA bereits mehrere Bücher zum
Thema »Selbst« veröffentlicht.

Stephen Berglas und Roy F. Baumeister

Selbst-Sabotage

Warum Sie selbst Ihr ärgster Feind sind

Aus dem Amerikanischen
von Rita Höner

Kabel

Titel der amerikanischen Originalausgabe:
YOUR OWN WORST ENEMY
Understanding the Paradox of Self-Defeating Behavior
Basic Books, A Division of HarperCollins Publishers Inc., New York

© 1993 by Steven Berglas and Roy F. Baumeister

Copyright der deutschsprachigen Ausgabe:
© 1994 by Ernst Kabel Verlag GmbH, Hamburg
Aus dem Amerikanischen übersetzt von Rita Höner

Umschlag: Theodor Bayer-Eynck
Titelillustration: Silvia Christoph
Satz aus der Garamond (Linotronic 500)
Papier: Fortuna Werkdruckpapier »Pegasus« chlorfrei, säurefrei
Steinbeis Temming Papier GmbH & Co., Glückstadt
Gesamtherstellung: Clausen & Bosse, Leck

ISBN 3-8225-0283-9

1 3 5 7 9 10 8 6 4 2

Inhalt

1

Einen Sieg in eine Niederlage verwandeln

Wir sind dem Feind begegnet, und der Feind waren wir.
– Pogo, Zeichentrickfigur von Walt Kelly

Eugene Fodor war der erste Amerikaner, der bei dem reno-mierten Tschaikowsky-Violinwettbewerb in Moskau den Hauptpreis gewan. Als der 24-jährige Violinist 1974 nach seinem Sieg nach Hause zurückkehrte, wurde er – ähnlich wie der junge Weltklasse-Pianist van Cliburn auf dem Gipfel sei-nes Ruhms – wie ein Held empfangen. Ganz New York lag Fodor zu Füßen – er wurde zu einer Aufführung ins Weiße Haus gebeten, war oft die Hauptattraktion einer bekannten Fernsehshow und profilierte sich in der Whisky-Werbung. Er wurde zum Medien-Star, zum Mick Jagger der klassischen Musik. Aber im Kielwasser seines Erfolgs begann Fodor, mit einem psychologischen Dämon zu kämpfen. Er vergrämte potentielle Sponsoren und schadete seiner beruflichen Glaub-würdigkeit, denn er erfüllte die in ihn gesetzten Erwartungen nicht. Er begann, mit Drogen zu experimentieren; als er als Neunundreißigjähriger beim Einbruch in ein Hotelzimmer festgenommen wurde, wurden 24 Gramm Kokain und eine Spritze mit Spuren von Heroin bei ihm gefunden. Sein Kon-flikt mit dem Gesetz, über den auf der Titelseite der *New York Times* berichtet wurde, brachte ihm mehr Aufmerksam-keit ein, als er im Verlauf der letzten zehn Jahre erhalten hatte.[1]

Leute wie Eugene Fodor verblüffen Philosophen, Theolo-gen, Psychologen und andere am Wesen des Menschen Interessierte seit langem. Nicht der Drogengebrauch an sich ist erstaunlich; Menschen werden aus vielen Gründen süchtig: Karrieredruck, der Einfluß der Bezugsgruppe, eine gescheiterte Ehe oder auch eine genetische Veranlagung sind nur ein paar von ihnen. Der eigentlich verwirrende Aspekt am Verhalten der Eugene Fodors dieser Welt ist, daß sie selbstzerstörerisch werden, wenn sie scheinbar alles haben, was das Leben lebenswert macht. Wenn Menschen mit dem Potential zu einem guten Leben statt dessen die Errungenschaften und die Anerkennung zerstören oder mißbrauchen, für deren Erreichung sie gearbeitet haben, stehen wir vor einem grundlegenden menschlichen Paradox: dem selbstschädigenden Verhalten.

Fodors selbstschädigendes Verhalten ist schwer zu erklären, aber was sollen wir erst von dem berühmten französischen Schachspieler Deschapelles sagen? Er behauptete, das Schachspiel in zwei Tagen gemeistert zu haben, und wurde dann zum Nachfolger seines Lehrers als Champion seiner Region. Es kam jedoch die Zeit, in der er nicht mehr sicher war, alle Herausforderer zu schlagen. Damals stellte er für alle Spiele eine neue Bedingung: Er spielte nur, wenn sein Gegner den Vorteil akzeptierte, einen von Deschapelles Bauern zu nehmen und den ersten Zug zu machen, was die Wahrscheinlichkeit erhöhte, daß Deschapelles verlor. Die Strategie wurde als der *Deschapelles-Coup* bekannt.[2] Warum bestand er auf einer Bedingung, die einen Wettbewerbsnachteil für ihn bedeutete und es wahrscheinlich machte, daß er viele Spiele verlor?

In Wirklichkeit bewies Deschapelles dadurch, daß er seinem Gegner einen Vorteil aufzwang, eine gewisse Eleganz. Wenn er ein Spiel verlor, konnte seine schlechte Leistung nicht mangelnder Kompetenz zugeschrieben werden; statt dessen konnte er für sein Versagen seine Benachteiligung verantwortlich machen. Wenn er aber trotz seiner Benachteiligung ein Spiel gewann, wurde seine Kompetenz noch höher bewertet. Dann konnte die Öffentlichkeit sagen: Was, trotz eines Handikaps hat er es so gut gemacht?

Aber auch wenn wir annehmen, daß Deschapelles ein geschickter gesellschaftlicher Stratege war, bleibt die Frage: Was motivierte ihn dazu, das Risiko des Versagens zu erhöhen, um die Verantwortung für dieses Versagen nicht übernehmen zu müssen? Und warum warf Fodor seinen Erfolg gerade dann weg, als alles für ihn gut lief? Obwohl die beiden Fälle unterschiedlich sind, bestehen gewisse Ähnlichkeiten: Beide erreichten den Gipfel ihrer Laufbahn, bevor sie mit einem Verhalten begannen, das ihre Position im jeweiligen Bereich gefährdete. Beide hatten Karrieren, in denen sie ihre Kompetenz wieder und wieder beweisen mußten. Und beide waren Solisten: die ganze Verantwortung für Erfolg oder Mißerfolg lag auf ihren Schultern. Ihre Situation klingt nach Streß, aber lassen selbstschädigende Muster sich nur durch Streß erklären?

Das vorliegende Buch möchte das Verhalten von Menschen verständlich machen, die sich – wie Deschapelles und Fodor – ohne ersichtlichen Grund Schmerz, Leid und Not zufügen. In unserer Eigenschaft als Psychologen sind wir von diesem Paradox seit langem fasziniert. Wir besitzen beide eine Ausbildung als experimentelle Sozialpsychologen, aber einer von uns (Berglas) spezialisierte sich anschließend in klinischer Psychologie und behandelt seit ein paar Jahren die psychologischen Störungen von Menschen, die ihren Erfolg sabotieren und es so einrichten, daß Beziehungen scheitern, oder sich wiederholt auf Interaktionen einlassen, die schiefgehen müssen. Der andere (Baumeister) arbeitete weiter in der Forschung und versuchte, die Persönlichkeitsvariablen und die sozialen Kräfte zu verstehen, aufgrund derer normale Erwachsene selbstschädigende Muster entwickeln. Aus diesem Grund stellt das Buch zwei verschiedene Perspektiven des Problems dar. Wir konnten auf eine Reihe klinischer Fälle selbstschädigenden Verhaltens und entsprechende Forschungsergebnisse zurückgreifen.*

---

* Zur Veranschaulichung benutzen wir in diesem Buch aus zweiter Hand stammende Berichte über das Verhalten Prominenter. Wir möchten dadurch dem Leser helfen, Formen der Selbstschädigung zu erkennen. Wenn nicht anders angegeben, hatten wir zu den erwähnten Prominenten keinen persönlichen Kontakt; unsere Darstellung ihres Verhaltens beruht auf Berichten in angesehenen Medien. Aufgrund

In den folgenden Kapiteln untersuchen wir eine breite Palette selbstschädigender Verhaltensweisen; dabei achten wir darauf, die unterschiedlichen Ereignisse, die als Selbstschädigung qualifiziert werden können, in eine Ordnung zu bringen. Wir stellen dar, welche Ziele durch selbstschädigende Verhaltensweisen erreicht werden, welche Umstände zu ihnen führen und wie verbreitet solche Verhaltensweisen sind. Eine kurze Überlegung fördert viele häufige Verhaltensmuster zutage, die zweifellos selbstschädigend sind:

- Menschen rauchen weiter, obwohl inzwischen ziemlich klar erwiesen ist, daß Nikotin mit Lungenkrebs und Herzkrankheiten zu tun hat.
- Intelligente Kinder werden in der Schule ihrem Potential nicht gerecht; sie vernachlässigen die Hausaufgaben und lernen nicht für Prüfungen, die sie mit Leichtigkeit bestehen müßten.
- Profisportler, die doch hauptsächlich von ihrem Körper abhängig sind, benutzen trotz bekannter gesundheitlicher Risiken und potentieller juristischer Folgen im Falle der Entdeckung Drogen wie Kokain oder Geschlechtshormone.
- Männer und Frauen mit ausreichenden finanziellen Mitteln ertragen verbalen und physischen Mißbrauch, Schikanen und ein Leben ohne Liebe; sie bleiben in offensichtlich dysfunktionalen Ehen, obwohl weder religiöse Zwänge noch die Bedürfnisse von Kindern erklären, warum sie emotional leiden, anstatt sich scheiden zu lassen.

dieser Berichte haben wir den Schluß gezogen, daß ihr Verhalten für bestimmte selbstschädigende Muster *repräsentativ erschien*. Unsere Analyse will weder das Verhalten von Personen des öffentlichen Lebens diagnostizieren, noch suggerieren, daß sie an einer psychologischen Störung leiden oder litten.

Bei der Darstellung klinischer Fallgeschichten sind die den Patienten identifizierenden Merkmale absichtlich verzerrt worden, um seine Anonymität zu wahren – eine Standard-Praxis bei der Schilderung psychotherapeutischer Fälle. Angaben über Alter, Beruf, Anzahl und Geschlecht der Kinder, Religionszugehörigkeit wurden verändert, wenn sie mit dem selbstschädigenden Persönlichkeitsstil des Patienten nichts zu tun hatten. Wesentliche Angaben für das Verständnis des selbstschädigenden Verhaltensstils eines Menschen, etwa sein Familienstand, wurden nicht verändert.

Und das Lustprinzip?

Einem kollektiven Selbstbild zufolge sind wir Menschen eine eigensüchtige, hedonistische Spezies. Die meisten – stark auf der Freudschen Theorie beruhenden – modernen Vorstellungen über menschliches Verhalten meinen, der Versuch, Schmerz und Leid zu reduzieren, sei natürlich. Das menschliche Verhalten wird angeblich vom sogenannten *Lustprinzip* bestimmt; der Begriff wurde von Freud[3] geprägt, um zu erklären, warum Menschen auf unangenehme Zustände (zum Beispiel Spannung) oder Gefühle (zum Beispiel Zorn) mit dem Versuch reagieren, sie durch Lust bereitende Verhaltensweisen abzustellen. Von Säuglingen, die in Reaktion auf Hunger schreien, bis zu Erwachsenen, die unter großem zeitlichen (und finanziellen) Aufwand in der Psychotherapie versuchen, psychischen Schmerz abzubauen, scheint die menschliche Natur Unlustgefühlen ziemlich abgeneigt.

Früher hat diese natürliche Tendenz, Lust zu suchen, bisweilen die Sorge geweckt, durch das Vermeiden von Schmerz würden Menschen das Leid anderer ignorieren. Von den sieben Todsünden der mittelalterlichen Theologie hatten sechs mit Selbstbezogenheit zu tun (Gier, Neid, Gefräßigkeit, Lust, Stolz und Trägheit); und von den Zehn Geboten, dem Eckstein der jüdisch-christlichen Ethik, warnen fünf die Menschen davor, im Zuge der Selbstbefriedigung anderen zu schaden.

Heute jedoch scheinen Angehörige der westlichen Industrienationen weniger durch die Annahme beunruhigt, zügellose Hedonisten zu sein, als durch die gegenteilige Drohung: die Möglichkeit, daß wir alle den Keim von Eugene Fodors Selbstzerstörung in uns tragen. Wir halten es für selbstverständlich, daß Gewinnen gut – und dem legendären Football-Coach Vince Lombardi zufolge sogar das »höchste« überhaupt – ist, und wir verehren Gewinner. Selbsthilfebücher, die Ratschläge geben, wie man – unter welchem Einsatz auch immer – den Kampf gewinnt und Nummer Eins wird, stehen in den USA monatelang auf der Bestsellerliste.[4] Man hat sogar das Gefühl, daß unsere Kultur gegen Menschen, die auf dem Weg nach oben nicht nach hedonistischer Befriedigung streben, eine aktive Abneigung hegt. Handlungen oder Handlungsmuster, die das Lustprinzip durch Selbstschädigung verletzen, verwirren und verunsichern uns.

Die Selbstschädigung nimmt viele Formen an, und nur wenige sind so offensichtlich wie Eugene Fodors Abstieg aus der Welt der Stars. Im allgemeinen richten Selbstschädiger es so ein, daß sie »unabsichtlich« oder »aus Versehen« in Situationen oder Beziehungen landen, in denen sie leiden. Viele selbstschädigende Muster finden sich in Ehen oder anderen engen Beziehungen. Eine bizarre selbstschädigende Romanze etwa endete damit, daß der hoffnungsvolle Sprößling einer Familie von Baumwollplantagen-Besitzern, der des Mordes an seiner wunderschönen Ex-Frau beschuldigt wurde, bei seiner Festnahme die Polizei anflehte: »Bitte töten Sie mich… Frauen bringen einen dazu, komische Dinge zu tun.«[5] Als die Fakten zum Fall von Ralph Hand III. publik wurden, schien die Bemerkung des angeblichen Mörders noch untertrieben zu sein.

Ralph Hand III. war gesegnet und verflucht zugleich: gesegnet mit ererbtem Reichtum und verflucht, weil er den Gebrauch seiner Beine bei einem Autounfall im ersten Collegejahr verloren hatte. Er hatte Olivia geheiratet, eine lebhafte junge Frau aus einer armen ortsansässigen Familie, die nach dem Scheitern ihrer ersten Ehe und einer angefangenen Karriere in ihre Heimatstadt zurückgekehrt war. Am Hochzeitstag ließ Olivia Ralph am Altar 45 Minuten warten, und von da an gingen die Dinge schnell bergab. Ihre stürmische dreizehnmonatige Ehe soll durch ein chronisches Muster von alkoholisierten Prügeleien gekennzeichnet gewesen sein. Wenn der gelähmte Hand Auseinandersetzungen begann, benutzte er seine überentwickelten Arme, um seine Frau kräftig zu verdreschen. Sie konnte oft einen Vorteil gewinnen, indem sie ihm seinen Laufstuhl entriß und ihn benutzte, um ihn zu schlagen, wenn er über den Boden kroch.

Obwohl aus diesem Verhalten eine ungemilderte Verachtung des Paars füreinander zu sprechen scheint, behaupten

Freunde, daß die Hands sich auch nach ihrer Scheidung heimlich trafen, um ihrem gemeinsamen zwanghaften Wunsch nachzukommen. Ein Zeuge erzählte der Polizei, die betrunkene Olivia habe Monate vor ihrem Tod erklärt: »Ralph ist mein Mann, und niemand wird ihn mir nehmen... Dazu wird man mich umbringen müssen.« Der Polizei von Tallahatchie County, Mississippi, zufolge tat ihr Ex-Ehemann genau das.[6]

Die Ehe der Hands steht in den Annalen selbstschädigender Verhaltensmuster nicht allein. Ein sehr viel berühmt-berüchtigter, wenn auch fiktiver Fall eines anhaltenden gegenseitigen Mißbrauchs wird in Edward Albees Theaterstück *Wer hat Angst vor Virginia Woolf?* vorgeführt. Die Protagonisten, George und Martha, erheben den Mißbrauch zur Kunstform. Obwohl sie offensichtlich einander genauso verachten wie die Hands, sind sie viel zu zivilisiert – manche würden sagen krank –, um sich scheiden zu lassen oder ihre Beziehung durch einen Mord zu beenden. George und Martha brauchen einander und sorgen dafür, daß ihr Lebenspartner da ist, um ihre tiefsitzenden psychischen Störungen zu befriedigen.

Trotzdem müssen wir nach der Betrachtung ihrer Auseinandersetzungen verschiedene Fragen stellen: Um welches Bedürfnis handelt es sich da eigentlich? Warum wird da eine Beziehung ertragen – und sogar gefördert –, die Schmerz verheißt? Warum umgehen Leute wie Ralph, Olivia, George und Martha Gelegenheiten, ihren Schmerz zu beenden, und setzen sich weiter mißbrauchenden Partnern aus? Dies sind nur einige der vielen verwirrenden Fragen, die in diesem Buch behandelt werden.

Anders als die Hands oder George und Martha schien Charles Stuart eine wundervolle Partnerin gewählt zu haben. Von außen besehen schien er vom Lustprinzip bestimmt zu sein. Obwohl er nicht so ein »reicher Knabe« war wie Ralph Hand, schien er einen amerikanischen Traum verwirklicht zu haben. Stuart hatte eine reizende, intelligente junge Frau geheiratet, Carol, die Ende 1989, während sie als Rechtsanwältin für eine große Werbeagentur arbeitete, ihr Baby erwartete. Zu dieser Zeit war Stuart Geschäftsführer eines exklusiven

Bostoner Pelzsalons mit einem sechsstelligen Gehalt. Er zog sich gut an, besaß ein teures Haus in einem Vorstadtviertel und konnte sich ein Autotelefon leisten. Jeder, der wußte, was Charles Stuart hatte, wunderte sich, daß jemand noch mehr verlangen könnte. Aber er tat es.

Am 23. Oktober 1989 erfuhren die Bewohner von Boston und bald danach die gesamte Nation schockiert, daß Charles Stuart und seine Frau, die von einem Geburtsvorbereitungsunterricht nach Hause fuhren, an einer falschen Stelle abbogen, in einen hauptsächlich von Schwarzen bewohnten Stadtteil gerieten und angeblich von einem Schwarzen mit Gewehr attackiert wurden. Carol Stuart starb innerhalb von Stunden an einer Schußwunde am Kopf; ihr Kind, das durch eine Notfalloperation zur Welt kam, starb ein paar Tage später. Charles Stuart, der durch einen Schuß in den Unterbauch schwer verletzt war, erholte sich schließlich und kam in den Genuß einer Welle der Sympathie aus den ganzen USA. Er wurde sofort als typisches unschuldiges Opfer beurteilt – und wäre es geblieben, wenn nicht alle nach dem Vorfall zusammengetragenen Indizien auf ihn als Opfer und Täter zugleich hingewiesen hätten. Wie Eugene Fodor hatte er sich selbst sabotiert, als er ganz oben zu sein schien.

Charles Stuart sprang am 4. Januar 1990 von einer Brücke in den Tod, nachdem wochenlang in den Zeitungen Berichte gestanden hatten, die suggerierten, daß er an dem Mord an seiner schwangeren Frau und dem ungeborenen Kind möglicherweise beteiligt war. Es ist nicht ganz sicher, daß Stuart tatsächlich die Schüsse abgab, die seine Frau töteten und ihn verwundeten; vielleicht hatte er einen Komplizen, der den Abzug betätigte. *Sicher* ist jedoch, daß er sowohl die Schießerei dirigierte, als auch ein ausgeklügeltes Vertuschungssystem entwickelte. Er beseitigte die Wertsachen seiner Frau, damit es so aussah, als sei die Armut der Schwarzen, die nach dem Reichtum der Weißen gierten, das Motiv für den Angriff gewesen. Und er fügte sich bei dem inszenierten Verbrechen eine schwere, fast tödliche körperliche Verletzung bei, durch die er lebenslange Schmerzen riskierte – zu einem Zweck, der sich jeglicher Vernunft widersetzt.

Da Charles Stuart – der eher unter Selbstzerstörung als unter einer Peinigung von außen litt – sich das Leben nahm, läßt sich der Grund, aus dem er zur Selbstschädigung griff, nicht mehr feststellen. Die Bostoner Medien meinten sofort, er habe das Verbrechen aus dem allerniedrigsten Motiv begangen: Sex (man dichtete ihm eine Romanze mit einer »schönen Blonden« an, eine Geschichte, die schließlich widerlegt wurde) und Geld (die Lebensversicherung seiner Frau wurde auf 100 000 bis 480 000 Dollar geschätzt). Aber warum fügte er sich selbst eine schreckliche Wunde bei, anstatt einfach einen Killer für seine Frau zu bestellen, wenn er nur aus seiner Ehe herausgewollt und auf eine schnellere Spur im Leben gewollt hätte? Jemand, der sein Selbst durch Geld, Ruhm und »Vorzeige«-Geliebte aufbauen möchte, wird sich a priori nicht selbst schaden wollen. Oder doch?

Denken Sie an den Deschapelles-Coup. Zu vielen selbstschädigenden Strategien gehört der Erwerb eines Handikaps, einer Wunde, einer Belastung oder einer Krankheit. Der Kampf, der durch die Unannehmlichkeiten verursacht wird, die man sich selbst bereitet, ist tatsächlich sehr interessant. Dadurch, daß die vorgebliche Ursache des Leidens externalisiert wird und es so aussieht, als sei man das Opfer äußerer Kräfte, versuchen Selbstschädiger, sich und andere davon zu überzeugen, daß es für ihre Situation ein äußeres Heilmittel gibt. Sie brauchen – so meinen sie – nur bessere Medikamente, Therapeuten, Partner, Jobs, Schulen oder Wohnungen; dann wird ihr in Wirklichkeit gesundes inneres Selbst sich zeigen, und mit ihren Problemen ist es vorbei. Während es so aussieht, als strebten sie ein erfolgreiches und befriedigendes Leben an, inszenieren sie derweil ihren eigenen Untergang. Sie lieben es, trotz Unannehmlichkeiten zu siegen, was – nebenbei bemerkt – auch ein effektiver Mechanismus zur Aufrechterhaltung des Selbstwertgefühls sein kann. Aber in Anbetracht der diesen Handikaps innewohnenden Risiken müssen wir fragen, warum Menschen so weit gehen, um zu bestimmen, wie sie in den Augen anderer dastehen.

Denken Sie an die vielen Schauspieler, Sportler und Schriftsteller, die bei ihrer Verfolgung kreativen Erfolgs durch scheinbar äußere Dinge behindert werden. Zur mystischen Aura des Avantgarde-Lebensstils gehört die Verwendung von bewußtseins- oder stimmungsverändernden Drogen zur Steigerung der Kreativität. Aber langfristig verhindern Drogen nicht nur das Funktionieren des Gehirns, sie bedrohen auch das Leben selbst. Warum verwenden dann so viele Künstler, die Drogen angeblich zur Förderung des Selbst benutzen, sie letztendlich, um ihren persönlichen und beruflichen Abstieg zu organisieren?

Lenny Bruce, Freddie Prinze und John Belushi inszenierten – wie so viele ausdrucksstarke Entertainer – ihren eigenen Tod durch Drogen, während sie andere zum Lachen brachten. Die Selbstzerstörung per Drogengebrauch bei Bühnen- und Filmstars (Judy Garland, Marilyn Monroe und Elvis Presley sind nur einige von ihnen) ist so üblich geworden, daß wir die Stars, die wie Jason Robards und Elizabeth Taylor den Kampf mit der Flasche oder Pille überleben, kaum zur Kenntnis nehmen. In der literarischen und journalistischen Welt wird Kreativität oft mit einem Rausch gleichgesetzt, und Genies wie Tennessee Williams und Truman Capote haben sich buchstäblich in Alkohol ertränkt.

Die Verwendung von Drogen ist auch bei talentierten Sportlern üblich und bei ihnen noch schwerer zu verstehen, denn durch die Verwendung von Substanzen, die das Funktionieren des Körpers beeinträchtigen, steht der von der Chemie abhängige Sportler im Widerspruch zu fundamentalen Trainingsprinzipien, die die Pflege des Körpers – und nicht seine unnötige Belastung – predigen. Trotzdem gibt es – von Schulmannschaften bis zu den Profis – immer mehr Sportler, die sich unter dem Vorwand, pharmakologische Hilfen zur Bewältigung der mit einem Wettbewerb oder siebenstelligen Gehältern einhergehenden Anspannung zu nehmen, selbst zerstören. In den letzten Jahren begannen Superstars wie Derek Sanderson, Len Bias, Dwight Gooden, Darryl Strawberry und Dexter Manley Alkohol oder Drogen zu mißbrauchen, nachdem sie in ihrem Bereich ganz oben angekommen waren. Die Eigensabotage von Spitzensportlern häufte sich derart, daß Organisationen wie die National Collegiate Athletic

Association und die National Basketball Association Programme zur Vorbeugung und Behandlung von Substanzenmißbrauch lancierten.

Ähnlich selbstzerstörerisch wirkt sich bei Sportlern die Verwendung von lebens- und karrierebedrohenden Drogen zur Leistungssteigerung aus. Man kann sich schwer vorstellen, daß der Supersprinter Ben Johnson irgend etwas anderes als den Gewinn der Goldmedaille im Sinn hatte, als er in Vorbereitung auf die Olympischen Spiele in Seoul 1988 begann, Geschlechtshormone zu nehmen. Die Beobachter seiner Tragödie verblüffte damals, daß er die Drogen nicht so rechtzeitig absetzte, daß ihre Verwendung von den olympischen Behörden nicht mehr entdeckt werden konnte. Warum zerstörte Ben Johnson nicht den Beweis für eine Aktivität, die bei Entdeckung das endgültige Aus für ihn bedeuten würde, wenn er wirklich siegen wollte?

Das Nicht-Verbergen schädlicher Beweise beschränkt sich nicht auf die Welt des Sports. Die Affäre des ehemaligen amerikanischen Senators Gary Hart mit dem Model Donna Rice ist dafür ein eklatantes Beispiel. Auf dem Höhepunkt seiner Kampagne für die Ernennung zum Präsidentschaftskandidaten der Demokraten hielt Hart 1988 eine Pressekonferenz ab, um Fragen zu seinem Charakter zu beantworten; die Reporter, die an seiner ehelichen Treue zweifelten, forderte er dazu auf, ihm die restliche Kampagne über zu folgen. Bekanntlich beendete dieses Wagestück seine politische Karriere. Ein paar Wochen nach der Pressekonferenz wurde Hart mit Rice auf einer Yacht vor der Küste Floridas fotografiert, und mit seiner Kandidatur war es vorbei.

Der durch Harts Beziehung zu Rice ausgelöste Aufruhr entstand durch das, was die meisten Beobachter seine »Selbstzerstörung«[7] nannten. Außereheliche Affären sind nicht unbedingt selbstschädigend. Wenn sie diskret gehandhabt werden, können sie durchaus eine gesunde Anpassungsleistung an eine unwiderruflich gescheiterte Ehe oder vielleicht sogar eine unschädliche Befriedigung sexueller Begierden darstellen. Harts Beziehung zu Rice jedoch führte direkt zu seinem beruflichen Ruin. Kann man ohne weiteres annehmen, daß er aus seiner Ehe herauswollte? Nicht unbedingt, denn bald nach dem Bekanntwerden ihrer Affäre trennten Hart und Rice sich, und der ehemalige Senator lebt immer noch mit seiner Frau zusammen. Wollte er aus der Politik aussteigen? 1987 stritt er diese Möglichkeit kategorisch ab, aber es ist das Ergebnis, das er erreichte. Oder hatte Harts »Narretei« Methode, einen Sinn, der der Welt verborgen blieb und nur für sein persönliches Selbstgefühl relevant war?

Das Schicksal anderer einflußreicher Politiker, die mit Mätressen öffentlich herumtändelten, glich dem von Hart; als etwa Wilbur Mills 1974 im betrunkenen Zustand öffentlich seine Zuneigung zu der Stripperin Fanny Foxx demonstrierte, kostete ihn dies seinen Sitz im Kongreß. Wie bei Eugene Fodor stellen solche Fälle die vorgeblichen Vorteile, die mit dem Erreichen der Spitze einer Berufskategorie verbunden sind, in Frage. Wenn alle Geheimnisse aus dem Leben der Reichen und Berühmten bekannt wären, würde sich ergeben, daß viele von ihnen Dingen nachgehen, die ihren Sturz bewirken können.

Dies gilt sicher auch für die per Mattscheibe verbreiteten religiösen Imperien, die in den 80er Jahren gediehen und Anfang der 90er Jahre, nachdem eine Reihe sexueller Taktlosigkeiten bekannt wurden, in sich zusammenfielen. Die Wolke der Heiligkeit, die diese Industrie umgab, zerstieb zum ersten Mal, als Jessica Hahn berichtete, unter Drogen gesetzt und von Reverend Jim Bakker zum Geschlechtsverkehr gezwungen worden zu sein. In der Folge stellte sich heraus, daß Bakker und seine Kumpane für das Verschweigen dieser Affäre sechsstellige Summen an Hahn gezahlt hatten; später wurde er überführt, Gefolgsleute betrogen zu haben, die in von seiner Kirche gesponserte Immobilienprojekte investiert hatten. Eine Fußnote zu Bakkers selbstverschuldetem Untergang steuerte Reverend Jimmy Swaggart bei, der in Ungnade fiel und Bankrott machte, nachdem Prostituierte seine lange Beziehung zu ihnen veröffentlichten.

Der sexuelle Appetit von Männern wie Hart, Bakker und Swaggart würde in diesem Buch oder den nationalen Medien nicht erörtert werden, wenn sie nicht alle verheiratet und kraft eigener Entscheidung an herausragender Stelle in der Öffentlichkeit plaziert gewesen wären. Da sie öffentlich erklärt hatten, von einer hohen moralischen Berufung geleitet zu sein, ließen ihre gesetzeswidrigen und unmoralischen Handlungen den Beobachtern keine andere Wahl, als auf ein der Selbsterhaltung zuwiderlaufendes Motiv zu schließen.

Daß Männer und Frauen mit allen vorstellbaren materiellen Belohnungen des Lebens auf eine Weise handeln, die nicht nur dem Lustprinzip widerspricht, sondern auch den Gesetzen der Ökonomie, erstaunt immer wieder. Denken Sie nur an die 80er Jahre, als es so aussah, als würde der wirtschaftliche Boom ewig anhalten – und Multimillionäre (etwa Ivan Boesky und Michael Milken), die angesehenen finanziellen Institutionen der USA angehörten, in eine Reihe selbstzerstörerischer Debakel verwickelt waren. Beim Insider-Handels-Skandal an der Wallstreet riskierten und zerstörten Dutzende von Männern mit siebenstelligem Einkommen ihre Karriere für eine Barauszahlung von weniger als 10% ihres Nettoverdienstes. Und ein verblüfftes Publikum fragte: Warum machen die das?

Genauso erstaunlich ist die Geschichte von Leona Helmsley, der Immobilien-Milliardärs-Baronin, die in verschiedenen Fällen der Steuerhinterziehung, der Veruntreuung und des Wuchers für schuldig befunden wurde. Außer daß ihre angeblich unangenehme Persönlichkeit sich den Zorn der New Yorker Presse zuzog, war der Aspekt ihres Prozesses, der die meiste Aufmerksamkeit erregte, das Kosten-Nutzen-Verhältnis ihrer illegalen Aktivitäten. Gerichtsdokumente offenbarten, daß der Gesamtbetrag ihrer widerrechtlichen Transaktionen unter 2 Millionen Dollar lag – weniger als 1% ihres Nettoverdiensts.

Die genannten Beispiele könnten den Eindruck erwecken, als würde Selbstschädigung nur bei Prominenten vorkommen, aber das ist nicht der Fall. Obwohl Fälle von Selbstschädigung bei erfolgreichen Menschen im grellen, durch Leidenschaften aufgepeitschten Licht der Öffentlichkeit stattfinden, hängt diese Bekanntheit mehr mit der Faszination des Publikums am Sturz der Mächtigen als mit Seltenheit des Vorkommens zusammen. Denn Selbstschädigung ist eine Störung, die in allen Gesellschaftsschichten gleichmäßig verteilt ist und meist – solange nicht schwerer Schaden entsteht – unbemerkt bleibt.

Viel selbstschädigende Strategien werden nicht entdeckt, weil es so aussieht, als seien sie gutgemeint. Wenn Sie zum Beispiel strikt dem Motto des US-Marine-Corps – *Semper fidelis* (»Allzeit getreu«) – oder dem der amerikanischen Pfadfinder – »Allzeit bereit« – folgen, können Ihre Handlungen sehr wohl zur Selbstschädigung führen. Die beiden folgenden klinischen Fälle sind typisch für jene selbstschädigende Dynamik, bei der etwas Gutes übertrieben wird.

Der eine Patient, ein Rechtsanwalt, litt in bezug auf seine Beziehungen zu Frauen an einem selbstschädigenden Muster, das in die Rubrik »Allzeit getreu« fallen könnte. Jeffrey war Senior-Partner einer der angesehensten Anwaltskanzleien des Landes, als er wegen chronischer Impotenz – die aber nur bei seiner Frau auftrat – eine Therapie begann. Wenn er mit seiner Sekretärin arbeitete oder sich mit ihr zu einem außerdienstlichen Abendessen traf, brachte er nicht nur eine vollständige Erektion zustande, sondern auch einen mehrfachen Orgasmus, den er dadurch erreichte, daß er nach dem Treffen (allein) masturbierte. Obwohl ihn der Zustand sehr frustrierte, lehnte er jeden sexuellen Kontakt zu seiner ihn in dieser Hinsicht bedrängenden Sekretärin standhaft ab – genauso wie zu jeder anderen Frau. Er meinte, seine Frau wäre »ein Engel, der in (sexueller) Hinsicht die ideale Partnerin sein könnte, wenn [er] nur lernen würde, wie man mit einer *richtigen Frau* umgeht«.

Als Jeffrey in Behandlung kam, war dies sein sechster Versuch, wegen des Kummers angesichts seiner sexuellen Dysfunktion und des aus ihr sich ableitenden negativen Selbstbilds – wußte er doch nicht, wie er die Anerkennung seiner Frau gewinnen sollte – eine Therapie zu beginnen. Alle früheren Versuche hatte er abgebrochen, weil er es für unpassend hielt, daß sein Therapeut die gestörte Beziehung untersuchte, die er und seine Frau sich geschaffen hatten. Nach zwei Sitzungen war klar, daß er fest davon überzeugt war, die zärtliche

Liebe und die Zuneigung einer Gattin, die ihn ganz offensichtlich kalt, kontrollierend und sehr kritisch behandelte, erhalten zu können, wenn er sich nur mustergültig betragen würde. Außerdem behauptete er, ihr Sexualleben würde idyllisch werden, sobald seine Frau ihn achten und schätzen würde.

In allen anderen Bereichen seines Lebens war Jeffrey überaus erfolgreich. An der Highschool hatte er als bester Schüler die Abschiedsrede gehalten. Er hatte ein Studium an einer Elite-Universität im Osten der USA mit *summa cum laude* abgeschlossen und war in eine studentische Vereinigung hervorragender Akademiker gewählt worden. An seiner erstklassigen Rechtsfakultät hatte er eine juristische Zeitung herausgegeben. Als Rechtsanwalt verdiente er über 500 000 Dollar jährlich; eine örtliche Bürgerorganisation hatte ihn gerade zum »Mann des Jahres« gewählt. Obwohl er keine Kinder hatte, unterstützte er verschiedene Wohltätigkeitsinstitutionen, die sich um die Bedürfnisse benachteiligter Jugendlicher kümmerten, mit seinem Geld und seiner Zeit.

Die einzige Sache, der dieser Mann nicht dienen konnte, war seine eigene Sexualität. Auch wenn manche ihn für einen Heiligen halten mögen, war seine Tugend – vor allem seine Treue zu einer kalten, grausamen Partnerin – ganz klar ein selbstzerstörerisches Laster. Sein Verhalten war selbstschädigend, weil seine Versuche, die gestörte Beziehung zu seiner Frau zu korrigieren, in einem anderen Kontext vielleicht ein wirkungsvolles Mittel gewesen wären, Anerkennung zu bekommen; bei ihm jedoch hatten sie sich im Verlauf der Jahre als äußerst ineffiziente Taktik erwiesen, die eine intensive Psychotherapie erforderte.

Dem erheblich selbstschädigenden Verhalten des Rechtsanwalts kann ein sehr viel weniger schwächendes Muster der Selbstschädigung entgegengestellt werden, dessen Motto »Allzeit bereit« lauten könnte. Übung macht zwar den Meister, aber die exzessive Vorbereitung auf schwierige oder angstauslösende Aufgaben – oft eine Form chronischer Verzögerung – muß als Eigensabotage betrachtet werden. Bei Richard, einem durchaus intelligenten, unverheirateten Mann von 33 Jahren, der auf eine Karriere als Opernsänger hoffte, verletzte die lange Vorbereitung ganz klar die Grundsätze des Lustprinzips.

Zu Beginn seiner Psychotherapie erzählte Richard, eine Gesangsausbildung, die ihn auf eine Solokarriere in einem Opernensemble vorbereiten sollte, habe ihn sein bescheidenen Erbe gekostet. Nur dank der Großzügigkeit eines reiches Onkels konnte er nun seine Stimmbildung fortsetzen und eine Psychotherapie anfangen; das Geld, das er zum täglichen Leben brauchte, borgte er sich, denn seine Ausbildung ließ ihm keine Zeit für einen Job. Dieser Mann tat nichts anderes, als seine Stimme auszubilden; er meinte, als Sänger hätte er das Flair und den Elan, die seinem langweiligen Leben fehlten. Bevor er mit seiner selbstschädigenden Lebensweise begonnen hatte, war er Sportlehrer an einer High / School gewesen und hatte Zeit für gelegentliche Frauenbekanntschaften gehabt; aber im Zuge der Verfolgung seines Traums, der nächste Pavarotti zu werden, hatte er alle sozialen Aktivitäten eingestellt.

Obwohl das selbstschädigende Verhalten des angehenden Sängers mit dem des sich selbst bestrafenden Rechtsanwalts nicht vergleichbar ist, war es trotzdem fehlangepaßt. Er war nie von irgendeinem Unparteiischen ermutigt worden, seine Opernstudien fortzusetzen, hatte beim Vorsingen nie Erfolg, und seine Versuche, einem Opernensemble anzugehören, brachten ihm auch nie außerprofessionelle Belohnungen (etwa neue Bekanntschaften) ein. Im Gegenteil, die »Vorbereitung« auf die Karriere seiner Wahl hatte ihn mittellos, einsam und mutlos gemacht. Was als ein Traum begonnen hatte, der die Lebensqualität steigern sollte, war weit über den Punkt hinausgelangt, an dem dieser Möchtegern-Sänger das Handtuch hätte werfen müssen, wenn er unwiederbringliche Verluste vermeiden wollte. Dank seiner exzessiven Vorbereitung brauchte er nie innezuhalten und sich seine begrenzten Talente einzugestehen. Auch in diesem Fall wird also eine Tugend – hier Beharrlichkeit – zu einem selbstschädigenden Laster.

Es ist erstaunlich, wie oft scheinbar normale Verhaltensweisen selbstschädigend sind. Menschen mit fortgeschrittenen Universitätsabschlüssen, die sich der Gefahren voll bewußt sind, weigern sich, beim Autofahren den Sicherheitsgurt anzulegen. Dieselbe Art selbstschädigender Leugnung findet sich bei schwangeren Frauen, die rauchen oder Alkohol trinken, sowie bei Menschen mit Hautkrebs-Risiko, die sich weigern, in der Sonne einen Sonnenschild oder schützende Kleidung zu tragen. Braungebrannte Selbstschädiger werden oft als Sonnenanbeter bezeichnet, aber in Anbetracht der mit ihrem Verhalten verbundenen potentiellen Gefahren würde der Begriff *Thanatophile* – aus den griechischen Worten für Freund und Tod zusammengesetzt – wahrscheinlich besser passen.

Andere Eigensaboteure, besonders junge und begabte, ignorieren die öffentlichen Bekanntmachungen, die auf die Gefahren von sexuellen Zufallskontakten ohne Kondom hinweisen, obwohl sie wissen, daß AIDS eine unheilbare Krankheit ist. Obwohl viele das Nicht-Praktizieren von »safer sex« als eine Form der Impulsivität betrachten, die seit Anbeginn der Menschheit vorhanden ist, hat der Mangel an Selbstbeherrschung in den 90er Jahren sehr viel mehr Konsequenzen als früher. Denken Sie an das tragische Schicksal von Earvin »Magic« Johnson, der seinen Aussagen zufolge ungeschützten Sexualverkehr mit Dutzenden von Frauen hatte, weil er meinte, er würde das AIDS-Virus nicht bekommen. Die Behauptung, daß alle ungeschützten, impulsiven Geschlechtsakte selbstzerstörerisch sind, ist vielleicht ungerecht, aber wenn ein solches Handlungsmuster im Lauf der Zeit immer wieder auftaucht, erscheint es durchaus angemessen, das Verhalten als selbstzerstörerisch zu bezeichnen.

Sex ist für junge Leute nicht der einzige Bereich, in dem sie sich selbst schaden. Sehen wir uns zum Beispiel Adam an, einen jungen Mann, der es fertigbrachte, mit fünfzehn Jahren von vier aufs College vorbereitenden Privatschulen verwiesen zu werden, obwohl er einen glatten Einser-Notendurchschnitt hatte. Jeder Rausschmiß folgte demselben Schema: Adam verbrachte ein paar Ferientage bei seinem Vater, einem Mann mit drei Universitätsabschlüssen, der nur eines wollte: daß sein Sohn akademischen Erfolg hatte. Adam kam nach diesen

Besuchen entweder betrunken oder offenkundig unter Drogeneinfluß – etwa Kokain – in die Schule zurück. Am nächsten Morgen begann er eine verbale Auseinandersetzung mit einem Lehrer, die im Büro des Schulleiters endete. Dieses Handlungsmuster führte nicht immer zu einem Schulverweis – die Autoritäten waren diesem Jungen gegenüber tolerant, weil er offensichtlich intelligent war und sie das Gefühl hatten, daß psychisch etwas nicht in Ordnung war; aber er wiederholte das Muster, bis schließlich der Vater bestellt wurde und die Mitteilung erhielt, daß der Junge von der Schule gewiesen wurde. Die Vorhersagbarkeit von Adams Verhalten kennzeichnete es eindeutig als selbstzerstörerisch.

Selbstschädigendes Verhalten: Das tragische Paradox

Nach den vielen bislang vorgestellten Beispielen ist die Frage berechtigt, was genau wir mit *selbstschädigendem Verhalten* meinen. Der Begriff ist nicht leicht zu definieren, weil so viele unterschiedliche Handlungen das Potential zur Selbstschädigung besitzen. Außerdem sind das Konzept selbst sowie mehrere mit ihm zusammenhängende (etwa Masochismus) von so vielen Leuten auf so unterschiedliche Weise diskutiert worden, daß es schwer ist, zu einer eindeutigen Definition zu kommen. Das Wesen der Selbstschädigung besteht jedenfalls darin, daß man sich selbst durch eigene Handlungen bzw. Nicht-Handlungen Schaden, Verlust, Mißerfolg oder Leid zufügt. Man verhält sich im Gegensatz zu dem, was im eigenen besten Interesse ist.

Das »Selbst« in *Selbstschädigung* bezieht sich nicht nur auf den physischen Körper, sondern auch auf das Selbst als bedeutungsvolle bzw. symbolische Identität. Selbstschädigung kann daher nicht nur bedeuten, daß man selbst seinem Körper, seiner Seele oder seinem Geist Verletzungen zufügt, sondern auch, daß man seinem Ruf oder seinen zwischenmenschlichen Beziehungen schadet. Der Begriff des Selbst beinhaltet für uns auch persönliche Ziele und Projekte. Wenn Sie selbst es hintertreiben, das erträumte Karriereziel – für das eine *gewisse* objektive Basis gegeben ist – zu erreichen, handeln Sie also selbstschädigend, auch wenn kein körperlicher oder seelischer Schaden entstanden ist.

Wir haben die Selbstschädigung als tragisches Paradox bezeichnet, weil sie der Essenz rationalen Handelns und natürlichen Verhaltens zuwiderzulaufen scheint. Die Natur gibt uns den Drang zur Selbsterhaltung ein, und das rationale Denken zeigt uns, wie wir unsere Ziele – angefangen mit Zufriedenheit, Gesundheit, Behaglichkeit und Lust – erreichen können. Einfach gesagt: rational sein bedeutet, das, was in unserem besten Interesse ist, herauszufinden und anzustreben. Selbstschädigung ist daher von Grund auf und ihrem Wesen nach irrational. Eben dieses Irrationale fasziniert die Psychologen, denn es deutet darauf hin, daß tiefere, dunklere Motive eine normale und vernünftige Handlungsweise zunichte machen können.

Die menschliche Tragödie der Selbstschädigung besteht in dem traurigen oder schmerzlichen Ergebnis, das Menschen sich selbst zufügen. Genauso wie eine gute Tragödie mehr ist als reines Mißgeschick, ist Selbstschädigung mehr als Leiden. Denn schließlich erlebt niemand nur Freude, Vergnügen und Erfolg; ein gewisses Maß an Leid oder Mißerfolg muß als unvermeidbarer Teil des Menschseins erwartet werden. Eine Selbstschädigung jedoch scheint durchaus vermeidbar. Sie können nichts daran ändern, wenn Ihre Pläne durch das Schicksal, das Wetter oder einen entschlossenen Rivalen zunichte gemacht werden. Aber wenn Sie selbst Ihren Ruin verursachen, läßt sich der Gedanke, daß es nicht so enden mußte, schwer von der Hand weisen. Wenn Sie Ihre Pläne durch eigene Handlungen durchkreuzen, ist dies eine grausame Ironie.

Jede Definition der Selbstschädigung muß das ganze Ergebnis des Verhaltens berücksichtigen, nicht nur das Auftreten von Schaden oder Leid. Wir glauben, daß Handlungen nur dann als selbstschädigend bezeichnet werden können, wenn der Schaden bzw. der Verlust das Vergnügen bzw. die Vorteile überwiegt. Es ist normal und rational, bei der Verfolgung erstrebenswerter Ziele ein gewisses Maß an Unannehmlichkeiten einzukalkulieren. Jogger zum Beispiel ertragen im Interesse von Gesundheit und Fitneß Erschöpfung und schmerzende Gliedmaßen; wer eine Diät macht, erträgt Entbehrungen und Hunger, um ein attraktives Äußeres zu bekommen, und ehrgeizige Menschen akzeptieren den Verlust von Freizeit, um langfristige Karriereziele zu erreichen. Keines dieser Beispiele ist letztendlich selbstschädigend, obwohl jedes es sein könnte – wenn Sie nämlich das Gefühl hätten, die Vorteile seien die Opfer nicht wert gewesen. Das Gleichgewicht zwischen positiven und negativen Folgen ist also entscheidend.

Ein anderes wichtiges Thema ist die Intentionalität: Geschieht die Selbstschädigung vorsätzlich? Wir haben zu diesem Punkt später viel zu sagen, denn er ist alles andere als einfach. Aber eine umfangreiche und wichtige Verhaltenskategorie – nämlich reine Unfälle – muß von Anfang an ausgeschlossen werden. Sicher sabotieren und und schaden Menschen sich selbst *zufällig*, aber wir wollen hier nicht in die Unfallpsychologie einsteigen. Dieses Buch untersucht *absichtliche* Handlungen. Wir beschränken uns nicht auf destruktive Absichten an sich, aber die Handlungen müssen absichtlich erfolgen, auch wenn das selbstschädigende Ergebnis nicht vorhergesehen wurde.

Sehen wir uns zum Beispiel den Fall an, den ein Zuhörer anläßlich eines Vortrags der Autoren schilderte. Er beschrieb, wie seine Tante sich selbst durch elektrischen Strom tötete, als sie versuchte, mit einem Staubsauger den Schnee von ihrem Bürgersteig zu entfernen. Dieser Unfall müßte insofern ganz wörtlich als Selbstzerstörung bezeichnet werden, als die Frau ihren eigenen Tod verursachte. Aber wir würden nichts dadurch gewinnen, wenn wir unsere Thematik auch auf solche Fälle ausdehnen würden. Sie verstand einfach nichts von Elektrizität, und sie mißachtete die Sicherheitsbestimmungen, die dem Staubsauger beigegeben waren. Wenn sie die Gefahren gekannt und trotzdem beschlossen hätte, mit einem

Staubsauger Schnee zu saugen, könnten wir mit Fug und Recht sagen, ihr Verhalten sei selbstschädigend gewesen, aber das war nicht der Fall.

Ein anderes Phänomen, das wir aus unserer Erörterung ausschließen, ist Selbstmord. Als buchstäblich letzter Akt der Selbstzerstörung erscheint er auf den ersten Blick als der Prototyp der Selbstschädigung. Eine genauere Untersuchung jedoch zeigt, daß Selbstmord Regeln und Mustern folgt, die sich von den Formen der Selbstschädigung, die das gewöhnliche Leben durchziehen, erheblich unterscheiden, und nur dieses interessiert uns hier.[8]

In diesem Buch verwenden wir verschiedene Begriffe für *Selbstschädigung*, die austauschbar sind: *Eigensabotage* etwa oder *Selbstzerstörung*. Diese Begriffe sind einfach als Synonyme für *Selbstschädigung* zu betrachten. Den Begriff *Masochismus* benutzen wir nicht. Seiner ursprünglichen, korrekten Verwendung zufolge bezieht *Masochismus* sich auf ein Muster sexuellen Verhaltens, bei dem Schläge und Erniedrigung zur sexuellen Stimulation verwendet werden. Sexueller Masochismus ist nicht selbstzerstörerisch, weil Masochisten sich nicht selbst schaden wollen, sie benutzen lediglich Schmerz oder Entbehrungen, um mehr Lust und Befriedigung zu erleben.[9] Im großen und ganzen wissen sexuelle Masochisten, was sie wollen, sie verfolgen ihr Ziel und sind mit dem Ergebnis glücklich; deshalb gibt es keinen Grund, ihre Handlungen als eine Form der Selbstschädigung zu betrachten.

Wir vermeiden den Begriff *Masochismus* als Synonym für *Selbstschädigung* auch, weil der Begriff politisiert wurde. Weil die Theoretiker – von Freud an – den sexuellen Masochismus mißverstanden, benutzten sie diesen Begriff, um zu suggerieren, daß die Leiden einiger unglücklicher Opfer (insbesondere Frauen) der angeborenen Neigung entstammen, Leid zu genießen. Obwohl die Meinung, daß Masochismus speziell weiblich ist, heutzutage weitgehend in Mißkredit geraten ist, reagieren Feministinnen auf diesen Begriff zu Recht immer noch sehr empfindlich. In Anbetracht des politischen Ballasts, der begrifflichen Verwirrung und der irreführenden

Konnotationen halten wir es für am besten, den Begriff *Maso-chismus* auf seine ursprüngliche, sexuelle Bedeutung zu be-schränken.

Ein anderer Bereich, den wir nicht abdecken, ist zwanghaft selbstverletzendes Verhalten. Manche Leute stoßen scheinbar willkürlich ihren Kopf gegen die Wand oder einen anderen harten Gegenstand, beißen sich, kneifen oder kratzen sich, ohrfeigen sich selbst oder nehmen gefährliche Substanzen zu sich. Solche Verhaltensmuster kommen fast nur bei schweren Pathologien oder Entwicklungshemmungen vor und lassen sich nicht auf die übrige Bevölkerung anwenden.[10] Noch ein-mal: Unser Interesse gilt der breiten Vielfalt selbstschädigen-den Verhaltens im Alltag.

Warum machen Menschen so etwas?

Wie wir gesehen haben, finden Leute alle möglichen Wege, um sich entgegen dem Lustprinzip zu verhalten. Angesichts dieser Vielfalt können wir uns fragen, ob ein einziger Trieb, ein einziges Motiv für diese äußerlich verschiedenen Hand-lungen verantwortlich ist. Anders gesagt: Ist es möglich, alle selbstschädigenden Verhaltensweisen auf die Suche nach einer elementaren Befriedigung zurückzuführen? Die Psych-iatrie hat schließlich auch jedes Verhalten auf die Suche nach Lust und die Vermeidung von Schmerz reduziert? Wir sind nicht dieser Meinung, aber damit vertreten wir zur Zeit vor allem unter Psychiatern den Standpunkt einer Minderheit.

Freud hätte vielleicht sein berufliches Waterloo erlebt, wenn er versucht hätte, das Paradox selbstschädigenden Ver-haltens zu erklären. Die Dynamik der Selbstschädigung schien ihn so zu verwirren und zu stören, daß er 1924 in einer Abhandlung meinte, wenn seelische Vorgänge vom Lustprin-zip bestimmt würden, so daß das Vermeiden von ›Schmerz‹ und das Erreichen von Lust ihr erstes Ziel sei, dann hielt er Masochismus (sein Sammelbegriff für selbstschädigende

Handlungen) für unverständlich.[11] Eigensaboteure bedrohten Freud anscheinend auch auf einer persönlichen Ebene. Nach dem Eingeständnis, daß er sich ihr Verhalten nicht erklären kann, bemerkt er, der Masochismus erschiene uns als große Gefahr. Für sein Gegenstück, den Sadismus, gelte das jedoch nicht.[12] Es mag seltsam erscheinen, daß Menschen, die aggressive Impulse nach innen richten, den Vater der modernen Psychiatrie mehr beunruhigten als solche, die sie gegen andere richten; Tatsache ist jedoch, daß die meisten Leute – Laien genauso wie Fachleute für psychische Gesundheit – seinem Urteil zustimmen.

Freuds Schwierigkeiten mit der Selbstschädigung zeigen sich daran, daß er im Lauf der Zeit drei verschiedene Theorien zu ihrer Erklärung vorbrachte. Oft finden sich in derselben Abhandlung widersprüchliche Ansichten über Funktionen oder Konsequenzen selbstschädigenden Verhaltens (das er entweder »Masochismus« oder »moralischer Masochismus« nannte).[13] Freud neigte dazu, selbstschädigende Muster als Teil unserer genetischen Veranlagung zu betrachten. Er zog oft in Betracht, daß ein Verhalten, daß den Schmerz sucht – bei dem im allgemeinen vergangene Traumata symbolisch neu inszeniert werden – auch eine adaptive Funktion haben kann. Trotzdem schien er Eigensabotage eher der Wirkung von »Thanatos« zuzuschreiben, dem Todesinstinkt, der dem »Eros« – dem Trieb, Lust zu maximieren und Schmerz zu minimieren – bzw. dem, was er sich als den Einfluß »typisch weiblicher« Prädispositionen vorstellte, entgegenwirkte.[14]

Die vielen Formulierungen Freuds zur Erklärung selbstschädigenden Verhaltens verweisen lediglich auf die zahlreichen Folgeerklärungen für dieses fundamentale Paradox. Die meisten - wenn nicht alle – Erklärungen versuchen, alles einzubeziehen, und scheitern dabei kläglich. Eine der am häufigsten vertretenen Erklärungen selbstschädigenden Verhaltens folgt Freuds Theorie vom »erogenen Masochismus«.[15] Diese Theorie, ein Eckstein der Psychoanalyse, behauptet, daß gegen das Selbst gerichtete, aggressive, feindselige oder destruktive Triebe dem Versagen entstammen, den ödipalen Konflikt zu lösen, der zwischen dem angeborenen sexuellen Verlangen des Kindes nach dem gegengeschlechtlichen Elternteil und der Angst, vom gleichgeschlechtlichen Elternteil (durch Kastration) für diese Gefühle bestraft zu werden, besteht. [16] Freud meinte, daß Handlungen, bei denen man sich selbst bestraft, das angstbestimmte, durch die ödipalen Triebe entstandene Schuldgefühl verringern können, weil man ja für die Lust »bezahlt«. Mit anderen Worten: Kinder dürfen ihrer Phantasie freien Lauf lassen, wenn sie sich im Austausch gegen die gefürchtete Kastration selbst schlagen.

Die augenfälligen Probleme, die diese nicht verifizierbare Theorie bereitet, nahmen beträchtlich zu, als das Konzept auf »moralischen Masochismus« ausgedehnt wurde. Freud und gleichgesinnte Psychoanalytiker glaubten, daß im Leben Erwachsener eine Variante des erogenen Masochismus wirksam ist und zum Beispiel für schulisches, berufliches oder zwischenmenschliches Versagen verantwortlich ist. Sie meinten, daß Erfolg jeder Art, sei es ein Schulabschluß, eine Eheschließung oder das Erreichen einer Spitzenposition im jeweiligen Beruf einen ödipalen Sieg darstellt oder in Erinnerung ruft: Das Kind erringt einen Sieg über den gleichgeschlechtlichen Elternteil und kann die geschätzte sexuell/romantische Position mit dem gegengeschlechtlichen Elternteil einnehmen. Wie wir gesehen haben, bringt ein solcher Sieg die schwächende Angst vor der Vergeltung des mächtigeren gleichgeschlechtlichen Elternteils mit sich. Solange wir den ödipalen Konflikt nicht erfolgreich gelöst – das heißt, den Wunsch nach dem gegengeschlechtlichen Elternteil aufgegeben und einen eigenen Partner gesucht – haben, veranlaßt die wegen des phantasierten Siegs über den gleichgeschlechtlichen Elternteil zurückbleibende Schuld uns als Erwachsene dazu, Erfolge zu sabotieren, um die gefürchtete Vergeltung symbolisch vorwegzunehmen. Wir bewahren die bekannte Sicherheit und geben die potentiellen Belohnungen des Erfolgs auf.

Die Anhänger dieses auf der ödipalen Schuld beruhenden Modells der Selbstschädigung denken eine grundlegende Annahme nie ganz zu Ende, die nicht erklärt wird und ihre Theorie stark ins Wanken bringt: die Theorie, daß Menschen irgendwie den Weitblick haben, selbstverschuldetes Leid von bekannter Intensität und Dauer gegen den potentiell stärkeren Schmerz einzutauschen, den jemand anders ihnen entsprechend seinem eigenen Fahrplan zumißt. Die Aufgabe, alle möglichen selbstschädigenden Verhaltensweisen mit der psychoanalytischen Theorie zu erklären, wird weiter dadurch erschwert, daß die meisten dieser Verhaltensweisen keinen Nutzen oder Erfolg haben und genaugenommen durch Bestrafungen und Mißerfolge heraufbeschworen werden.

Einer plausibleren Erklärung entgegen

Die psychoanalytischen Selbstschädigungsmodelle sind faszinierend und oft wertvoll, um selbstschädigende Syndrome zu verstehen, und in den folgenden Kapiteln werden wir einige von ihnen genauer betrachten. Freud zum Beispiel behauptete bei dem Versuch, selbstschädigende Verhaltensweisen zu erklären, das normale Leben von Neurotikern zeige die Tendenz, ein Schicksal weiterzuführen, das immer irgendeine Form psychischen Leids verursachen würde. Freud bezeichnete dieses Phänomen als »Wiederholungszwang« [17] und identifizierte eine Kategorie selbstschädigenden Verhaltens, die bekanntermaßen vor allem im Leben von Menschen vorkommt, die in der Kindheit Opfer waren und auch im Erwachsenenleben immer wieder die Opferrolle innehaben. [18] Im allgemeinen jedoch bestehen solche Modelle den Praxistest nicht. Wenn wir uns die Folgen des Verhaltens und nicht die vermutete Vorgeschichte ansehen, finden wir oft knappere Erklärungen für die Selbstschädigung: Wenn selbstproduzierter Schmerz sich lohnt, braucht man keine ödipalen Konflikte als Ursache des selbstschädigenden Syndroms zu postulieren.

Wir glauben, daß alle Formulierungen, die den Bereich der selbstschädigenden Verhaltensweisen auf eindimensionale Triebe, Motive oder Verstärkungen zurückführen, viel zu beschränkt und völlig ungenau sind. Eigensabotage hat viele unterschiedliche Formen. Die Ansicht, daß Selbstschädigung ein Nebenprodukt ungelöster Wut ist, die symbolisch – durch eine Ehe, in der gestritten und geschlagen wird - gegen einen mißbrauchenden Elternteil gerichtet ist, mag Fälle wie den der Hands oder den von George und Martha erklären; aber wie kann diese Dynamik die unklugen Ambitionen von Richard, dem Möchtegern-Opernsänger, einsichtig machen? Andere Theorien, die jede Selbstschädigung auf den Einfluß von Schuld zurückführen, können bestimmte Fälle erklären, bei denen erfolgreiche Menschen einen Tiefpunkt erreichen, nachdem sie Ziele realisiert haben, zu denen sie kein Recht zu haben glauben; aber wo ordnen sie den Fall von Jeffrey ein, dem selektiv impotenten Rechtsanwalt? Erinnern Sie sich daran, daß er in verschiedenen Bereichen seines Lebens Erfolg hatte und potent war, solange er nicht mit seiner Frau zusammen war, daß er aber auf einem einzigen Schauplatz versagte – im Ehebett. Ist nicht die Annahme, andere Faktoren hätten sein selektives Versagen heraufbeschworen, sehr viel logischer? Unserer Meinung nach schon. Anstatt zu versuchen, alle Fälle von Selbstschädigung auf eine gemeinsame Ursache zurückzuführen, bekennen wir uns zu *multiplen Stilen der Selbstschädigung*, versuchen aber doch, die typischen Motive zu erklären, die ihnen zugrunde liegen – eine notwendige und wissenschaftlich angemessene Haltung.

Ein Kontinuum selbstschädigender Verhaltensmuster

Wir haben zuvor selbstschädigendes Verhalten als vorsätzlich und zweckbestimmt definiert. Die Zweckbestimmtheit der Handlungen bedeutet jedoch nicht, daß die destruktive Konsequenz beabsichtigt wurde. Menschen haben zum Beispiel die Absicht, sich im Glücksspiel zu versuchen, aber sie beabsichtigen nicht, ihr ganzes Geld zu verlieren. Wie sehr sie die destruktiven Konsequenzen beabsichtigen oder auch nur vorhersehen, ist für das Verständnis aller Selbstschädigungsstile entscheidend. Es ist daher recht nützlich, selbstschädigende Verhaltensmuster auf einem Kontinuum anzuordnen, das von der vorsätzlichen, absichtlichen Eigensabotage zu einem weitgehend unerwarteten Schaden für die eigene Person reicht, der als unerwünschtes Nebenprodukt anderer Handlungen auftritt.

Eine Grundlage für dieses Kontinuum selbstschädigender Verhaltensweisen ist die Vorhersehbarkeit des Schadens.[19] In dem einen Extremfall handeln Menschen absichtlich so, daß sie sich klar und eindeutig schaden werden. Im anderen Extremfall sehen Menschen die schädlichen Folgen ihrer Handlungen nicht voraus. Sie möchten ein negatives Ergebnis vermeiden, handeln aber so, daß sie ihre Bemühungen, positive, wünschenswerte Ziele zu erreichen, sabotieren. In der Mitte des Kontinuums sind die Verhaltensmuster angesiedelt, bei denen Menschen die Möglichkeit eines Schadens vorhersehen, sie aber ignorieren oder herunterspielen. Rückblickend erkennen sie vielleicht, daß das schlechte Ergebnis vorhersehbar und vermeidbar war: Ich wußte, es wäre besser gewesen, wenn ich den Sicherheitsgurt angelegt... ein Kondom benutzt... mit dem Rauchen aufgehört... nicht mein ganzes Geld verspielt hätte. In der Situation selbst jedoch werden solche Risiken und Gefahren ignoriert und statt dessen das erwartete Gute in den Vordergrund gerückt. In anderen Fällen ist das schlechte Ergebnis vorhersehbar und vermeidbar, wird aber im Austausch gegen psychologische Vorteile akzeptiert.

Das Kontinuum der Selbstschädigung kann auch im Hinblick darauf untersucht werden, ob das, was jemand erreichen möchte, im psychologischen Sinne gesund ist. Wenn eine Selbstschädigung einmalig als unvorhergesehenes, unerwünschtes Nebenprodukt unserer Anstrengungen auftritt, normale, gesunde Ziele zu erreichen, gibt es kaum oder keinen Grund, uns als fehlangepaßt, seelisch krank oder instabil zu bezeichnen. Wenn andererseits die Selbstschädigung im Kontext irrationaler, unkluger oder destruktiver Motive auftritt, ist die Sorge um unsere Adaptation und unsere seelische Gesundheit berechtigt. Mit anderen Worten: Selbstschädiger müssen aufgrund der Motive, nicht aufgrund der Folgen ihres Verhaltens beurteilt werden. Wenn wir entscheiden wollen, ob jemand pathologisch selbstzerstörerisch ist, müssen wir prüfen, was er erreichen wollte, nicht nur, was er erreicht hat.

Der Unterschied zwischen Absicht und Ergebnis wird durch das eingegangene Risiko besonders deutlich. Wie wir sehen werden, schaden Menschen sich vor allem dadurch selbst, daß sie riskante Dinge tun. Sie wollen nicht sich selbst schaden – sie hoffen sogar, jeden Schaden zu vermeiden –, aber sie akzeptieren Risiken, die übel ausgehen. Sie hätten beim selben Verhalten das schlechte Ergebnis vermeiden können: Nicht jeder Raucher stirbt an Lungenkrebs, und manche Leute legen nie den Sicherheitsgurt an und haben trotzdem keine Unfälle, bei denen sie verletzt werden. Wir meinen, daß unter die Rubrik selbstschädigenden Verhaltens auch die Fälle gehören, die gut ausgehen.

Wenn man von selbstschädigenden Verhaltensmustern auch dann sprechen kann, wenn es nicht zu einem schädlichen Ergebnis kommt, muß das Gegenteil ebenfalls zutreffen: Manche Handlungen sollten nicht als selbstschädigend betrachtet werden, auch wenn ihr Ergebnis destruktiv ist. Normales Autofahren gehört in diese Kategorie. Manche Leute, die umsichtig, gekonnt und vorschriftsmäßig Auto fahren, die defensive Vorsichtsmaßnahmen ergreifen und wachsam bleiben, werden trotzdem bei einem Autounfall getötet. Es scheint keinen Grund zu geben, solche Menschen als selbstzerstörerisch zu bezeichnen. Die Vorteile schienen auf ihrer Seite zu sein, und sie sind rational und vorsichtig vorgegangen. Mit anderen Worten: Bei der Beurteilung von Selbstschädigern müssen wir die – bewußten und unbewußten – Motive hinter dem Verhalten berücksichtigen, nicht nur das Ergebnis.

Zur Beurteilung der Selbstschädigung müssen wir also hinter das Ergebnis einer Handlung schauen. Wir müssen einschätzen, was vorhergesehen und beabsichtigt wurde, um zu verstehen, was im Kontext der aktuellen Umstände getan wurde. Nicht jeder Schaden ist selbstverursacht, und nicht alle Selbstschädiger leiden unter ihren Handlungen.

Die Varianten selbstschädigenden Verhaltens

Wir haben gesagt, das selbstschädigendes Verhalten sich auf einem Kontinuum anordnen läßt, das die Absicht und die Vorhersehbarkeit des Schadens berücksichtigt. Auf diesem Kontinuum identifizieren wir drei Hauptverhaltensstile.

Gutgemeintes selbstschädigendes Verhalten

Durch manche selbstschädigenden Verhaltensweisen sollen psychisch gesunde Ziele und Ergebnisse erreicht werden. Menschen, die sich so verhalten, gelten aus zwei Gründen als selbstschädigend. Erstens verwenden sie ständig ineffiziente Methoden, um ihre Ziele zu erreichen, und zweitens ändern oder korrigieren sie dieses ineffiziente Verhalten auch dann nicht, wenn sie im Lauf der Zeit erkennen, daß der eingeschlagene Kurs nicht zum Erfolg führt. Menschen mit diesem Reaktionsstil sehen zu Beginn negative Konsequenzen nicht voraus, leiden aber dann, weil sie entweder nicht über die für die Aufgabe erforderlichen Mittel verfügen oder weil sie die falschen Mittel verwenden, um ein gesundes Ziel zu erreichen.

Eins der häufigsten Muster gutgemeinten selbstschädigenden Verhaltens ist Beharrlichkeit; bei ihr wird der Spruch »Wenn du beim ersten Mal keinen Erfolg hast, versuch es wieder« ins pathologische Extrem geführt. Der bereits vorgestellte Möchtegern-Opernsänger verhielt sich genau so. Er hatte offensichtlich nicht das Talent, auf der Opernbühne erfolgreich zu sein, aber hartnäckig verfolgte er sein Ziel weiter, auch wenn eine realistische Beurteilung gezeigt hätte, daß seine Erfolgschancen gleich Null waren. Menschen mit diesem gutgemeinten selbstschädigenden Stil bereiten sich selbst Schmerzen, weil ihre zielgerichteten Aktivitäten ihr Kompetenzimage weder erhalten noch verbessern. Wie der Hamster im Käfig, der »schnell nirgendwohin rennt«, unterminieren oder zerstören sie ihre Chancen, sich produktiv zu fühlen – eins der beiden Ergebnisse, die meist als Merkmal seelischer Gesundheit betrachtet werden (das andere ist Liebe).

Beharrlichkeit ist oft die Ursache selbstschädigender Liebesbeziehungen. Denken Sie an Jeffrey, den »impotenten« Rechtsanwalt, der weiter die Zuneigung seiner Frau anstrebte, obwohl er die Gelegenheit zu anderweitiger Befriedigung hatte. Er handelte nicht den überwältigenden Beweisen entsprechend, daß seine romantische Aktivitäten umsonst waren; durch die Weiterführung eines Verhaltensmusters, das sich als nicht lohnend herausgestellt hatte, nahm er sich die Chance zu einer befriedigenden Liebesbeziehung und fügte sich selbst viel Schmerz und Leid zu.

Beharrlichkeit ist keinesfalls die einzige Form gutgemeinten selbstschädigenden Verhaltens. Eine Reihe anderer Muster, bei denen bei der Verfolgung gesunder Ziele falsch geurteilt wird, wird in Kapitel 2 beschrieben. Außerdem gibt es eine Form des Verhaltens, die – besonders in der Welt des Sports – als Blockieren bekannt ist. Hier besteht das Problem nicht darin, daß man es mit der falschen Methode oder zu lange versucht, sondern daß man es zu heftig versucht. Dieses Phänomen wird in Kapitel 3 erörtert.

Dem Selbst dienliches selbstschädigendes Verhalten

Menschen, die ein gutgemeintes selbstschädigendes Verhalten an den Tag legen, enden als Verlierer. Sie haben wünschenswerte Ziele verfolgt, aber nichts erreicht. Bei einem anderen wichtigen Verhaltensstil dient das selbstschädigende Verhalten einem offensichtlicheren Zweck. Obwohl es zu klar vorhersehbarem Schaden oder Leid führt, hat es auch einen unmittelbaren Nutzen, etwa die Entspannung einer psychisch belastenden Situation. Wenn jemand ein ungünstiges Kosten-Nutzen-Verhältnis akzeptiert, bei dem er sich einen Schaden zufügt (der im allgemeinen in der Zukunft liegt), um seine Selbstachtung oder sein öffentliches Kompetenzimage in der Gegenwart zu schützen, setzt er eine dem Selbst dienliche Selbstschädigung in Gang.

Die häufigste Form selbstdienlicher Selbstschädigung ist zweifellos Substanzenmißbrauch. Alkohol, Tabak und praktisch alle Drogen schaden erwiesenermaßen der körperlichen Gesundheit, und die meisten Benutzer kennen den potentiellen Preis. Aber viele Menschen ignorieren mühelos die langfristig möglicherweise destruktiven Konsequenzen, um sofort angenehme Empfindungen zu haben und Kummer zu lindern.*

Vor allem Alkohol nützt den Bedürfnissen selbstdienlicher Selbstschädiger auf zweierlei Weise. Einerseits hat die Forschung gezeigt, daß Alkohol den schädlichen Bewußtseinszustand, der als objektive Selbsterkenntnis bekannt ist, zuverlässig reduziert.[20] Bei gesteigerter Selbsterkenntnis wissen Menschen besser, wer sie sind und wie sehr sie den Normen für Kompetenz, sozialen Status oder ähnlichen Werten entsprechen.[21] Ihr Aufmerksamkeitsschwerpunkt verlagert sich von äußeren Dingen, etwa dem, was um sie herum vorgeht, auf sie selbst; sie sehen sich wie auf einer Photographie, die alle Fehler, Schwächen und sonstigen Verunstaltungen verstärkt, die das ideale, von der Gesellschaft geschätzte Bild stören. An einem schlechten Tag – wenn man eine Prüfung nicht bestanden, eine Beziehung beendet oder einen Markstein im Leben passiert hat, ohne seine Träume verwirklicht zu haben – kann die bewußte Selbsterkenntnis ein äußerst unangenehmer Zustand sein. Alkohol trägt dazu bei, die Selbsterkenntnis herabzusetzen: Er blendet unerwünschte Gedanken aus und lenkt die bewußte Aufmerksamkeit vom Selbst auf äußere Dinge.[22] Die selbstzerstörerischen Aspekte dieses

---

* Wir wollen weder die Rolle der sozioökonomischen oder soziokulturellen Faktoren herunterspielen, die bestimmte Menschen zum Substanzenmißbrauch prädisponieren, noch die Rolle biochemischer, genetischer und anderer physiologischer Faktoren außer acht lassen, die Substanzenmißbrauch und/oder Sucht initialisieren und in Gang halten. Wir glauben jedoch, daß diese Faktoren von den psychischen Kräften, aus denen heraus Menschen systematisch Muster selbstschädigenden Verhaltens entwickeln, unabhängig sind. Obwohl wir also anerkennen, daß Substanzenmißbrauch die Folge zahlreicher Kräfte ist, beschäftigen wir uns in diesem Buch nur mit den Aspekten, die sich direkt auf unser Modell selbstschädigenden Verhaltens beziehen.

Verhaltensmusters sind offensichtlich. Die kurzfristige emotionale Entspannung geschieht auf Kosten des erhöhten Risikos langfristiger körperlicher und gesellschaftlicher Folgen. Durch die Nichtbeschäftigung mit den Gründen, die die objektive Selbsterkenntnis zu einem unangenehmen Zustand machen, verhindert der Trinker die unvermeidliche Konfrontation mit der schmerzlichen Realität.

Zweitens ist Alkohol als Heilmittel zur selbstdienlichen Selbstschädigung deshalb anziehend, weil sich mit ihm eine Taktik verwirklichen läßt, die als Selbstbehinderung bekannt ist.[23] Dieser Begriff beschreibt ein Muster selbstschützenden Verhaltens, das auf dem Weg zum Erfolg Hindernisse einsetzt, damit ein günstiges Kompetenzimage behalten werden kann. Dadurch, daß für heute die Wahrscheinlichkeit des Versagens erhöht wird, kann der Betreffende ein Selbstbild aufrechterhalten, das den Erfolg für morgen in Aussicht stellt. Der selbstzerstörerische Aspekt der Selbstbehinderung besteht natürlich darin, daß das Verhalten tatsächlich ein Versagen heraufbeschwört.

Selbstbehindernde Strategien funktionieren so: Jemand mit einem sehr günstigen Kompetenzimage präsentiert sich bei einer Überprüfung seiner Fertigkeiten unter dem Einfluß eines Agens, von dem bekannt ist, daß es die Leistung beeinträchtigt – oft, aber nicht immer, Alkohol. Die Beurteilung der diesem Menschen innewohnenden tatsächlichen Leistungskompetenz wird durch die Wirkung des behindernden Agens zu einer Wischi-Waschi-Angelegenheit. Denken Sie zum Beispiel an Eugene Fodor. Als seine Leistung den Erwartungen nicht mehr entsprach, die durch seine preisgekrönte Vergangenheit entstanden waren, konnten Beobachter nie zuverlässig bestimmen, ob an seinem Abstieg nachlassende Kompetenz oder die hemmende Wirkung der Drogen schuld waren.

Im Grunde bedeutet Selbstbehinderung, daß ein Teil des Selbst (zum Beispiel die Koordination) am Funktionieren gehindert wird, um das Image eines anderen, höher bewerteten Teils (etwa die angeborene Kompetenz) zu schützen. Menschen, die diese selbstschädigende Strategie benutzen, tauschen die unmittelbare Angst davor, sich als weniger fähig, wertvoll oder talentiert als angenommen zu erweisen, gegen die möglicherweise negativen Folgen ein. Sie trösten sich mit der Hoffnung, daß sich ihre Kompetenz irgendwann einmal, wenn die Auswirkungen ihres Handikaps sich verloren haben, wieder zeigt. Wenn der Selbstbehinderer trotz des Handikaps Erfolg hat, wird seine Kompetenz, wie wir bei Dechapelles gesehen haben, noch höher eingeschätzt. Über diesen »Zuwachseffekt« sagen wir in Kapitel 5 mehr.

Substanzenmißbrauch ist, wie bereits gesagt, eine übliche, aber keinesfalls die einzige selbstbehindernde Strategie. Von einigen der bereits erwähnten Prominenten – den Regierungsfunktionären Gary Hart und Wilbur Mills, den religiösen Führern Jim Bakker und Jimmy Swaggart und den finanziellen Superstars Ivan Boesky und Michael Milken – läßt sich sagen, daß sie ein selbstbehinderndes Verhalten benutzten, um ihr Kompetenzimage zu bewahren oder zu verstärken. In Kapitel 5 untersuchen wir ein paar andere Methoden, mit denen Selbstschädiger sich selbst behindern, um einen psychologischen Nutzen zu erzielen.

Böswillig selbstschädigendes Verhalten

Am anderen Ende des auf der Absicht und den vorhersehbaren negativen Folgen beruhenden Kontinuums sind die böswillig selbstschädigenden Verhaltensweisen angesiedelt. Diese Verhaltensmuster verfolgen keine psychisch gesunde Absicht und fügen dem Selbst und anderen vorhersehbaren Schaden bei. Dieser Selbstschädigungsstil hat fast immer einen direkten Einfluß auf andere: Böswillige Selbstschädiger gehen regelmäßig langfristige Beziehungen zu Menschen ein, die ihnen ermöglichen, das Muster wiederholt auszuagieren; oft unterstützen diese anderen auch das selbstschädigende Verhalten ihrer Partner.

Böswillige Verhaltensmuster sind die eindeutig irrationalste Form der Selbstschädigung. Obwohl sie – wie andere selbstschädigende Muster – vorübergehende seelische Vorteile verschaffen können, vertreibt das überwältigende Leid, das durch die für diese Dynamik typische Wut verursacht wird, jeden Nutzen. Das Verhalten wird wahrscheinlich wegen der zeitweiligen Entschärfung seelischer Konflikte verstärkt und beibehalten, aber die offenkundigen Folgen dieses selbstzerstörerischen Stils sind gegen sich selbst und gegen andere gerichtete Feindseligkeit und Aggression.

Manche Menschen, die sich böswillig selbst schädigen, scheinen ewig »an der falschen Stelle nach Liebe zu suchen«. Ein Beispiel für dieses Muster ist Terry Dunn in Judith Rossners *Looking for Mr. Goodbar*, die wiederholt gefährliche und mißbrauchende Beziehungen eingeht und andere Beziehungen, in denen sie Liebe hätte finden können, ablehnt.[24] Im Gegensatz zum beharrlichen Rechtsanwalt, der erfolglos versuchte, seine Ehe in Ordnung zu bringen, entscheiden Menschen wie Terry Dunn sich nicht nur dazu, eine völlig unbefriedigende Beziehung einzugehen und beizubehalten; Kennzeichen ihres böswillig selbstschädigenden Verhaltens ist, daß sie einen Partner dazu provozieren, ihnen die Feindseligkeiten Zug um Zug zurückzuzahlen.

Ralph und Olivia Hand, die früher in diesem Kapitel bereits beschrieben wurden, sind typische Beispiele dieses Selbstschädigungsstils. Im Verlauf ihrer unbeständigen Ehe mißbrauchten sie einander, gingen miteinander ins Bett, ließen sich scheiden, schliefen wieder miteinander, stritten sich in betrunkenem Zustand bis zu Handgreiflichkeiten, bekannten dann ihre unsterbliche Loyalität zueinander – ein Muster, das gut hätte so weitergehen können, wenn Mr. Hand nicht Mrs. Hand umgebracht hätte. Falls eine Partei seelischen Gewinn aus dieser Situation zog, wissen wir nicht, welche; sicher war es kein vorzeigbarer Nutzen. Wir können jedoch mit großer Sicherheit sagen, daß das Verhalten auf beiden Seiten ganz klar böswillig war. Mr. Hand heiratete eine Frau, die ihn genauso mißbrauchte wie er sie – wenn nicht noch mehr. Deshalb kann man gefahrlos behaupten, daß er sich nicht selbst behinderte; das Handikap – seine grausame Ehefrau – schützte oder steigerte sein Selbstwertgefühl nicht. Auch die Schlußfolgerung, daß das selbstzerstörerische Verhalten von

Mrs. Hand nicht die Absicht hatte, das Selbst zu schützen, läßt sich relativ leicht ziehen, denn sie war unmittelbar nach dem Scheitern ihrer Karriere und ihrer Ehe in ihre Heimatstadt zurückgekehrt, um Mr. Hand zu heiraten. Selbstschädigendes Verhalten kann als Schutz des Selbstwertgefühls nur dann betrachtet werden, wenn es entweder nach einem Erfolg auftritt, der die Psyche zerrüttet, oder wenn es Bedrohungen für ein sehr positives Selbstbild abwehren soll.

Den Selbstschädigungsstil, der am offenkundigsten aggressiv ist, bezeichnen wir als Pyrrhus-Rache (nach dem griechischen König Pyrrhus, der durch exzessive Verluste eine Schlacht gegen die Römer gewann). Dabei schadet man sich selbst, um jemand anders eins auszuwischen. Dieses Verhalten unterscheidet sich von allen anderen selbstschädigenden Manövern insofern, als es nicht als der psychischen Gesundheit förderlich interpretiert werden kann. Jemand, der sich selbst behindert, kann argumentieren, daß er vor einer Leistung einen Drink nimmt, weil es seine Nerven beruhigt, und eine mißbrauchte Ehefrau kann glauben, daß sie aus Mitmenschlichkeit oder ökonomischer Selbsterhaltung in einer schlechten Ehe bleibt; die Destruktivität einer Pyrrhus-Rache läßt sich jedoch durch keine noch so grobe Verzerrung leugnen. Menschen, die sich so verhalten, wollen sich selbst verletzen, aber das ist nicht ihr Hauptziel; sie wollen auch jemand anders verletzen.

Weil böswillig selbstschädigendes Verhalten selten in einem Vakuum oder ohne einen Partner auftritt, der es ermöglicht, haben die Angehörigen der psychoanalytischen Gemeinschaft diesen Stil *Sadomasochismus* genannt. Der Begriff impliziert – wie wir glauben zu Recht –, daß man sich selbst schadet, um jemand anderen symbolisch und psychologisch zu besiegen oder zu kontrollieren. Aus denselben Gründen, aus denen wir den Begriff *Masochismus* ablehnen, betrachten wir auch *Sadomasochismus* als ungenau und irreführend. Formulierungen wie »die Waffe der Schwachen«[25] oder »Sieg durch Niederlage«[26] beschreiben die ungewöhnliche Variante des böswillig selbstschädigenden Verhaltens, die wir Pyrrhus-Rache nennen, unseres Erachtens besser. Wer sie verwendet, erringt einen psychologischen Sieg über andere genauso, wie der legendäre Boxer Muhammed Ali gegen Ende seiner Karriere, als seine Kraft und seine Fähigkeiten schwanden, seine Gegner besiegte. Alis Technik, bei der er sich in die Seile hängte und die Schläge einsteckte, bis sein Gegner erschöpft war, ermöglichte ihm, andere Boxer zu überdauern und zu überlisten und gelegentlich sogar einen Kampf zu gewinnen.

Pyrrhus-Rache-Strategien scheinen es Selbstschädigern oft zu ermöglichen, Peiniger auf ähnliche Weise zu bezwingen. Man nimmt eine »Heiliger-als-Du«-Pose ein, läßt sich nicht auf die Ebene des anderen herab und akzeptiert statt dessen die Mißhandlungen des Peinigers.[27] Abgesehen von der moralischen Überlegenheit verschaffen sie Selbstschädigern einen psychologischen Vorteil: sie schwächen oder besiegen ihre Peiniger dadurch, daß sie zu Boden gehen, nachdem sie dessen besten – realen oder seelischen – Schlag eingesteckt haben.

Der Pyrrhus-Rache-Stratege verursacht also psychischen Schaden, indem er einem Menschen, der ihn beherrschen möchte, den Wind aus den Segeln nimmt. Weil dem anderen bei dieser Strategie weder durch körperliche noch durch verbale Angriffe oder Mißhandlungen aktiv geschadet wird, stellt sie eine wirkungsvolle Methode dar, um die zum Beispiel von Eltern in der Vergangenheit zugemessenen Mißhandlungen zu vergelten. Ohne persönlich als Aggressor aufzutreten, verletzt man sie, indem man ihren aggressiven Handlungen oder Absichten schadet. Denken Sie an den Jungen, der trotz seiner Intelligenz von einer Vorbereitungsschule nach der anderen flog. Sein Vater, der mehrere hohe akademische Titel besaß und großen Wert auf Bildung legte, schalt ihn jedes Mal, er werde »Schande, Erniedrigung und Kummer« über seine Familie und seine Vorfahren bringen, »die sich ganz bestimmt im Grabe umdrehen«. In der Psychotherapie kam heraus, daß der Junge den Anblick des unter der Sabotage seiner Erziehungsbemühungen leidenden Vaters genossen hatte. In Kapitel 6 untersuchen wir genauer, wie Selbstschädiger eine Pyrrhus-Rache benutzen können, um einen Mißbrauch aus der Kindheit neu zu inszenieren; sie versuchen so, die Herrschaft über eine Situation zu bekommen, die während ihrer Entwicklungsjahre außerhalb ihrer Kontrolle lag.

Ein Blick nach vorne

Wenn wir selbstschädigende Verhaltensweisen in bezug auf ihre Absicht und die Vorhersehbarkeit negativer Folgen untersuchen, sehen wir also eine große Vielfalt, die mehr Unterschiede als Gemeinsamkeiten aufweist. Menschen, die eine bestimmte Form selbstschädigenden Verhaltens zeigen, bleiben im allgemeinen bei ihr und wechseln nicht zu einer anderen. Deshalb wollten wir charakteristische Kategorien selbstschädigenden Verhaltens identifizieren, und nicht einzelne Arten von Selbstschädigern oder spezielle Entwicklungsgeschichten, die zu bestimmten selbstschädigenden Syndromen führen können. Obwohl wir später auf die wahrscheinlichen Ursachen für die verschiedenen selbstschädigenden Kategorien zu sprechen kommen, möchten wir keine Eins-zu-eins-Entsprechung zwischen selbstschädigenden Mustern und ihnen vorausgehenden Ereignissen herstellen. Wir glauben, daß die charakteristische Art eines Menschen, sich mit der Welt auseinanderzusetzen, aus der Kombination vieler psychischer, zwischenmenschlicher und gesellschaftlicher Kräfte entstanden ist. Wir möchten dem Leser helfen, die Folgen eines selbstschädigenden Stils zu verstehen, egal wie und warum es zu ihm kam.

In den folgenden Kapiteln wird die verzwickte Dynamik der von uns identifizierten selbstschädigenden Verhaltensstile ausführlicher dargestellt und erklärt, warum Selbstschädiger nie gewinnen. Auch mutmaßlich »leichte« selbstschädigende Muster können, wenn sie nicht entdeckt werden, zu einem Syndrom führen, durch das man seinen eigenen Untergang einleitet. Im letzten Kapitel zeigen wir die Anwendungsmöglichkeiten unseres Selbstschädigungsmodells und unterstreichen die Bedeutung eines frühen helfenden Eingreifens. Wir untersuchen, wie Eltern, Erzieher, Arbeitgeber und Partner selbstschädigende Ziele erkennen und Leidende auf ihr sich wiederholendes Verhaltensmuster hinweisen können, bevor es unwiderruflich destruktiv wird. Die Konflikte, Ängste und Erwartungen, die Selbstschädiger bewegen, *können* zu einem Kurzschluß führen.

2

Wenn gute Absichten ins Auge gehen

Alles in allem kommen wir nicht um die Schlußfolgerung herum, daß wir vor allem deshalb verloren haben, weil wir unserer vergangenen Erfolge überdrüssig waren.
– Konteradmiral Motomo Ugaki, der Generalstabschef von Admiral Gombe Yamamoto, zum Desaster der japanischen Marine in Midway, das oft als Wendepunkt auf dem Pazifik-Schauplatz im 2. Weltkrieg betrachtet wird.

Wir wollen die nähere Untersuchung selbstschädigender Muster und Prozesse mit ein par leichteren Fällen beginnen – solchen, die wir als gutgemeintes selbstschädigendes Verhalten identifiziert haben. Obwohl die aktuelle Faszination an der Selbstzerstörung gern dramatische Bilder von mitreißenden Katastrophen und finsteren Motiven heraufbeschwört, die zur dauerhaften Zerrüttung von Karrieren und Familien[1] führt, ist der Selbstschädigungsalltag oft sachlich-nüchtern, kläglich und sogar komisch. Eine selbstschädigende Geschichte kann, wie in späteren Kapiteln erörtert, als Tragödie enden, aber die Anfänge der Selbstschädigung gleichen oft eher einer Komödie.

Sehen wir uns die folgende Meldung aus den Medien an: Joseph Meyer, Vertreter, fuhr eines Abends eine Tankstelle mit Einkaufsmöglichkeit an, um Zigaretten zu erstehen. Er sah, wie ein Mann sein Auto verdächtig beäugte, und so wartete er, bis der andere Mann vorbeigegangen war. Dann ging Meyer in den Laden hinein - und ließ den Motor laufen und das Licht an. Beim Herauskommen sah er, wie sein Auto – nicht gerade überraschenderweise –, weggefahren wurde. Er ging in den Laden zurück, informierte die Polizei und suchte dann eine nahegelegene Agentur auf, um ein Auto zu mieten.

Bei sich zu Hause begann er, die Nummer seines Autotelefons anzuwählen. Zunächst bekam er keine Antwort, aber nach ungefähr vierzig Versuchen meldete der Dieb sich, und Meyer begann zu verhandeln, um sein Auto zurückzubekommen. Der Dieb wollte 500 Dollar; Meyer hatte nicht soviel bei der Hand, und so feilschten sie ein paar Stunden. Schließlich einigten sie sich auf 300 Dollar. Meyer wollte das Auto sofort abholen und fragte, wo sie sich treffen könnten. Der Dieb gab die Adresse einer Bar an, wollte sich aber dort nicht treffen; er sagte, er würde in ungefähr einer halben Stunde zurückrufen und ihm dann Anweisungen zum Treffpunkt geben.

Meyer stimmte zu und legte auf. Dann rief er die Polizei an, gab ihr die neuesten Informationen zum Autodiebstahl und sagte ihnen, wo der Dieb war. Die Polizei konnte die Geschichte kaum glauben, ging aber trotzdem zu der Bar, und natürlich war das Auto da. Kurz danach kam der Dieb heraus, wurde festgenommen und direkt ins Gefängnis befördert.[2]

Verhielten Meyer und der Autodieb sich selbstzerstörerisch? Sehen wir uns an, was sie taten. Beide trafen Entscheidungen mit vorhersehbaren Risiken, die ihnen große Unannehmlichkeiten einbrachten. Meyer ließ die Schlüssel im Auto und den Motor laufen, obwohl er eine verdächtige Gestalt bemerkt hatte, und machte so den Diebstahl leicht. Der Dieb teilte seinem Opfer seinen Aufenthaltsort per Telefon mit, was zu seiner Festnahme durch die Polizei führte. Natürlich besteht kein Grund zu der Annahme, daß Meyer oder der Dieb absichtlich ins Unglück liefen. Und dieses erreichte auch keine epischen Dimensionen: Meyer wurde das Auto gestohlen, aber er bekam es wieder, und der Dieb wurde festgenommen, war aber wahrscheinlich nicht lange im Gefängnis. Trotzdem handelten beide Männer sich durch ihre Handlungen Unheil ein.

Dies ist also die erste Kategorie der Selbstschädigung. Menschen werden von alltäglichen, verständlichen Motiven geleitet, aber sie tun Dinge, die ihnen Rückschläge und Probleme einbringen, etwa Mißerfolge, Unglück, Kummer und andere Schwierigkeiten. Oft verfolgen sie normale, rationale Ziele, aber sie wählen Mittel, die zu einem unglücklichen Ergebnis führen, das sie keinesfalls beabsichtigt oder gewollt haben. In diesem Kapitel untersuchen wir, wie es dazu kommt.

Eine Erklärung hat mit einer Fehleinschätzung zu tun. Menschen schätzen sich und ihre Lage falsch ein, und diese Beurteilungsfehler führen zu einer Selbstschädigung. Menschen können ihre Fähigkeiten überschätzen, nicht richtig erkennen, was möglich und wahrscheinlich ist, oder bestimmte entscheidende Aspekte ihrer Situation ignorieren.

Eine Fehleinschätzung wird vielen und vor allem solchen Lesern, die gelehrt wurden, daß selbstzerstörerische Wünsche tief in der menschlichen Natur verwurzelt sind, eine zu prosaische oder triviale Erklärung für selbstschädigendes Verhalten sein. Aber obwohl der Todestrieb, der Wunsch nach perverser Lust und andere selbstzerstörerische Sehnsüchte ein anziehendes Thema für Literatur oder Film sind, treten sie im Alltag kaum in Erscheinung. In einer neueren Untersuchung der umfangreichen Forschungsliteratur über normales menschliches Verhalten wollten die Forscher herausfinden, ob normale Menschen je selbstzerstörerische Dinge tun.[3] Das Ergebnis war: Menschen verursachen ihren Mißerfolg und ihr Leid (manchmal) selbst, aber Mißerfolg und Leid sind selten oder nie ihr Ziel. Nichts deutete darauf hin, daß moderne amerikanische Erwachsene von selbstzerstörerischen Impulsen oder Wünschen getrieben werden. Sogar Schuld scheint nicht den Wunsch nach Bestrafung hervorzurufen. Wie wir in Kapitel 1 gesagt haben, tritt die Selbstzerstörung eher als unerwünschtes Nebenprodukt bei Bemühungen auf, positive, wünschenswerte Ziele zu erreichen.

Hartnäckigkeit:
Unangebrachte Beharrlichkeit

Ein erstes und wichtiges selbstschädigendes Muster besteht in unangebrachter Beharrlichkeit. Wenn Sie mit dem Kopf gegen die Wand rennen, werden Sie dadurch nicht durch die Wand kommen, und wenn Sie weiter machen, vergrößern Sie nur den Schaden für Ihren Kopf, ohne Ihre Erfolgschancen zu verbessern. Eine solche Beharrlichkeit wird auch als Hartnäckigkeit bezeichnet. Sie spiegelt oft grobe Fehleinschätzungen und kann zu großem Schaden und Verlust führen.

Zunächst mag es ironisch erscheinen, daß wir exzessive Beharrlichkeit als selbstschädigenden Mechanismus identifizieren. Denn Beharrlichkeit wird oft als Tugend betrachtet. Menschen, die Ausdauer zeigen und trotz anfänglicher Rückschläge und Hindernisse am Ende triumphieren, werden gerühmt und andere, die zu schnell aufgeben, heruntergemacht. Die Gesellschaft kann Drückeberger nicht gebrauchen. Der Western-Mythos preist den, der weitermacht, ebenso tun es die Kindergeschichten; oder denken wir an die Erzählungen über große Erfinder wie die Brüder Wright oder Robert Fulton, den Erfinder des Dampfboots. Selbst für Angehörige von Gruppen wie der International Flat Earth Society, die sich weigern zu glauben, daß die Erde rund ist, hat man ein mitfühlendes Lächeln übrig.

In der Realität jedoch ist Beharrlichkeit nicht immer das beste. Manche Pläne, Methoden oder Strategien funktionieren einfach nicht, und das Beharren auf ihnen vervielfacht nur die Mißerfolge. Die Tendenz, Beharrlichkeit zu idealisieren, verschleiert die Tatsache, daß sie oft nirgendwohin führt. [4] Ein Investor behält eine Aktie, deren Wert gefallen ist, nur um festzustellen, daß er weiterfällt, und so verliert der gute Mann schließlich noch mehr Geld. Eine Wissenschaftlerin arbeitet mit einer Theorie, die einfach falsch ist; wenn sie weiter ihre Experimente darauf aufbaut, wird sie Mißerfolge haben, und mit der erfolgreichen Karriere ist es vorbei. Ein Fußballtrainer erzielt jedes Mal katastrophale Ergebnisse, wenn er eine Blitzüberrumpelung oder einen Traumpaß verlangt; wenn er weiter solche Taktiken versucht, wird er das Spiel (und seinen Job) verlieren. Wenn eine Studentin für Mathematik nicht begabt ist, aber viele Mathematikkurse belegt, wird sie wahrscheinlich viele schlechte Noten erhalten.

Mit anderen Worten: Man muß wissen, wann man aufhören sollte. Die echte, psychisch gesunde Anpassung an Umweltbedingungen besteht nicht in einem blinden, automatischen Beharren in Reaktion auf jeden Mißerfolg, sondern eher in der Fähigkeit zu erkennen, wann Beharrlichkeit sich lohnt und wann nicht.

Partnermißbrauch und Selbstschädigung

Sehr viel tragischer und wichtiger ist die Beharrlichkeit in Beziehungen, in denen die Frauen geschlagen werden. Der Fall von Francine Hughes wurde berühmt, vor allem wegen Faith McNultys Tatsachenbericht und des nachfolgenden Farrah-Fawcett-Films. Francine heiratete mit sechzehn Jahren Mikkey Hughes, einen jungen Mann, der bald gewalttätig wurde und sie mißhandelte. Ihr Leben mit ihm war über zehn Jahre lang, in denen sie schrecklich litt, eine unendliche Geschichte von Prügeln und Wutanfällen. Oft wurde die kleine Familie (sie hatten mehrere Kinder) vor die Tür gesetzt, weil sie die Miete nicht bezahlt hatten, und Mickeys Abwesenheiten von zu Hause reichten vom Verschwinden über Nacht (wegen Trinkgelagen und sexueller Untreue) zu kurzen Phasen der Inhaftierung. Francine hatte viele Gelegenheiten, ihn zu verlassen, und tat dies auch verschiedentlich, aber sie kam immer wieder zurück. Sie ließ sich von ihm scheiden, lebte aber bald wieder mit ihm zusammen und unterstützte ihn finanziell. Rückblickend gab sie später zu, daß sie ihn für immer hätte verlassen können und sollen, aber sie kam immer wieder zu ihm zurück, wenn er sich entschuldigte und versprach, sich zu bessern. Sie dachte, sie könnte ihn davon abhalten, sie zu schlagen, wenn sie nur richtig handeln würde. Die Beziehung endete erst, als sie nach Prügeln, dem ein Geschlechtsverkehr folgte, Benzin über den Boden im Schlafzimmer goß, in dem er schlief, und das Haus in Brand steckte. Mickey kam in dem Feuer um. Anstatt frei zu sein, wurde Francine des Mordes angeklagt; um eine lange Gefängnisstrafe zu vermeiden, mußte sie die Geschworenen davon überzeugen, daß sie vorübergehend irrsinnig geworden war.

Geschlagene Frauen sind seit Jahrzehnten nicht nur die Opfer ihrer Mißbrauch treibenden Ehemänner, sondern auch jener psychologischen Theoretiker, die sie in beleidigenden und herablassenden Analysen unter anderem so dargestellt haben, als hätten sie masochistisch ihr eigenes Leiden inszeniert, um sich irgendeinen stark verschütteten Bestrafungswunsch zu erfüllen. Eingehendere Untersuchungen unterstützen jedoch selten die Schlußfolgerung, daß diese Frauen leiden wollen, und geschlagene Frauen ziehen aus dem ihnen angetanen brutalen Verhalten auch keine Befriedigung. Nichts in der Geschichte von Francine Hughes deutet darauf hin, daß sie leiden wollte oder die Verletzung ihr irgendeine Befriedigung verschaffte. Die ihr angetanen Schikanen bereiteten ihr nichts als Schmerz und Erniedrigung.

Zum Glück haben neuere Arbeiten diese brandmarkenden Theorien, die dem Opfer die Schuld geben, nach und nach widerlegt und sie durch eine verständnisvollere Ansicht ersetzt. Geschlagene Frauen wollen nicht geschlagen werden. Aber die Befreiung von der Diagnose »selbstzerstörerische Absicht« bzw. »Masochismus« bedeutet nicht zwangsläufig, daß sie überhaupt keine selbstschädigenden Verhaltensmuster haben. Geschlagene Frauen – und geschlagene Männer – lassen sich de facto auf Verhaltensmuster ein, die eine selbstzerstörerische Absicht spiegeln. Aus unserer Sicht agieren Olivia Hand und Martha, die weibliche Protagonistin in *Wer hat Angst vor Virginia Woolf?*, die wir in Kapitel 1 beschrieben haben und die ihre Männer wiederholt in brutale Prügeleien verwickelten, selbstzerstörerische Syndrome aus, die nicht mit unangebrachter Beharrlichkeit erklärt werden können. Wie wir in Kapitel 6 ausführen, zeigt ihr Schema, sich im Kontext einer laufenden Beziehung schreckliche Kränkungen und Verletzungen zuzuziehen, daß selbstschädigende Handlungen feindselige oder aggressive Impulse befriedigen können. Aber auch auf einer nicht ganz so krankhaften Ebene kann in einer geschlagenen Frau, die immer wieder zu ihrem Mann zurückkehrt und ihm seine Besserungsabsicht glaubt, ein selbstschädigender Faktor wirksam sein. Ein- oder zweimal ist es vielleicht vernünftig, anzunehmen, daß ein Mißbrauch treibender Partner auf eine Weise auf Abwege geraten ist, die in Zukunft vermieden werden kann, aber wenn das mißhandelnde Verhalten einem fest verankerten, chronischen Muster entspricht oder oft geschlagen wurde, sollte klar sein, daß die Zukunft sich nicht von der Vergangenheit unterscheiden wird. Francine Hughes erkannte schließlich, daß ihr Mann weiter trinken, Geld verschwenden und sie schlagen würde.[5] In solchen Fällen bedeutet die Rückkehr zu einem mißhandelnden Partner, daß man das hohe Risiko weiterer Mißhandlungen eingeht. Manche Frauen tun dies, wie der Fall von Francine Hughes zeigt.

Selbstschädigend an solchen Entscheidungen ist jedoch nicht der Wunsch zu leiden oder die Befriedigung über die Mißhandlung. Das selbstschädigende Element sitzt in der getrübten Urteilskraft, in der Entscheidung, in einer schlechten Beziehung zu bleiben. Wenn wir das Problem so betrachten, wird vielleicht verständlich, warum manche Frauen solche Fehler machen. Sie haben sehr viel Zeit und Mühe in die Beziehung investiert, wahrscheinlich, weil es auch ein paar gute Phasen gab, und es ist emotional schwierig, das positive Vermächtnis jener Intimität wegzuwerfen, die in den guten Zeiten erreicht wurde. Außerdem kann es sein, daß der mißhandelnde Partner sein Verhalten jedesmal aufrichtig bereut und sein Versprechen, es in Zukunft besser zu machen, wirklich von Herzen kommt – er hat ganz ehrlich die Absicht, sie nicht mehr zu verletzen. In der Realität fehlen ihm natürlich die Selbstbeherrschung und andere Merkmale, die es ihm ermöglichen würden, seine Versprechen zu halten, aber das erkennt er nicht, und so muß die Frau trotz seines Flehens die Wahrheit sehen.

Francine Hughes hat diesem Schema sicher entsprochen. Die Beziehung hatte gute Phasen, obwohl sie kürzer und seltener wurden. Sie hatte sehr viel in die Beziehung investiert: sie hatte die Highschool verlassen, hatte ihre erste sexuelle Erfahrung mit Mickey, hatte Kinder mit ihm. Mickeys Entschuldigungen wurden oft mit Überzeugung und Gefühl vorgetragen und waren häufig von signifikanten Besserungen seines Verhaltens gefolgt, wenn auch nur für eine Weile. Einmal, als Francine es mit dem Verlassen ziemlich ernst zu meinen schien, schloß Mickey sich sogar einer religiösen Gemeinschaft und den Anonymen Alkoholikern an und überredete sie, es noch einmal zu versuchen.

Viele Frauen, die zu Opfern mißhandelnder Partner werden, haben ein schwaches Selbstwertgefühl, das zu den mit der Beharrlichkeit zusammenhängenden Problemen beitragen kann. Wenn von vornherein die Einsicht da ist, daß Beharrlichkeit nirgendwohin führt – daß die Situation eine Sackgasse darstellt –, können Menschen mit starkem Selbstwertgefühl die Dinge manchmal schneller einschätzen als Menschen, denen es an Selbstwertgefühl mangelt. Aufgrund ihres starken Selbstwertgefühls können solche Menschen sagen: »Das bringt mich nicht weiter« oder »Es wird nur schlimmer, nicht besser«, so daß sie sich dann der aussichtslosen Situation schneller entziehen als andere Leute.[6]

Starkes Selbstwertgefühl und Beharrlichkeit: Kein Allheilmittel

Ein starkes Selbstwertgefühl ist jedoch kein Allheilmittel, denn in manchen Fällen verstärkt es das fruchtlose Beharren noch. Menschen mit starkem Selbstwertgefühl vertrauen darauf, daß sie schließlich doch noch Erfolg haben werden, und deshalb reagieren sie auf einen Mißerfolg mit vermehrter Entschlossenheit, härteren Anstrengungen und anderen Anzeichen der Beharrlichkeit. In den meisten Laboruntersuchungen wurde festgestellt, daß Menschen mit starkem Selbstwertgefühl trotz eines Mißerfolgs länger weitermachen als Menschen mit schwachem Selbstwertgefühl, wahrscheinlich weil sie einfach glauben, daß sie schließlich Erfolg haben werden.[7] Vor allem Menschen, die eine sehr gute Meinung von sich haben, neigen dazu, auch in den Situationen weiterzumachen, in denen sie den gesunden Rat erhalten, aufzugeben und weiterzugehen, wenn die Lösung ihnen nicht sofort gelingt.[8] Wegen ihres starken Selbstwertgefühls sträuben sie sich gegen den Ratschlag und verlassen sich lieber auf ihre eigene Einschätzung und ihr inneres Selbstvertrauen. Es scheint ihnen auch schwerzufallen, zu glauben, daß sie tatsächlich versagen können, und deshalb versuchen sie es weiter. Nur wenn sie realistisch die Möglichkeit in Erwägung ziehen, daß eine Situation oder ein Problem unlösbar sind, können sie besser als Menschen mit schwachem Selbstwertgefühl die richtige Entscheidung treffen und eine aussichtslose Bemühung aufgeben.[9]

Nebenbei werden wir hier daran erinnert, wie unzutreffend die Vorstellung »Nichts ist erfolgreicher als der Erfolg« oft ist. Eine erfolgreiche Anstrengung erzeugt nicht nur Arroganz und ein Gefühl narzißtischen Anspruchsdenkens, sondern sorgt auch oft dafür, daß wir uns konstruktiven alternativen Methoden der Problemlösung verschließen, die in Streßphasen von unschätzbarem Wert sein können. Ein Bericht im Wall Street Journal, der die Arbeiten des Gründers der Digital Equipment Corporation, Kenneth H. Olsen, darstellt, beschreibt genau, wie Erfolg zur selbstzerstörerischen Verachtung neuer Ideen führen kann. Diesem Bericht zufolge wußte Mr. Olsen, einer der Gründerväter der Computerindustrie, alles über die Entwicklung von Personal Computern, und zwar schon lange bevor sie den Bereich der Hochtechnologie umkrempelten; aber er hatte den PC als »Spielzeug« abgetan, anstatt ihn als Herausforderung für die Großrechner zu betrachten, zu deren Entwicklung er beigetragen hatte.[10]

Wichtig ist also, ob Menschen sich der Tatsache bewußt sind, daß Beharrlichkeit sinnlos und hinderlich sein kann. Der gedankenlose Glaube an die Wirksamkeit der Beharrlichkeit kann sehr schädlich sein, während die umsichtige Einschätzung, wann man weitermachen und wann man aufgeben sollte, zu den besten Ergebnissen führt. Wir meinen nicht, daß Beharrlichkeit immer schlecht ist; wir sagen nur, daß sie nicht immer gut ist.

Anders gesagt: Nicht Entschlossenheit, Beharrlichkeit und die Weigerung, ein Drückeberger zu sein, sind der Schlüssel zum Erfolg, sondern die sorgfältige Einschätzung Ihrer selbst und der Welt. Entscheidend ist, daß man weiß, was einem in einer gegebenen Situation möglich ist.

Freud zur Hartnäckigkeit

Wie wir in Kapitel 1 gesehen haben, stellt die Freudsche Betrachtungsweise des selbstschädigenden Verhaltens ein handliches Mischmasch von Erklärungen dar, die vom Todesinstinkt über die biologische Veranlagung der Frau bis zu nicht gelöster ödipaler Schuld reichen. Interessanterweise brachte Freud jedoch eine Ansicht zur Hartnäckigkeit vor, die viele Psychotherapeuten für sehr nützlich halten: den sogenannten »Wiederholungszwang«.[11] Die Fachleute für psychische Gesundheit haben diese Ansicht bereitwillig angenommen, weil sie zu erklären hilft, warum manche Leute selbstschädigende Muster mit allen wichtigen Menschen in ihrem Leben wiederholen – insbesondere ihrem Psychotherapeuten.

Freud behauptete, daß bei einer Überwältigung des unterentwickelten kindlichen Ichs durch bestimmte Ereignisse die derart traumatisierten Menschen das Ereignis – durch Träume, Phantasien oder Zwänge – in ihrem Kopf wiederholen, um durch die Vorstellung das zu meistern, was sie körperlich nicht meistern konnten. Er meinte, daß viele Menschen, die unter einem solchen Wiederholungszwang leiden, die versuchte Auflösung des Traumas auch symbolisch in irgendeinem Bereich der realen Welt »ausagieren« – im Idealfall mit ihrem Psychotherapeuten. Freuds Argumentation zufolge kann so ein kleiner Junge, der von einem brutalen Vater traumatisiert wurde, wiederholt und zwanghaft tagträumen, daß er den Vater überwältigt. Wenn dieser Mechanismus versagt und das Trauma nicht aufgelöst wird, stellt der Junge als Erwachsener vielleicht fest, daß er »unerklärlicherweise« in

Beziehungen zu Männern gerät, die ihn mißhandeln oder mißbrauchen.

Die Wiederholungszwang-Theorie meint, daß die unbewußte Verwicklung des jungen Mannes in Beziehungen, in denen er immer wieder mißbraucht wird, den Versuch darstellt, erwachsene Repräsentationen für seine traumatische Beziehung zu einem brutalen Vater zu benutzen, um sich von vergangenen Erniedrigungen, Schmerzen und Leiden zu entlasten. Er will angeblich eine gescheiterte Beziehung weiter in Ordnung bringen, auch wenn klar ist, daß seine Bemühungen zum Scheitern verurteilt sind. Freud sagte, daß ein derart traumatisierter Mensch die Ursache für seine Konflikte nur im Kontext einer erfolgreichen Beziehung zum Therapeuten erkennen und schließlich meistern kann.

Zahlreiche Forschungsergebnisse bestätigen die Behauptung, daß Wiederholungszwänge die seelischen Wunden verschlimmern, anstatt das Trauma am Schluß aufzulösen oder Vergeltung zu üben.[12] Menschen, die in der Kindheit eine traumatische Opferrolle innehatten, werden immer wieder und mit immer größerem Schaden für sich selbst zu Opfern, wenn ihre Wunden nicht behandelt werden. Einem Forscher zufolge werden Kinder, die sexuell mißbraucht wurden, regelmäßig Prostituierte, Pornomodells oder Opfer ehelicher Gewalt.[13] Wie von der Wiederholungszwang-Theorie vorhergesagt, verbringen als Kinder mißbrauchte Frauen ohne spätere therapeutische Betreuung oft ihr ganzes Leben in Beziehungen, die die sexuellen Verletzungen, die sie ursprünglich traumatisiert haben, neu in Szene setzen.

Eine andere Meinung: Selbstwertgefühl

Obwohl wir die Vorstellung vom Wiederholungszwang als eine Möglichkeit sehen, viele schwierige Interaktionen in der Psychotherapie zu erklären und aufzulösen – etwa einen feindseligen Transfer, bei dem der Patient den Therapeuten als den ungeliebten Elternteil behandelt –, meinen wir auch, daß dieses Konstrukt zur Beurteilung der zahllosen Verhaltensweisen, die Fälle selbstschädigender Hartnäckigkeit zu sein scheinen, ungeeignet ist. Jeffrey zum Beispiel, der in Kapitel 1 beschriebene impotente Rechtsanwalt, würde dann den Wiederholungszwang in seiner Ehe ausagieren. Seine Mutter war, mit seinen Worten, »eine kalte, Zuneigung zurückhaltende Hure«; es ist also einigermaßen logisch anzunehmen, daß seine Versuche, für die Liebe einer Frau »gut genug« zu sein, seine Bemühungen um schulischen Erfolg in der Kindheit wiederholen, mit dem er die Liebe seiner Mutter erringen wollte. Wenn man zum Verständnis seines Verhaltens nur den Wiederholungszwang heranzieht, muß man sich fragen, warum er zu seiner Frau nicht grausam war. Seine Mutter hielt Liebe zurück und verletzte ihn dadurch; warum veranlaßte der Wiederholungszwang ihn dann nicht zu Vergeltungsmaßnahmen, die den ihm in der Kindheit angetanen emotionalen Schaden wiedergutmachen könnten? Und warum hatte er keine Affären mit verfügbaren Frauen, entweder um die durch die Feindseligkeit seiner Frau stark aus dem Gleichgewicht geratene Waage der Gerechtigkeit zu richten, oder einfach als befriedigende Entspannung?

Daß Jeffrey nicht nach alternativen Arten der Befriedigung suchte, hat mit dem Thema Verstärkung zu tun. Wie in Kapitel 1 bemerkt, war Jeffrey auf zahlreichen Leistungsschauplätzen überaus erfolgreich. Sein – zumindest im Hinblick auf emotionale Befriedigung – schlecht angepaßtes starkes Selbstwertgefühl mag ihn an der Erkenntnis gehindert haben, daß zur erfolgreichen Gestaltung zwischenmenschlicher Beziehungen eine andere Kompetenz erforderlich ist als die, die man bei beruflichen Angelegenheiten zeigt. Die dem gesunden Menschenverstand entsprechende Vorstellung, daß Vorstandsvorsitzende und andere Superstars vom Sport bis zur Wissenschaft keine befriedigenden Liebesbeziehungen zustande bringen, kann auf dieselbe Weise erklärt werden.[14] Fälschlich wenden sie in intimen Beziehungen dieselben Fähigkeiten an, die sie zur Erzielung beruflicher Erfolge benutzen; viele erfolgreiche Menschen schaden sich wie Jeffrey selbst, weil sie nicht erkennen, daß ihr Verhalten für die anstehende Aufgabe ungeeignet und daher zum Scheitern verurteilt ist.[15]

Wenn wir die Wiederholungszwang-Theorie ablehnen und uns statt dessen auf die Forschungen konzentrieren, die nahelegen, daß Menschen mit starkem Selbstwertgefühl sich weigern, aufzugeben – oder den richtigen Zeitpunkt dafür verpassen –, können wir das selbstschädigende Verhalten dieses Mannes knapper erklären: Aufgrund seines beruflichen Erfolgs hat er nie eine der seelischen Gesundheit förderliche Art erlernt, mit einem Mißerfolg umzugehen. Eine solche Herangehensweise schließt die Möglichkeit nicht aus, daß andere Kräfte zu den Problemen beitragen. Sobald die selbstschädigenden Symptome festgestellt wurden, können viele Konflikte – etwa sexuelle Probleme und unterdrückte Feindseligkeit – auftauchen und direkt behandelt werden.

Wir möchten wiederholen, daß wir nicht eine Erklärung über alle anderen stellen. Wenn wir hier eine Freudsche Interpretation von Jeffreys Selbstschädigungsmuster einer Selbstwertproblematik gegenüberstellen, wollen wir diese bewußt machen. Ziel unserer Analyse ist, die Schritte bzw. Methoden von Selbstschädigern zu erhellen, weil ihr Verhalten dem Lustprinzip zuwiderläuft; wir wollen nicht den psychischen Keim bzw. Virus – das Motiv – suchen, das ihr paradoxes Verhalten verursacht. Ein solches Bemühen wäre nichts anderes als selbstschädigend.

Warum nicht einfach aufhören?

Beharrlichkeit ist also keine Tugend, sondern ein Werkzeug, und bringt nur dann Nutzen, wenn sie richtig eingesetzt wird. Andernfalls wird sie nutzlos, oder schlimmer: zu Hartnäckigkeit, einem Mittel der Selbstschädigung.

Die Gefahren der Hartnäckigkeit zeigen sich vielleicht am deutlichsten an der umfassend dokumentierten Tendenz von Menschen, gutes Geld schlechtem hinterherzuwerfen.[16] Sobald die Leute eine gewisse Menge an Zeit, Energie, Geld oder andere Ressourcen in ein Projekt investiert haben, geben sie es nicht gerne auf und stecken noch mehr in ein aussichtsloses Vorhaben – sie haben sich zu sehr engagiert, um aufzugeben. Wenn man schon im Schlamm steckt und schmutzig geworden ist, widerstrebt es einem, sich umzudrehen und zurückzugehen; aber wenn man vorwärts geht, versinkt man vielleicht nur noch tiefer.

In einer Laboruntersuchung von Reaktionen auf schlechte Investitionen stellten die Forscher fest, daß 87% der Anleger über den optimalen Punkt hinaus weitermachten. Über die Hälfte machte auch noch weiter, nachdem die Rentabilitätsgrenze überschritten war – der Punkt, an dem ihr Nettogewinn auch dann unter ihrem ursprünglichen Einsatz liegen würde, wenn sie am Schluß Erfolg hätten.[17]

Das Dilemma von Leuten, die Geld (oder Zeit oder Energie oder Gefühle oder andere wertvolle Ressourcen) ausgegeben und außer zusätzlichen Anforderungen wenig dafür bekommen haben, läßt sich gut nachempfinden. Ein Aufgeben des Projekts bedeutet, daß man gescheitert ist und alle bisherigen Investitionen garantiert verloren sind. Aber wenn man weitermacht, investiert man noch mehr in ein Projekt, das sich am Schluß als ein Fehlschlag erweisen könnte. Man hofft, daß die zusätzlichen Investitionen schließlich den Erfolg bringen, durch den das ganze Projekt der Mühe wert scheint. Aber sehr oft führt diese Hoffnung nur zu immer größeren Mißerfolgen.

Vor derselben schwierigen Entscheidung steht eine Regierung, die Millionen Dollar in ein Problem investiert hat, das nur schlimmer zu werden scheint. Der Drogenkrieg der amerikanischen Regierung in den 80er Jahren zeigte dies sehr deutlich. Jedes Jahr wurde nach mehr Geld gerufen, und als diese Ausgaben keinen Fortschritt brachten – die meisten Berichte konstatierten eine Verschlimmerung –, wurde nur dazu aufgerufen, noch mehr auszugeben. Dieselbe Logik kommt zum Tragen, wenn statt oder außer Geld Menschenleben aufgewendet werden. Einer Regierung, die Tausende von jungen Männern in einem militärischen Wagnis in den Tod geschickt hat, fällt es schwer, sie abzuschreiben und das Unternehmen aufzugeben. Gegen Ende des Vietnamkriegs bewarb George

McGovern sich um die Präsidentschaft und versprach, sofort nach seiner Amtsübernahme die amerikanischen Truppen aus Vietnam abzuziehen. Die amerikanische Öffentlichkeit lehnte seinen Plan mit überwältigender Mehrheit ab und zog statt dessen die vagen Versprechungen Richard Nixons und Henry Kissingers vor; sie wollten einen Frieden aushandeln, der zum Ausgleich für all das Blut und all das Geld, das Amerika ausgegeben hatte, zumindest ein paar Vorteile bieten sollte.

Was werden andere Leute denken?

Das Verständnis für dieses Dilemma bedeutet natürlich nicht, daß wir die aus einer falschen Entscheidung resultierende Selbstschädigung bagatellisieren wollen. Was also sind die Ursachen dieser unguten Beharrlichkeit? Ein wichtiger Faktor ist das Gefühl, für die anfängliche Entscheidung verantwortlich zu sein. Derjenige, der die anfängliche Entscheidung getroffen hat, ist sehr viel weniger bereit, sie rückgängig zu machen, als jemand, der von einem neutralen, unvoreingenommenen Standpunkt kommt.[18] Mit anderen Worten: Der ursprüngliche Entscheidungsträger fühlt sich für das, was schiefgegangen ist, verantwortlich und möchte deshalb weitermachen und die Sache zu einem Erfolg werden lassen. Im Hinblick auf das vorhergehende Beispiel hätte ein neuer Präsident die Entscheidung treffen können, sich aus Vietnam zurückzuziehen, weil er noch keine stattlichen Ressourcen geopfert hatte. Für jemanden wie Nixon, der den Krieg mehrere Jahre geleitet hatte, war es sehr viel schwerer, sich zurückzuziehen.

Wenn es zudem gegen die anfängliche Entscheidung Widerstand gab, wird der Entscheidungsträger wahrscheinlich noch mehr motiviert sein, trotz Fehlschlägen weiterzumachen.[19] Ein Rückzug ist in gewisser Weise gleichbedeutend mit dem Eingeständnis, daß die erste Investition ein Fehler war. Es ist sowieso schon schwer, Fehler zuzugeben, aber es ist besonders schwer, sie vor jemandem zuzugeben, der von vornherein gegen die ganze Sache war. Anders gesagt: Menschen mögen es nicht, wenn jemand ihnen sagt: »Das hast du versiebt«, aber sie verabscheuen es geradezu, wenn jemand sagen kann: »Ich habe dich gewarnt.« Verbale Opposition macht es uns daher ironischerweise schwerer, unsere Meinung zu ändern und zu tun, was die Opposition befürwortet.

Die Sorge um das, was andere Leute sagen oder denken, ist bei selbstschädigender Hartnäckigkeit ein wichtiger Punkt. Es kann sein, daß wir wider bessere Einsicht nur weitermachen, weil wir vermeiden wollen, daß jemand anderes uns als Drückeberger bezeichnet. In einer Studie wurde untersucht, ob die Beharrlichkeit von dem abhängt, was die Testperson für die Gedanken der Zuschauer zu ihren Entscheidungen hält; die Forscher stellten fest, daß die Entscheidungen der Testpersonen stark von dem Wunsch beeinflußt waren, gut dazustehen. Wenn das Publikum nicht für Aufgeben war, neigte die Testperson zum Weitermachen. Wenn vom Publikum das Aufgeben favorisiert wurde, war die Beharrlichkeit sehr viel schwächer.[20] Es ist nicht überraschend, daß Menschen in den Augen anderer gut dastehen wollen. Wichtig jedoch ist, daß solche Motive auch Entscheidungen über Investitionen und die Neubeurteilung von Verpflichtungen beeinflussen. Bei der Entscheidung, ob man weitermacht, werden nicht einfach die erwarteten Vorteile gegen die erwarteten Nachteile rational abgewogen; die Sorge, das Gesicht zu wahren, kann solche rationalen Überlegungen überlagern.

Das Thema Rationalität ist wichtig, denn wie gesagt ist selbstschädigendes Verhalten ausgesprochen irrational. Die Forschung hat gezeigt, daß Menschen weniger leicht in den Kreislauf unangebrachter, destruktiver Hartnäckigkeit geraten, wenn sie veranlaßt werden, innezuhalten und alle wahrscheinlichen Kosten und Vorteile umsichtig, sorgfältig und detailliert zu berechnen.[21] Menschen können die Hartnäckigkeits-Falle oft vermeiden, wenn sie sich vorsichtig und auf einer logischen, rationalen Grundlage entscheiden. Zur selbstschädigenden Hartnäckigkeit kommt es also nicht deshalb, weil Menschen unfähig sind, die beste Entscheidung zu treffen, sondern weil sie davon absehen, die beste Entscheidung zu treffen. Sie gründen ihre Entscheidung auf die falschen Kriterien, etwa »das Gesicht wahren« oder »emotionalen Schwung behalten«.

Durch Untätigkeit entscheiden

Die Verwendung ungeeigneter Entscheidungskriterien zeigt sich vielleicht am deutlichsten an einem anderen Faktor, der Hartnäckigkeit erwiesenermaßen beeinflußt: Passivität. Bei vielen Entscheidungen im Leben führt Nichtstun zu einem bestimmten Ereignisablauf. Er wird als passive Option bezeichnet, und anscheinend tendieren Menschen oft dazu, die passive Option zu wählen – bei egal was. Jeder, der Menschen beeinflussen will, kann diesen Grundsatz benutzen, um Einverständnis zu erreichen. Viele per Postversand arbeitende Buch- oder Musikklubs zum Beispiel benutzen die passive Option, um ihre Verkaufszahlen zu maximieren. Jedes Klubmitglied bzw. jeder Subskribent erhält jeden Monat einen Katalog mit einem Hauptvorschlagsband und muß etwas unternehmen, wenn er ihn nicht bekommen will. Wenn der Kunde nichts tut, schickt die Gesellschaft automatisch den Haupttitel und stellt ihn dem Kunden in Rechnung. Mit anderen Worten: Die passive Option besteht in einem Kauf. Die Firmen haben festgestellt, daß dieses Arrangement zu höheren Verkaufszahlen führt als das konventionellere System, bei dem die Firma lediglich einen Katalog verschickt und darauf wartet, daß der Kunde seinen Auftrag erteilt – ein System, bei dem ein Nichtkauf die passive Option darstellt.

Klinisch kann eine passive Option eine unglaublich wirkungsvolle, wenn auch gestörte Option darstellen. Für eine wichtige Charakterstörung, die als passiv-aggressive Persönlichkeitsstörung bekannt wurde, ist ein Muster passiven Widerstands gegen Anforderungen charakteristisch. Wie Forschungen zu diesem Phänomen gezeigt haben, kann das Nicht-Reagieren ein wirkungsvoller Mechanismus sein, um

Anforderungen kurzfristig abzuweisen; im Lauf der Zeit führt es jedoch zu vielen nachteiligen Ergebnissen.[22]

Die Entscheidung für das Weitermachen erfolgt oft ebenfalls auf passive Weise, die auch in diesem Zusammenhang begünstigt wird. Manchmal müssen Menschen aktiv werden, um weiterzumachen, etwa, wenn sie mehr Geld investieren müssen. In anderen Fällen stellt die Beharrlichkeit die passive Option dar, etwa wenn man seine fallenden Aktien behält und darauf hofft, daß sie wieder steigen. Menschen machen eher im letzten Fall weiter als im ersten.[23] Eine Art seelischer Trägheit – die Tendenz, nichts zu tun, wenn Entscheidungen getroffen werden könnten – kann also zu dieser Art selbstschädigenden Verhaltens beitragen.

Kurz gesagt: Selbstschädigende Hartnäckigkeit scheint die Folge von schlechten, langsamen oder auf ungeeigneten Grundlagen beruhenden Entscheidungen zu sein. Diese haben oft damit zu tun, daß man sich selbst überschätzt, daß man sich zu sehr mit sich selbst beschäftigt (sich etwa darum sorgt, daß man auf andere einen guten Eindruck macht) oder daß man durch Passivität entscheidet.

Zu viele Verpflichtungen, zu starkes Selbstvertrauen

Nach der Erörterung des erfolglosen Beharrens sollten wir zurückgehen und uns mit dem Eingehen von Verpflichtungen beschäftigen. Manchmal ist nicht das Weitermachen selbstschädigend, sondern die anfängliche Entscheidung. Sehr häufig ergeht es Menschen schlecht, weil sie zu viele Verpflichtungen übernehmen. Sie verpflichten sich so, daß es zu Streß und Unglück führen kann.[24]

Zu viel übernehmen

Auch wenn es möglich wäre, durch das Leben zu gehen, ohne sich auf etwas oder jemanden einzulassen, wäre dies wahrscheinlich gar nicht erstrebenswert. Beziehungen gehören zu den Freuden und Befriedigungen, die das Leben am meisten bereichern; sie bringen auch Verpflichtungen und Anforderungen mit sich. Das Eingehen von Verpflichtungen ist also eine Art Geschäft; das Eingehen zu vieler Verpflichtungen läßt sich tatsächlich eher als selbstschädigendes Geschäft denn als kontraproduktive Strategie begreifen. Wir haben beschlossen, dieses Thema hier mit aufzunehmen, weil es oft damit zusammenhängt, daß man sich selbst und die Welt falsch beurteilt und deshalb eine Strategie wählt, die ins Auge geht.

Betrachten wir den Fall von Frieda, einer jungen Frau, die wußte, was sie wollte: eine befriedigende und erfolgreiche Karriere als klinische Psychologin. Um ihr Ziel zu erreichen, brauchte sie die Zulassung zu einem entsprechenden Fortgeschrittenen-Studienprogramm, was schwierig war, weil die meisten Programme für eine Handvoll freier Plätze Hunderte von Bewerbungen erhielten. Friedas Bewerbung an der von ihr gewählten Universität wurde abgelehnt.

Weil sie in der Nähe der Universität wohnte, beschloß sie, eine Strategie auszuprobieren, die bei anderen Leuten unter ähnlichen Umständen funktioniert hatte. Sie würde sich als Gasthörerin auf eigene Kosten zu ein paar Kursen einschreiben und dann der Fakultät beweisen, daß sie eine begehrenswerte Kandidatin war. Dann würde sie sich noch einmal um die Zulassung zu dem Programm bewerben.

Frieda irrte sich jedoch bei der Entscheidung, welche Kurse sie belegen sollte. Sie beschloß, sich und anderen ihren Wert dadurch zu beweisen, daß sie sich zu einem Kurs in dem Bereich einschrieb, in dem sie am schwächsten war – Statistik. Sie wählte außerdem einen der anspruchsvollsten Kurse im Programm, und, um die Dinge abzurunden, einen Einführungskurs. Nach zwei Semestern hatte sie im Einführungskurs eine Zwei und in den beiden anderen Kursen eine Drei erreicht. Von Fortgeschrittenen wird nicht erwartet, daß sie eine Drei bekommen, und deshalb sahen diese Noten sehr schlecht aus. Frieda hatte in ihrer einjährigen Arbeit also nur Beweise dafür angesammelt, daß sie für die höheren Semester *nicht* geeignet war. Sicher, sie hatte die Dreien in schwierigen Kursen erhalten, und gelegentlich erhalten ordentlich zum Programm zugelassene Studenten auch solche Noten. Aber Frieda versuchte zu beweisen, daß sie eine Zulassung verdiente, und das hatte sie nicht geschafft. Die Entscheidung für die schwierigen Kurse hatte ihr nur einen zweideutigen Mißerfolg eingebracht, während ein zweideutiger Erfolg (etwa eine Eins in einem einfachen Kurs) ihrer Sache weit mehr gedient hätte. Ihre Neubewerbung wurde abgelehnt, und als wir zuletzt von ihr hörten, überdachte sie ihre Karrierepläne.

Menschen übernehmen sich auch außerhalb des Schul- und Arbeitsbereichs. Durch Kreditkarten-Käufe enden Menschen tief verschuldet. Sie kaufen Dinge, die sie haben wollen, und lassen dicke Rechnungen zusammenkommen, die sie nicht bezahlen können. Infolgedessen müssen sie einen beträchtlichen Teil ihres monatlichen Einkommens für die Zinsen ausgeben, oft zu Sätzen von fast 20% pro Jahr. Bei einer Untersuchung von Arbeitnehmerinnen fragte eine Forscherin viele Interviewte, was sie tun würden, wenn sie plötzlich sehr viel Geld bekommen würden, etwa durch einen Lotteriegewinn oder eine überraschende Erbschaft. Fast alle sagten, sie würden zuerst ihre Schulden bezahlen – eine Antwort, die zeigte, daß ihnen klar war, wie sehr ihre Schulden sie drückten.[25]

Allerdings läßt sich diese drückende Verschuldung dem einzelnen schwer vorwerfen, wenn der Staat dasselbe tut. Als dieses Kapitel geschrieben wurde, hatte eine aktuelle Analyse darauf aufmerksam gemacht, daß alle Einkommenssteuern der amerikanischen Bürger in der westlichen Hälfte des Landes – vom Mississippi bis zum Pazifik – nur zur Bezahlung der Zinsen für die staatlichen Schulden gebraucht wurden. Keine Waren, keine Dienstleistungen, keine Hilfe für die Armen, keine Gelder für die Forschung, keine Waffen, keine Gehälter für die Regierungsangestellten, keine Unterstützung für die Landwirte, die Opfer von Naturkatastrophen oder das Schulsystem – das ganze Geld wurde nur gebraucht, um die Zinsen zu zahlen.

Aber nicht nur Arbeitnehmer oder Regierungen übernehmen sich finanziell. Die Superreichen machen ähnliche Fehler, und das trotz ihres gepriesenen steuerlichen Durchblicks.[26] In den 80er Jahren zum Beispiel stürzten Finanzriesen wie Robert Campeau und die Reichman-Familie, die beide ihr Geld mit Immobilien und verwandten Unternehmungen verdienten. Sie vertrauten zu sehr auf die Macht ihres immensen Reichtums und investierten aggressiv in die unterschiedlichsten Spekulationsobjekte. Beide endeten mit schweren Verlusten und öffentlich sichtbaren Zahlungsschwierigkeiten, die sich daran zeigten, daß sie große Teile der von ihnen aufgebauten Finanzimperien verkaufen mußten.

Auch mit Kindern kann man sich übernehmen.[27] Fast jeder möchte Kinder haben, und zur amerikanischen Vision von einem guten Leben gehört eine glückliche Familie mit netten, lachenden Kindern. Menschen jedoch, die zu viele Kinder oder Kinder zu früh im Leben haben, stellen fest, daß ihr Leben und ihre Ehe leiden. Wenn ein Mann und eine Frau wenig Gelegenheit haben, die Gesellschaft des anderen zu genießen, kann die Beziehung sich nie voll entwickeln, oder sie degeneriert in mürrischem Groll aufeinander. Die Belastungen und Strapazen der Elternschaft, etwa Sorgen, Ängste und Schlaflosigkeit, können durch unvorhergesehene Ausgaben verschärft werden. Natürlich bringen Kinder auch Freude und Befriedigung; wir meinen nur, daß es selbstschädigend sein kann, zu viele Kinder zu haben oder Kinder zu haben, bevor man bereit dazu ist.

Immer gewinnen wollen

Daß jemand sich wiederholt übernimmt, kann – vor allem wenn es mit Irrtümern wie den grandiosen Projekten von Campeau und der Reichmann-Familie zusammenhängt – die

Folge eines überstarken Selbstvertrauens sein. Obwohl die Amerikaner Selbstvertrauen begrüßen, hat es, genauso wie Beharrlichkeit, seine Gefahren. Oft trägt das Selbstvertrauen dazu bei, daß Leute eine gute Leistung erbringen, und die Behauptung, Selbstvertrauen sei immer und überall schlecht, wäre absurd. Aber ein übersteigertes Selbstvertrauen kann das Urteilsvermögen trüben und Menschen dazu bringen, daß sie sich Zielen und Projekten verschreiben, die außerhalb ihrer Reichweite liegen.[28]

Selbstvertrauen kann bei einigen der vorher erwähnten Beharrlichkeitsmuster ein wichtiger Faktor sein. Wir haben gesehen, daß Menschen mit starkem Selbstwertgefühl zu dem Fehler neigen, eine aussichtslose Sache zu lange weiterzutreiben, weil sie sich weigern, einen Mißerfolg zu akzeptieren. Und sogar Menschen wie Francine Hughes, die sagte, ihr Selbstwertgefühl sei während ihrer ganzen Ehe schwach gewesen, können in manchen Bereichen ein übersteigertes Selbstvertrauen zeigen. Hughes zog bei dem Versuch, ihre ehelichen Katastrophen zu erklären, die Schlußfolgerung, daß »ihr Fehler darin bestand, daß sie ihre Kraft überschätzt hatte«.[29] Sie hatte geglaubt, sie könne dafür sorgen, daß die Ehe ein Erfolg wird, und alle notwendigen Opfer bringen. Dieses deplazierte Selbstvertrauen hielt sie in einem Kreislauf anhaltender, eskalierender Mißhandlungen und Konflikte fest, die ihr jahrelanges Leid eintrugen und sie schließlich dazu brachten, ihren Mann zu töten.

Historische Beispiele für die Gefahren eines übersteigerten Selbstbewußtseins gibt es zuhauf, von Napoleons Einmarsch in Rußland bis zum Börsencrash des Jahres 1929.[30] Die Psychologin Shelley Taylor und ihre Kollegen haben in einer neueren Arbeit behauptet, daß Gesundheit und Wohlbefinden der Psyche mit positiven Illusionen zusammenhängen – also der Tendenz, sich und seine Aussichten durch die rosarote Brille günstiger Verzerrungen zu sehen.[31] Obwohl diese angenehmen Verzerrungen dazu beitragen, daß Menschen sich besser fühlen und bessere Leistungen bringen, sind sie für Urteile, Entscheidungen und Verpflichtungen eine eher riskante Grundlage. Was bedeutet: Optimismus ist gut und vielleicht sogar erstrebenswert, wenn Sie morgens aufstehen, Ihre Pflichten erfüllen oder sich mit geliebten Menschen entspannen. Aber zu viel Optimismus kann gefährlich sein, wenn Sie entscheiden, wieviel Geld Sie beim Pferderennen verwetten oder in Aktien investieren können.

Ideal wäre vielleicht, wenn man die positiven Illusionen beim Urteilen ab-, und beim Genießen der emotionalen Vorteile wieder anstellen könnte. Einiges deutet darauf hin, daß Menschen dies unter gewissen Umständen können.[32] Sie laufen die meiste Zeit in einem angenehmen Dunstschleier von Optimismus herum, werden aber plötzlich eiskalt rational und scharfsichtig, wenn eine große Entscheidung ansteht. Andererseits deutet auch einiges daraufhin, daß die Fähigkeit, die Selbsttäuschung an- und wieder abzustellen, zerbrechlich ist. Menschen lassen zu, daß ihr Geltungsbedürfnis ihre Entscheidungen beeinflußt, und da dieses häufig übersteigert ist, kommt es zu bedauerlichen Entscheidungen und übermäßigen Verpflichtungen.

Das passiert mir nie

Eine besonders relevante – und gefährliche – Form positiver Illusionen ist als die »Illusion von der eigenen Unverletzlichkeit« bezeichnet worden.[33] Menschen sind besonders optimistisch, wenn es um das geht, was ihnen persönlich passieren kann und wird, und infolgedessen neigen sie zu der Überzeugung, daß schlimme Dinge vorwiegend anderen passieren. Aus diesem Grund gehen sie Risiken ein oder handeln auf eine Weise, die sie großen Gefahren aussetzt.

Die Illusion von der eigenen Unverletzlichkeit läßt sich zum Beispiel mit dem Sexualverhalten in Verbindung bringen.[34] Sexuelle Aktivitäten bergen das große Risiko unerwünschter Schwangerschaft und tödlicher Krankheit. Wenn Menschen Vorsichtsmaßnahmen ergreifen, können sie die Risiken reduzieren. Menschen jedoch, die der Illusion von der eigenen Unverletzlichkeit erliegen, ergreifen diese Vorsichtsmaßnahmen oft nicht und riskieren ein Ergebnis, das ihre Lebenspläne verändern und sogar den Tod bringen kann. Die Rolle des übersteigerten Selbstvertrauens bei Teenager- (oder anderen unerwünschten) Schwangerschaften ist bekannt, und die Forschung bestätigt seine anhaltende Relevanz.[35] Auch bei der AIDS-Krise spielt es erwiesenermaßen eine Rolle. Obwohl öffentlich vor den Gefahren von AIDS und seinen Übertragungsmechanismen gewarnt wurde, hatten die Leute weiterhin ungeschützten promiskuitiven Geschlechtsverkehr, auch an Orten wie Badehäusern für Homosexuelle, in denen das tödliche Virus sich schnell verbreitet zu haben scheint.[36] Manche Leute meinten sogar, die Angst vor AIDS habe ihnen so viel Streß gemacht, daß sie öfter in die Schwulen-Bäder gehen mußten, um sich in orgiastischen Affären von ihren Sorgen abzulenken![37]

1991 gab Magic Johnson, der Basketball-Superstar, zu, daß er HIV-positiv und offensichtlich durch ungeschützten heterosexuellen Verkehr angesteckt worden war. Die Forscher entdeckten schnell, daß die Spieler – und vor allem die Star-Spieler – der National Basketball Association reichlich Gelegenheit zu sexuellen Abenteuern hatten; einige Spieler haben diese Gelegenheiten offenbar voll ausgenutzt, ohne sich um die Gefahren zu kümmern. Stars scheinen für ein übersteigertes Selbstvertrauen dieser Art besonders anfällig zu sein, teilweise deshalb, weil ihre außergewöhnlichen Erfolge sie zu der Überzeugung veranlassen, daß die normalen Regeln und Eventualitäten für sie nicht gelten.[38] Johnsons Ankündigung ernüchterte viele Leute, denn sie zeigte anschaulich, daß niemand gegen die Wahrscheinlichkeit ankämpfen kann. Aber auch ein so offenkundiges Beispiel verlor die Kraft, die gefährliche, von vielen Spielern gehegte Illusion von der eigenen Unverletzlichkeit zu zerstreuen. Weniger als drei Monate nach Johnsons öffentlicher Ankündigung wurde ein Trainer der National Basketball Association in den Nachrichten mit der folgenden Einschätzung zitiert: »Die Jungs sorgten sich ungefähr eine Woche lang, dann machten sie wieder, was sie vorher gemacht hatten.«[39] George Andrews, Magic Johnsons Agent, sagte, er habe nicht bemerkt, daß die Gewohnheiten der Spieler sich dauerhaft verändert hätten, und meinte: »Die Leute denken immer noch, daß es ihnen nicht passieren kann. Nach dem anfänglichen Schock ging alles weiter wie gehabt.«[40]

In Anbetracht der aus dem Leben des Jet-Set berichteten Exzesse – Jim Morrison und John Belushi etwa starben an einer Überdosis Drogen, und der Sport-Superstar Wilt Chamberlain brüstete sich damit, mit mehr als 10 000 Frauen geschlafen zu haben – müßte selbstzerstörerische Arroganz eigentlich die Liste der sich aus Berühmtheit ergebenden Gefahren anführen.

Auch wenn Leute nicht übersteigert selbstbewußt sind, können sie ihre Aussichten dadurch überschätzen, daß sie ihre Lage falsch wahrnehmen, was tragische Folgen haben kann. Nachdem zum Beispiel ein Aufschrei der Öffentlichkeit und soziale Umwälzungen zur Wahl gesetzgebender Körperschaften geführt hatten, die Ende des 18. Jahrhunderts in Frankreich die Kontrolle übernahmen, blieb König Ludwig XVI. sehr wenig Macht. Er hatte ein paar Vorrechte und ein Vetorecht, aber im großen und ganzen war er eine Galionsfigur. Seine Frau, Marie Antoinette, drängte ihn, mit ihr und den Kindern das Land zu verlassen. Der König jedoch sah keinen Grund zur Flucht. Er meinte, sie hätten ihm schon alles angetan, was sie ihm antun konnten; er konnte sich nicht vorstellen, daß es noch schlimmer würde. Und also blieb er. Entgegen seiner Vorhersage wurden die Dinge aber sehr viel schlimmer; und als er sich zu einem Fluchtversuch entschloß, war es zu spät. Er und seine Frau wurden öffentlich guillotiniert.[41] Sein übersteigertes Selbstvertrauen hatte ihn zu dem Glauben verleitet, schlimmer könne es nicht mehr werden – was nicht der Fall war.

Gelernte Hilflosigkeit

Manchmal entwickeln Menschen selbstschädigende Verhaltensmuster, nachdem sie Mißerfolge oder Rückschläge erlitten haben – auch kleinere. Sehen wir uns Gloria an, die Computer nie gemocht und die Arbeit mit ihnen vermieden hatte. Am College mußte sie schließlich einen speziellen Kurs besuchen, der Computerarbeit erforderlich machte. Es führte kein Weg daran vorbei. Sie nahm ihren Mut zusammen und ging zum Computer-Terminal-Zentrum in der Bibliothek. Der Leiter des Zentrums führte sie zu einem Terminal, gab ihr eine kurze Erklärung und zeigte ihr, wie sie den Apparat einstellen und sich in den Großrechner einklinken konnte. Als die Verbindung hergestellt war und die Dateien sich öffneten, hatte der Leiter das Gefühl, daß Gloria nun allein weiterarbeiten konnte, und ging weiter, um jemand anderem zu helfen, während sie die Diskette mit ihren Daten in das Terminal schob.

Verhängnisvollerweise trat in genau diesem Augenblick im Hauptcomputerzentrum ein Problem auf. Es hatte nichts mit Gloria oder sonst irgend jemanden in der Bibliothek zu tun, aber Gloria konnte dies nicht wissen. Sie wußte nur, daß ihr Bildschirm sich abschaltete, sobald sie ihre Diskette in die Maschine geschoben hatte, genauso wie die Bildschirme aller anderen im Raum. Es trug nicht zu ihrer Entspannung bei, daß der Leiter sich sofort zu ihr umdrehte und sie mit lauter Stimme fragte: »Was haben Sie gerade gemacht?« Jetzt sahen alle sie an. Sie dachte, sie hätte irgendwie das gesamte Computersystem der Universität ruiniert.

Gloria hatte natürlich nichts Derartiges getan, und als der Aufseher das Hauptcomputerzentrum anrief, klärte das Problem sich schnell auf. Aber für Gloria war es zu spät. Ihre Einstellung zu Computern verfestigte sich an diesem Tag, und auch als Freunde ihr erklärten, daß das Einführen ihrer Diskette das Computer-Netzwerk unmöglich zerstören und auch nicht den vorübergehenden Zusammenbruch verschulden konnte, war sie nicht bereit, es noch einmal zu versuchen.

Das unglückliche Zusammentreffen hatte sie gelehrt, daß sie in bezug auf Computer hilflos und inkompetent war. Wenn sie noch ein paar andere Lernversuche gestartet hätte, hätte sie vielleicht entdeckt, daß Computer gar nicht so schwierig und mysteriös sind und daß sie wie Tausende anderer Menschen lernen könnte, den Computer für sich arbeiten zu lassen. Aber sie war nicht bereit, es zu versuchen.

Glorias Fall illustriert ein Phänomen, das Psychologen gelernte Hilflosigkeit genannt haben.[42] Wir haben in diesem Kapitel bereits dargestellt, daß Optimismus und übersteigertes Selbstvertrauen selbstschädigend sein können; die andere Seite der Medaille ist jedoch, daß Pessimismus und mangelndes Selbstvertrauen zu genauso destruktiven Ergebnissen führen können. Gelernte Hilflosigkeit entsteht im allgemeinen dann, wenn Menschen aufgrund einer Reihe von Fehl- oder Rückschlägen eine passive, introvertierte Haltung annehmen, die sie dafür anfällig macht, schnell aufzugeben. Wie die Bezeichnung andeutet, scheinen Menschen zu lernen, daß sie hilflos sind. Gelernte Hilflosigkeit kann ein selbstzerstörerisches Muster sein, weil der Betreffende auch dann nicht lernt, die Leistung zu erbringen oder erfolgreich zu sein, wenn die Bedingungen günstig werden. Nachdem der Computer repariert war, hätte Gloria ihre Arbeit wieder aufnehmen und lernen können, wie man ihn effizient bedient, aber zu dem Zeitpunkt war sie nicht mehr bereit, zu lernen.

Das Phänomen der gelernten Hilflosigkeit wurde von Psychologen entdeckt, die untersuchten, wie Tiere Verhaltensmuster erwerben. Bei einer häufigen Versuchsanordnung zur Untersuchung des Lernens befanden Hunde sich in einer in der Mitte unterteilten Box; durch ein Metallgitter auf dem Boden wurde Strom geschickt. Die Hunde bekamen Stromstöße und liefen herum, bis sie zufällig über die Abtrennung auf die andere Seite sprangen, wo es keine Stromstöße gab. Bei der nächsten Versuchsrunde zeigten die Hunde zunächst dieselbe hektische Reaktion, tendierten aber dazu, früher über die Abtrennung zu springen. Nach ein paar weiteren Versuchsrunden warteten die Hunde an der Abtrennung und sprangen in die Sicherheit, sobald die Strömstöße einsetzten.

Wenn dem Stromstoß ein Warnton vorausging, konnten die Hunde lernen, schnell die Abtrennung zu überspringen, sobald der Ton erklang, und so alle Unannehmlichkeiten vermeiden. Dies ist ein bekanntes, gut dokumentiertes Beispiel für Vermeidungslernen.

Bei einem Experiment taten die Forscher jedoch erst etwas anderes. Sie hielten die Hunde zurück und verpaßten ihnen Stromstöße, vor denen es kein Entkommen gab. Als diese Hunde in die Box mit der Abtrennung kamen, lernten sie nie, in die Sicherheit zu springen. Auch wenn die Forscher die Hunde über die Abtrennung zogen und ihnen also eine Fluchtmöglichkeit zeigten, lernten die Hunde es nicht. Offenbar hatten die Hunde gelernt, daß sie nichts tun konnten, um den Stromstößen zu entkommen, und sie hörten auf, es zu versuchen bzw. zu lernen. Die Hunde waren hilflos geworden.[43]

Gelernte Hilflosigkeit scheint bei Menschen sehr viel seltener als bei niederen Tieren vorzukommen, weil Menschen oft Überzeugungen und Erwartungen zu entwickeln scheinen, durch die sie den Mißerfolg ignorieren und es noch einmal versuchen können.[44] Wenn Menschen Mißerfolge oder Frustrationen erleben, strengen sie sich im allgemeinen noch mehr an. Wenn der Verkaufsautomat Ihre Münzen schluckt, aber keine Ware ausspuckt, stehen Sie wahrscheinlich nicht starr und hilflos da. Wahrscheinlich werden Sie die Knöpfe noch ein paarmal und etwas kräftiger drücken und den Geldrückgabe-Knopf malträtieren. Vielleicht versetzen Sie auch dem Gerät einen Stoß oder versuchen es zu kippen, um das Gewünschte zu bekommen. Menschen reagieren auf eine unkontrollierbare Situation oft mit verstärkter Bemühung, damit sie sie unter Kontrolle bekommen.

Am Schluß geben sie natürlich auf.[45] Bei wiederholten oder eskalierenden Zwecklosigkeitserlebnissen handeln Menschen schließlich hilflos, was so weit gehen kann, daß sie es in einer späteren Situation nicht mehr versuchen bzw. nicht mehr lernen. Hilflosigkeit entsteht also wahrscheinlich nicht durch eine einzelne Erfahrung, sondern durch eine lange Geschichte von Mißerfolgen.[46] Auch bei Gloria handelte es sich

nicht nur um ein einziges dramatisches Problem an diesem
einen Tag: Sie war Computern gegenüber schon lange unsicher und mißtrauisch gewesen.

Sozialer Kontakt und gelernte Hilflosigkeit

Wenn in unserer Gesellschaft viele Menschen gelernt haben,
hilflos zu sein, befinden sie sich wahrscheinlich in Umständen, die ihnen wiederholt und systematisch keine Chance
geboten haben, irgendeine Kontrolle auszuüben. Opfer von
Armut oder Diskriminierung hören schließlich auf, es weiter
zu versuchen. Der Kreislauf von Mißerfolgen, Apathie und
schwachem Selbstwertgefühl, der das Leben vieler amerikanischer Elendsviertel-Bewohner zu ruinieren scheint, könnte
das Ergebnis von Umständen sein, die die Menschen lehren,
den amerikanischen Traum als Schwindel zu betrachten. Ein
solches Verhaltensmuster ist vielleicht die beunruhigenste
und heimtückischste Folge der langen Geschichte rassisti-
scher Diskriminierung. Aufgrund von weitverbreiteten Pro-
grammen zur Bekämpfung der Diskriminierung stehen den
Angehörigen von Minderheiten heute viele Möglichkeiten offen. Daß sie diese Gelegenheiten offenbar nicht voll nutzen,
hat bei vielen denkenden und fürsorglichen Bürgern und Po-
litikern Verblüffung und Enttäuschung ausgelöst. Vielleicht
glauben viele Menschen einfach nicht, daß diese Möglichkeiten existeren. Als einzelne oder als Gruppe haben sie vielleicht vor langer Zeit die Schlußfolgerung gezogen, daß sie
keine faire Chance bekommen, und deshalb versuchen sie es
gar nicht mehr.
    Gelernte Hilflosigkeit erklärt möglicherweise einen merk-
würdigen Zug der amerikanischen Gesellschaft. Ausländische
Besucher und Beobachter sind manchmal überrascht, daß es
asiatischen Immigranten, die erst vor kurzem zugewandert
sind, in Amerika so gut geht. Ihr Erfolg scheint die Behauptung der Schwarzen in Frage zu stellen, daß die Weißen
Macht und Reichtum für sich selbst behalten wollen. Ein solcher Vergleich ist jedoch den Schwarzen gegenüber unge-

recht, und zwar eben wegen der vergangenen Erfahrung. Viele Asiaten sind mit großen Hoffnungen und viel Energie und Vertrauen erst vor kurzem nach Amerika gekommen. Sie können selbstbewußt auf ihre Version vom amerikanischen Traum hinarbeiten. Es ist wahrscheinlich sehr viel schwieriger, so viel Optimismus und Elan aufzubieten, wenn man in der Überzeugung anfängt, daß alle Anstrengungen sowieso zwecklos sind.

Der Gegensatz zwischen dem Erfolg der asiatischen Immigranten und den von den Schwarzen erlittenen Qualen weist daraufhin, wie wichtig es ist, die Symptome im Zusammenhang zu sehen, bevor man ihnen eine selbstschädigende Absicht unterstellt. Wie wir im ganzen Buch immer wieder sagen, muß jedes Symptom – vom Alkoholmißbrauch bis zum Mißbrauch durch den Partner – im Zusammenhang mit den Auslösern und den Folgen des Verhaltens beurteilt werden, damit dem Opfer nicht zu viel Schuld zugewiesen wird.

Offenbar tragen viele Faktoren zu den Problemen bei, die mit den Beziehungen der Rassen und rassistischen Vorurteilen zu tun haben.[47] Wir behaupten nicht, daß gelernte Hilflosigkeit die einzige Ursache dieser Probleme ist, aber sie trägt sicher zu ihnen bei. Menschen, die oft gescheitert sind und oft die Erfahrung gemacht haben, daß ihre Anstrengungen zwecklos sind, sind wahrscheinlich am anfälligsten dafür, wie die hilflosen Tiere in den genannten Laboruntersuchungen zu fühlen und zu handeln.

Auch schwerkranke und behinderte Menschen machen Erfahrungen, die Hilflosigkeit auslösen können. Bestimmte Krankenhausprozeduren sind besonders geeignet, die Hilflosigkeit zu fördern. Im Fall einer Gesundheitskrise können die Patienten zunächst einmal nichts tun und müssen sich lange Zeit den Diensten anderer passiv unterwerfen. Erst wenn die anderen ihre Arbeit getan haben, nehmen die Patienten ihre Genesung selbst in die Hand. Bis dahin sind die psychischen Schwierigkeiten möglicherweise groß geworden.

Menschen mit einem Herz- oder Schlaganfall zum Beispiel müssen den Ärzten und dem Pflegepersonal erlauben, ihr Leben zu retten. Die ersten Tage und vielleicht Wochen sind von der Chirurgie und intensiver Pflege geprägt. Wenn die Gefahr vorbei ist, muß der Patient selbst dafür sorgen, daß er sich in angemessenem Umfang körperlich bewegt und empfohlene Ernährungsvorschriften einhält; vielen Menschen fällt es schwer, von der erzwungenen Passivität in die aktive Rolle zu wechseln.

Vor allem ältere Menschen müssen sich damit abfinden, daß sie viele gewohnte Dinge nicht mehr tun können. Eine Reihe von Forschungsstudien hat einige der Probleme, denen sie sich gegenübersehen, anschaulich dargestellt. Eine bekannte Untersuchung verglich die Reaktionen von hospitalisierten älteren Menschen auf verschiedene Umstände. Für einige wurde alles getan, während anderen eine gewisse Verantwortung für ihr eigenes Wohlergehen übertragen wurde. Die, denen die aktivere Rolle angewiesen worden war, erholten sich besser und lebten länger.[48] Menschen, denen die Sorge für eine Zimmerpflanze übertragen wurde, erging es besser als anderen Menschen in derselben Institution, die nicht eine solche Verantwortlichkeit hatten.

Diese Ergebnisse verursachten einen Aufruhr, denn sie widersprechen der traditionellen Überzeugung von der Qualität von Betreuung. Man hat lange angenommen, die beste Form der Betreuung bestünde darin, so viel wie möglich für den Patienten zu tun, und die teuersten Pflegeheime versuchten, dies so sorgfältig wie möglich durchzuziehen. Ironischerweise jedoch sind die Patienten an einem Ort, an dem sie manche Dinge selbst tun müssen, besser aufgehoben. Die aktive Ausübung von Kontrolle scheint Vorteile zu haben, wohingegen Patienten schnell hilflos werden, wenn alles für sie getan wird.

Mißerfolge interpretieren

Gelernte Hilflosigkeit scheint davon abzuhängen, wie Menschen sich und die Welt einschätzen. Wenn sie einen Mißerfolg so interpretieren, daß er unveränderlich zu ihnen gehört, werden sie wahrscheinlich erwarten, auch in Zukunft zu versagen, und diese Interpretation macht es schwer, es noch einmal zu versuchen.[49] Derselbe Mißerfolg führt nicht zu Hilflosigkeit, wenn ein äußerer Faktor für ihn verantwortlich gemacht oder er als isoliertes Mißgeschick betrachtet wird. Dieser Gegensatz weist darauf hin, daß Persönlichkeitsmerkmale einen Menschen für diese Form der Selbstschädigung anfällig machen. Welche Schlußfolgerungen jemand in bezug auf Erfolg oder Versagen zieht, ist dabei ein wichtiger Hinweis. Manche Leute neigen dazu, hilflos zu werden, wenn sie sowieso gern sich selbst für ihre Probleme verantwortlich machen und diese als anhaltend betrachten.

Insgesamt hat gelernte Hilflosigkeit damit zu tun, daß zu schnell aufgegeben wird, und scheint auf einer niedrigen Einschätzung des Selbst zu beruhen. Einiges deutet darauf hin, daß eine intensive Selbsterkenntnis zumindest ein Faktor sein kann, der Menschen für gelernte Hilflosigkeit anfälliger macht.[50] Die Konzentration auf das eigene unzulängliche Ich scheint eher schädlich zu sein.

Zwischenmenschliche Strategien, die nicht funktionieren

Im zwischenmenschlichen Umgang finden sich zwei weitere Formen kontraproduktiver selbstschädigender Strategien: ineffeziente Tauschstrategien und Einschmeichelungsstrategien, die ins Auge gehen.

Gemocht werden wollen

Einschmeichelungsstrategien sind das, was Menschen tun, um gemocht zu werden. Der Wunsch, gemocht zu werden, ist in der menschlichen Natur tief verwurzelt, und fast jeder unternimmt irgend etwas, um die Zuneigung anderer zu gewinnen. Einige Aktionen in dieser Richtung können jedoch ins

Auge gehen und selbstschädigend werden. Ironischerweise wollen Menschen nicht, daß andere etwas tun, nur um sich ihre Zuneigung zu sichern. Diese Reaktion führt zu dem, was Forscher das »Dilemma des Einschmeichlers« genannt haben: Der Schmeichler versucht so zu handeln, daß er die Zuneigung des anderen bekommt, aber wenn dieses Motiv deutlich wird, hat seine Strategie keinen Erfolg.[51] Damit andere Sie mögen, müssen Sie tun, was ihnen gefällt, und sie davon überzeugen, daß Sie es nicht tun, damit sie Sie mögen. Mit anderen Worten: Einschmeichler müssen ihre wahren Motive verbergen.

Wenn Menschen die Zuneigung anderer nicht erwerben, spielt das genannte Dilemma dabei oft eine wichtige Rolle. Komplimente zum Beispiel sind ein übliches Mittel, um sich einzuschmeicheln, aber Menschen mit niedrigem Status gewinnen wenig, wenn sie denen schmeicheln, die einen hohen Status haben. Wenn Sie Ihrer Chefin erzählen, daß Sie sie für wundervoll, brillant, gerecht und weise halten, wird dies wahrscheinlich als plumper Trick aufgefaßt werden und Ihre Chefin möglicherweise sogar dazu veranlassen, Sie als schamlosen Manipulator zu betrachten. Untersuchungen zeigen jedoch, daß Menschen mit niedrigem Status einschmeichelndes Verhalten weiterhin benutzen und oft vorhersehbare negative Reaktionen ihrer Vorgesetzten auslösen.[52] Kurzum, die Tendenz von Menschen, ihren Vorgesetzten zu schmeicheln, ist oft selbstschädigend.

Ähnlich fördert es im allgemeinen die Zuneigung, wenn man anderen Leuten einen Gefallen tut, aber auch dies kann gelegentlich ins Auge gehen und negative, selbstschädigende Reaktionen auslösen. Vor allem das Gefühl, dem anderen wegen seines Gefallens verpflichtet zu sein, ist unbeliebt.[53] Einer der Autoren dieses Buches aß einmal in einem College zu Abend, als eine Freundin erwähnte, sie sei zu einem Rendezvous gebeten worden, wäre aber nicht sicher, welche Art von Verpflichtung (zum Beispiel sexueller Art) auf sie zukommen würde, wenn sie annähme. Als man ihr sagte, ein erstes Rendezvous sei im allgemeinen nicht besonders verpflichtend, fügte sie hinzu, ihr Verehrer sei ziemlich reich und das erste Rendezvous würde eine einwöchige Reise nach Italien beinhalten! Trotz der Anziehungskraft einer solchen Reise beschloß sie, die Einladung abzulehnen. Durch den zu großen Gefallen hatte er also eine negative Reaktion ausgelöst.

Verhandlungsfehler

Das Verhandeln ist eine alte Kunst, wenn auch die optimale bzw. perfekte Strategie noch nicht gefunden wurde. Immerhin haben wir zumindest ein paar inkorrekte und ineffizient identifiziert. Neuere Untersuchungen haben mehrere häufig angewendete Methoden aufgedeckt, die zum Scheitern von Verhandlungen führen. Es sind die Auffassung vom »unveränderlichen Kuchen« sowie das zu hohe und das zu niedrige Ansetzen des Ziels.

Die Auffassung vom »unveränderlichen Kuchen« ist wahrscheinlich für die meisten Sackgassen verantwortlich, in die eine Verhandlung geraten kann.[54] Sie beruht auf der irrigen Annahme, die Menge der aufzuteilenden Ressourcen sei feststehend und begrenzt. Manchmal trifft dies natürlich zu; in anderen Fällen jedoch können zusätzliche Alternativen gefunden werden – solche, die den »Kuchen« größer machen. Viele kreative Kompromisse beruhen auf der Entdeckung eben dieser Alternativen. Andernfalls beißt die Verhandlung sich an einem bestimmten Thema fest, und beide Seiten werden unflexibel.

Eine Gehaltskontroverse etwa bleibt solange ungelöst, wie beide Seiten dabei bleiben, daß ihr letztes Angebot wirklich ihr letztes ist, und es kann sehr wohl der Fall sein, daß beide Seiten sich weitere Zugeständnisse nicht leisten können. Solange die Diskussion sich ausschließlich um Geld dreht, gibt es unter Umständen keinen Fortschritt. Aber wenn andere Themen oder Alternativen in die Diskussion eingebracht werden, findet man möglicherweise eine gemeinsame Basis. Ein Teil des Gehalts etwa könnte als Leistungsbonus angeboten werden, was das Risiko für das Management reduziert.

Oder ergänzende Vorteile, Leistungen oder Urlaubstage bessern das Paket für den Arbeitnehmer auf und haben für das Management einen anderen Stellenwert. Ganz allgemein kann die Tendenz, die Verhandlungssituation als einen Konflikt zwischen Gegnern zu sehen, in eine Sackgasse führen. Wenn man die Beziehung als Partnerschaft begreift, wird dies einige Probleme lösen.

Das zu niedrige Ansetzen des Ziels ist vielleicht die Verhandlungsstrategie, die am offensichtlichsten falsch ist.[55] Menschen unterschätzen die Stärke ihrer Position und machen deshalb unnötige Konzessionen, so daß sie ein schlechtes Ergebnis erzielen. Die sorgfältige Einschätzung der eigenen und der fremden Position ist daher zentral. Wenn Sie zum Beispiel Ihren Wert als Arbeitnehmer nicht richtig einschätzen, kann es sein, daß Sie Ihre Forderungen in bezug auf Geld und Vergünstigungen nicht selbstbewußt genug vertreten. Sie erkennen nicht, wie leicht Sie einen anderen Job bekommen könnten bzw. wie schwer es für Ihren Arbeitgeber wäre, Sie zu ersetzen.

Auch wenn Sie Ihre Prioritäten und Bedürfnisse genau kennen, kann es sein, daß Sie Ihr Ziel zu niedrig ansetzen, weil Sie die Schwächen in der Position Ihres Gegners nicht sehen. Eine Frau zum Beispiel geht an eine Scheidungsverhandlung mit dem Gedanken heran, daß ihre erste Priorität das Sorgerecht für die Kinder und ihre zweite ein gerechter Anteil am Geld ist. Wenn ihr Mann die Entscheidung über das Sorgerecht zunächst anficht und dann allmählich beginnt, nachzugeben, wird sie so erleichtert sein, daß sie mit einem geringeren Anteil an den finanziellen Ressourcen zufrieden ist. Oft wird jedoch sein Interesse an den Kindern sehr viel geringer sein als ihres, und seine Verfolgung dieses Ziels ist möglicherweise nur ein Bluff. Wenn sie angeboten hätte, zugunsten eines größeren Anteils an den Finanzen auf das Sorgerecht zu verzichten, hätte er vielleicht kapituliert. Mit anderen Worten: Wenn das Sorgerecht für die Kinder für den einen sehr erstrebenswert und für den anderen nicht sehr erstrebenswert ist, wird derjenige, der dieses Ungleichgewicht erkennt, in der Verhandlung wahrscheinlich besser abschneiden. Erfahrungsgemäß kommt es bei Männern nach einer Scheidung zu einer bedeutenden Steigerung des Lebensstandards einschließlich der Verabredungen mit anderen Frauen, und sie verheiraten sich bald wieder, was alles stark behindert würde, wenn sie das Sorgerecht für die Kinder hätten. Wenn man versucht, etwas zu bekommen, was für die Gegenseite nur geringen Wert hat, setzt man sein Ziel zu niedrig an.

Das zu hohe Ansetzen des Ziels – der entgegengesetzte Fehler – beruht darauf, daß man die Stärke seiner Verhandlungsposition überschätzt. Menschen mit übersteigertem Selbstbewußtsein machen nicht gerne Konzessionen, und infolgedessen fahren die Verhandlungen sich fest und scheitern.[56]

In manchen Milieus kann diese übersteigert selbstbewußte Herangehensweise Sie ins Unglück stürzen, weil die Schlichter Ihre Forderungen als übertrieben betrachten und gegen Sie entscheiden.[57]

In bestimmten Vermittlungssystemen, etwa bei den Gehaltsentscheidungen im Baseball, wählt der Schlichter immer die Position, die dem von ihm angesetzten wahren Wert am nächsten ist. Bei einem solchen Arrangement kann eine leichte Überschätzung der eigenen Position sehr teuer werden, denn der Schlichter kann entscheiden, daß das Angebot der anderen Partei dem richtigen Wert näher war. In anderen Situationen kann eine Überschätzung der eigenen Position selbstschädigend sein, weil sie Sie zu einem übertriebenen selbstbewußten Angebot veranlaßt, das gegenüber dem konkurrenzfähigeren Angebot eines anderen den kürzeren zieht.[58]

Zu den selbstschädigenden Verhandlungsstrategien gehört also auch eine falsche Selbstwahrnehmung. Die einseitige Konzentration der Aufmerksamkeit auf die eigenen Vorzüge und Stärken oder auf die Nachteile und Schwächen kann zu einem alles andere als optimalen Ergebnis führen. Auch bei einer anderen Form gutgemeinter Selbstschädigung, die besonders in der Welt des Sports anzutreffen ist, wird die Konzentration der Aufmerksamkeit zum Problem. Die Selbstwahrnehmung ist zutreffend, aber die Ausrichtung der Aufmerksamkeit auf das Selbst führt zu einem Phänomen, das als Blockieren bekannt ist und im nächsten Kapitel erörtert wird.

3

Unter Druck blockieren

Okay, gehen wir aufs Feld und amüsieren wir uns ein bißchen.
– Coach Chuck Noll von den Pittsburgh Steelers zu seiner verblüfften
Mannschaft (die eine traditionellere Motivierungsansprache erwartet
hatte) kurz vor dem Spiel um ihren ersten Supercup, den sie dann
überzeugend gewann.

Seid nicht nervös, und macht keine Fehler.
– Die Standard-Ermutigungsworte, die der perfektionistische Tänzer
Fred Astaire kurz vor einer schwierigen Szene an seine Partner
gerichtet haben soll.

Die Baseball-Saison des Jahres 1985 ging in ihre letzte Runde,
und ganz Kanada fieberte der Aussicht entgegen, daß die Toronto Blue Jays die Meisterschaft in Kanadas erster Liga
gewinnen und aller Wahrscheinlichkeit nach an den Entscheidungsspielen um die US-Meisterschaft teilnehmen würden.
Die Saison endete mit einer Reihe von Heimspielen gegen die
New York Yankees. Toronto brauchte nur noch ein Spiel zu
gewinnen, um Meister zu werden. Die Nacht war kalt, aber
das Stadion war bis auf den letzten Platz gefüllt, als die Jays in
der neunten Runde drei zu zwei führten und damit nur drei
Punkte von einem bedeutenden Ereignis in Kanadas Sportge-
schichte entfernt waren. Der ausgewechselte Star-Werfer der
Jays, der den Spitznamen »der Exterminator« trug, stand am
Wurfmal. Die gegnerische Mannschaft war am Schlag. Erster
Schlagmann, Ausball, Spielerwechsel, zweiter Schlagmann,
Ausball, Spielerwechsel. Die riesige Menge war mucksmäus-
chenstill, als das langerwartete Ziel näherrückte: Der dritte
Schlagmann stand bereit, beging einen Schlagfehler und dann

noch einen. Die Fans hielten den Atem an, bereit, in einen wilden Freudentaumel auszubrechen. Jetzt fehlte nur noch ein gelungener Wurf zum Sieg: Ausholen, Wurf, Aufprall, doch der Ball flog über den Zaun. Die Menge war wie betäubt, und auch der Werfer, denn der Schlagmann hatte nun ausreichend Zeit, um gemütlich um das ganze Quadrat zu laufen und somit einen Punkt für die gegnerische Mannschaft zu gewinnen. Plötzlich war die Meisterschaft nicht mehr nur Sekunden weit weg, und es bestand sogar die Gefahr, daß die Jays das Spiel verloren.

Der Manager erkannte, daß die Dinge außer Kontrolle gerieten, und wechselte den Werfer aus. Einer der schwächeren Yankee-Schlagmänner war an der Reihe, und wenn Toronto ihn ausschalten würde, gäbe es noch eine gute Chance, das Spiel zu gewinnen. Der neue Werfer brachte eine gute Leistung: Er veranlaßte den Schlagmann zu einem weichen, leichten Flugball in die Luft und direkt in den Handschuh von Torontos Hauptfänger, der vor kurzem eine begehrte Auszeichnung für fehlerfreies Feldspiel erhalten hatte. Aber erstaunlicherweise fing er den Ball nicht kräftig genug auf, so daß dieser durch seinen Handschuh hindurch ins Gras rollte, was dem Läufer der gegnerischen Mannschaft ermöglichte, den zu ihrem Sieg entscheidenden Punkt zu erzielen. Die Jays waren dem Erfolg so nah gewesen, aber irgendwie hatte er sich ihnen entzogen.

Die Blue Jays hatten noch zwei Spiele zu bestreiten und brachten es schließlich fertig, den Sieg sicherzustellen, den sie für den Gewinn der Tabellenmeisterschaft brauchten. Aber ihre Schwierigkeiten waren nicht vorbei. Bei den Entscheidungsspielen wurden sie gegenüber der Mannschaft aus Kansas City, die zum Sieg wirklich nicht genug Talent zu haben schien, stark favorisiert. Vier Siege wurden benötigt, um zu den US-Meisterschaftsspielen vorzustoßen, und ganz Kanada war aufgeregt und optimistisch. Die Blue Jays gewannen ohne Schwierigkeiten mehrere frühe Spiele. Nach den Wochenendspielen in Kansas City wurde wieder in Toronto gespielt; die Jays brauchten nur noch einen Sieg, um den Siegeswimpel zu holen und sich den Platz in den US-Meisterschaftsspielen zu sichern. Es hätte für die Jays ein Leichtes sein müssen, ein Heimspiel gegen einen schwachen Gegner zu gewinnen, aber an der Schwelle zum Erfolg schienen sie wieder einmal zu versagen. Sie verloren die letzten zwei Spiele auf sehr peinliche Weise: in jedem machten sie mehr Fangfehler als in den ersten fünf Spielen zusammengenommen.

Toronto hatte also aus einem für sicher gehaltenen Sieg eine Niederlage gemacht. Waren diese Schwierigkeiten ein Zufall, eine isolierte Episode oder das Anzeichen irgendeines tiefliegenderen Charakterfehlers in diesem Team? Nichts von alldem. Solche Muster sind sehr häufig. Die Mannschaft aus Toronto war ungewöhnlich starkem Druck ausgesetzt. Sie stand nicht nur kurz vor der Meisterschaft, sondern auch im Mittelpunkt der Aufmerksamkeit des ganzen Landes und war fast ein Symbol für den Nationalstolz. Es wäre nicht nur ihre erste Meisterschaft gewesen, sondern auch die erste ihres Landes. Und als ob all dies einen noch nicht genug durcheinanderbringen könnte, mußte das Team sein entscheidendes Spiel auch noch vor Tausenden von Fans spielen, die jeden Wurf aufmerksamst verfolgten und deutlich auf einen Sieg erpicht waren. Diese Kombination führte zu einem Niveau des Ichbewußtseins, das sich auf Leistungen extrem störend auswirkt und fast jeden dazu veranlassen würde, hinter seinen Fähigkeiten zurückzubleiben.

Der große Tennisspieler Arthur Ashe beantwortete Fragen zu einer aktuellen Leistung seines früheren Rivalen Jimmy Connors einmal mit dem Satz: »Es ist egal, wer Sie sind – jeder blockiert.« Er sprach damit einen wichtigen Punkt in bezug auf Leistungen unter Druck an. Blockieren bedeutet, daß man nicht die Leistung erbringt, die den eigenen Fähigkeiten eigentlich entspricht. Druck tendiert ganz allgemein dazu, diese Wirkung auf Menschen zu haben.

Ashes Hinweis widerspricht der Meinung zahlreicher Stars und ihrer Fans. Viele Leute halten die Überzeugung für tröstlich, daß gewisse Menschen regelmäßig blockieren. Man vermutet, daß diese Menschen an innerer Schwäche, mangelndem Willen oder einem psychischen Defekt leiden. In Wirklichkeit jedoch wird größtenteils aufgrund der Umstände, nicht aufgrund von Charakterfehlern blockiert. Sicher neigen manche Menschen mehr als andere dazu, unter Druck zu blockieren, aber dabei handelt es sich nur um graduelle Unterschiede. Das Blockieren unter Druck ist eine Reaktion, die in der menschlichen Seele tief verwurzelt ist. Egal wer Sie sind oder welchen Charakter Sie haben, wenn Sie unter starkem Druck eine gelernte Leistung reproduzieren sollen, werden Sie früher oder später blockieren. Sie werden nur dann nicht blockieren, wenn Sie so inkompetent sind, daß Ihre Leistung nicht schlechter werden kann, als sie schon ist. Je mehr Sie können, desto leichter ist es, bei irgendeiner Gelegenheit hinter Ihren Fähigkeiten zurückzubleiben.

Das Blockieren unter Druck ist eine spezielle und wichtige Art der Selbstschädigung. Blockierer sorgen insofern selbst für ihren Mißerfolg, als sie eine schlechte Leistung erbringen, obwohl sie zu einer besseren fähig wären. Jeder wird zugeben, daß Menschen, die blockieren, nicht versagen wollen; im allgemeinen versuchen sie sogar, ihr Bestes zu geben. Alle Veränderungen, die Menschen vornehmen, wenn sie unter Druck stehen, sollen Erfolg bringen, aber statt dessen gehen diese Veränderungen ins Auge und verursachen einen Mißerfolg.[1] In dieser Hinsicht gleicht das Blockieren den mißratenen Strategien, die wir im vorigen Kapitel behandelt haben. Blockieren ist jedoch im allgemeinen nicht das Ergebnis einer falschen Strategie aufgrund einer Fehlbeurteilung der eigenen Person oder der Welt, wie wir im folgenden sehen werden.

Was erhöht den Druck?

Das Blockieren unter Druck ist ein lästiges und verblüffendes Problem. Es kann so definiert werden: Wenn es wichtig ist, sein Bestes zu tun, erbringt man nicht die Leistung, zu der man fähig ist. Der Druck ist einfach die Wichtigkeit einer guten Leistung. Der Druck wird also durch das bestimmt, was von der Leistung abhängt: Wenn von der Leistung viel abhängt, ist der Druck hoch. Wenn nicht viel von ihr abhängt, ist er niedrig. Die Leistung bei irgendeiner Hausaufgabe ist nicht entscheidend, deshalb ist der Druck niedrig, aber bei der Schlußprüfung, die vielleicht die Jahresnote für den Kurs festlegt, steigt er an. Ähnlich ist der Druck bei einem Trainingsspiel gering, bei einem Meisterschaftsspiel jedoch hoch.

Der Druck kann auch im Hinblick auf die Höhe der Belohnungen (oder Bestrafungen) beschrieben werden, die bei einer Leistung auf dem Spiel stehen. In diesem Zusammenhang ist das Blockieren unter Druck eine Umkehrung grundlegender psychologischer Prinzipien. Normalerweise wird ein Verhalten durch die mit ihm verbundenen Belohnungen (bzw. das Vermeiden von Bestrafungen) ermutigt. Eine Ratte lernt schneller, einen Riegel herunterzudrücken oder sich auf die Hinterbeine zu stellen, wenn sie dafür Nahrung erhält. Aber wenn die Belohnungen mit einer besseren Leistung verbunden sind, blockieren Menschen manchmal – das heißt, sie bringen eine schlechte Leistung, wenn die Belohnungen eine gute Leistung verlangen. Aus diesem Grund ist das Blockieren unter Druck als paradoxer Anreizeffekt bezeichnet worden, denn der Anreiz führt genau zum Gegenteil des erwünschten Verhaltens.[2] Wird für eine gute Leistung ein Anreiz geboten, löst dies eine schlechte Leistung aus.

Eben wegen dieser entgegengesetzten Reaktion haben wir beschlossen, das Blockieren unter Druck als eine Form selbstschädigenden Verhaltens aufzuführen. Irgendwie bringen Menschen es fertig, das Gegenteil von dem zu tun, was in ihrem Interesse liegt. Sie möchten ihre beste Leistung erbringen, und trotzdem versagen sie. Dieses Phänomen ist zudem kein einzelner »Unfall«, sondern ein systematisches Muster, das bei einer willkürlich ausgesuchten Gruppe von Menschen demonstriert werden kann. Bei einem Experiment zum Beispiel hatten die Versuchspersonen Zeit, eine einfache Fertigkeit zu erlernen, und wurden dann gebeten, sie so gut auszuführen, wie sie konnten. Nach dem Zufallsprinzip wurde dann der einen Hälfte von ihnen eine Belohnung in Bargeld geboten, wenn sie ihre beste vorherige Leistung noch einmal wiederholen könnte, während die andere einen solchen Anreiz nicht erhielt. Ironischerweise schnitten die Leute, denen Geld angeboten worden war, schlechter ab als die, die nichts zu gewinnen hatten.[3] Eine willkürlich ausgewählte Gruppe von Menschen blockierte unter dem Druck einer Bargeldbelohnung also systematisch.

Druck entsteht nicht nur durch eine Bargeldbelohnung. Alles, was die Wichtigkeit einer bestimmten Leistung erhöht, kann zu dem Druck beitragen.[4] Angesichts von Noten, Beförderungschancen oder anderen Belohnungen nimmt der Druck zu. Das Verhandensein eines Publikums kann Druck bedeuten, denn eine gute Leistung ist wichtiger, wenn andere Sie sehen, als wenn Sie alleine sind. (Manche Zuschauer – etwa Experten, Gutachter oder Menschen, die Sie beeindrucken wollen – sind besonders wichtig für Sie und erhöhen dadurch den Druck noch mehr.) Auch wenn Sie gerade Ihre letzte Chance wahrnehmen, erhöht dies den Druck, weil ein gutes Abschneiden wichtiger ist. Wenn Sie es noch einmal versuchen können, ist es nicht so wichtig, jetzt Erfolg zu haben.

Das Blockieren unter Druck tritt im zwischenmenschlichen Bereich genauso leicht auf wie bei einer Solo-Leistung. Jeder, der etwas verkauft, weiß, daß er »kein Geschäft macht, das er nicht auch verlieren könnte«. Wenn Sie den anderen zu sehr drängen, einen Kauf zu tätigen, der Ihnen selbst in puncto Selbstwertgefühl oder Finanzen sehr viel bedeutet, strahlen Sie Verzweiflung oder Unsicherheit aus – emotionale Verfassungen, die effizientem Verkaufen diametral entgegenstehen. Ein lockerer Verkäufer dagegen zieht oft potentielle Kunden an. Weil der Verkäufer nicht versucht, die Entscheidung des Kunden zu beeinflussen, übermittelt er Vertrauen in sich und in die Qualität seines Produkts.

Ähnlich entdecken viele Leute verwundert, daß sie für das andere Geschlecht am attraktivsten sind, wenn sie sich in einer festen Beziehung befinden und nicht aktiv nach einem Partner suchen. Wenn sie in die Arena steigen und nach einer Beziehung hungern – eine Situation, die der des engagierten Verkäufers gleicht –, ziehen sie das Interesse des anderen Geschlechts nicht an.

Wie Menschen blockieren

Beim Blockieren unter Druck geht die Kontrolle über den Leistungsprozeß irgendwie verloren. Man will nicht versagen und man hört auch nicht auf, es zu versuchen, obwohl solche Reaktionen in anderen Zusammenhängen vorkommen können. Wie bereits gesagt, will man den Erfolg im allgemeinen sehr stark und versucht sein Bestes, um gut abzuschneiden, aber irgendwie kann man sich nicht dazu bringen, das Gewollte zu tun. Beim Blockieren unter Druck versagt also die Selbstregulierung. Normalerweise üben Menschen über ihren Geist und ihren Körper sehr viel Kontrolle aus. Beim Blockieren unter Druck kommt es zu einem Verlust dieser Kontrolle: man ist unfähig, sich selbst dazu zu bringen, das zu tun, was man normalerweise tun kann.

Das Blockieren kann nicht nur einen Verlust der Kontrolle über Ihren Körper, sondern auch über Ihren Geist betreffen. Die Vorstellung, daß jemand bei Druck blockiert, ist bei sportlichen Leistungen am bekanntesten, aber Ähnliches passiert auch bei intellektuellen Fertigkeiten. Prüfungsangst zum Beispiel ist ein Panikverhalten, das dann einsetzt, wenn Sie Ihren Verstand nicht dazu bringen können, die Antworten zu produzieren, die er weiß. Es hat nichts damit zu tun, daß Sie unwissend oder dumm sind oder nichts gelernt haben. Sie haben sich gut vorbereitet und das Material beherrscht, bevor die Prüfung begann, aber angesichts der Prüfungsfragen schaltet der Verstand sich ab.

Solche Reaktionen beschränken sich nicht auf Prüfungen. Sehen wir uns eine intelligente, vielversprechende Abiturientin an. Der Englischlehrer hatte der Klasse aufgetragen, eine Rede aus einem Shakespeare-Stück auswendig zu lernen. Beth hatte ein ausgezeichnetes Gedächtnis (sie schloß das Schuljahr als Klassenbeste ab und ging an eine Elite-Universität) und schaffte die Aufgabe mit Leichtigkeit. Am Abend vor dem Vorsprechen in der Klasse übte sie die Rede zu Hause in ihrem Zimmer und rezitierte sie fehlerlos ein halbes dutzendmal. Am nächsten Tag in der Klasse meldete sie sich freiwillig, um als erste an die Reihe zu kommen. Sie stellte sich vor die Klasse und begann. Aber unerklärlicherweise fielen ihr plötzlich die Zeilen nicht mehr ein. Sie begann zu erröten, suchte nach den Worten und war sich schmerzlich bewußt, daß die anderen Schüler sie anstarrten und der Lehrer schweigend zuhörte. Er gab ihr ein Stichwort, und sie machte ein paar Zeilen weiter, nur um wieder steckenzubleiben. Sie war verlegen, frustriert und gedemütigt. Aber vielleicht am meisten von allem war sie, wie sie später sagte, verblüfft. Wieso hatte sie versagt? Es konnte nicht daran liegen, daß sie nicht vorbereitet war, denn sie beherrschte das Material einwandfrei. Irgendwie jedoch, als es am wichtigsten war, hatte ihr Gedächtnis sich geweigert, die Zeilen herauszurücken.

Zum Verständnis des Blockierens müssen wir uns bewußt machen, was bei einer Fertigkeit normalerweise vor sich geht. Wenn Sie beginnen, eine Fertigkeit zu erlernen, achten Sie auf jede Einzelheit und versuchen, jeden Teil der Aufgabe korrekt auszuführen. In dieser Phase sind Sie im allgemeinen sehr langsam und ungeschickt. Mit zunehmender Übung jedoch wird der Vorgang immer geschmeidiger und automatischer. Bei den ersten Klavier- oder Gitarre-Lektionen müssen Sie jeden Finger überprüfen, damit er die richtige Stelle trifft, und die unbeholfenen Bewegungen der Finger auf den Saiten bzw. Tasten sorgfältig lenken. Ein ausgebildeter Musiker achtet jedoch nicht mehr auf solche Details, denn die Finger haben gelernt, ohne bewußte Lenkung zu tun, was von ihnen erwartet wird. Ein Könner braucht nur an das zu denken, was er spielen will, dann führen die Finger diese Befehle aus. Genauso lernt man Schreibmaschine schreiben, einen Tennisschläger gebrauchen oder andere Fertigkeiten.[5]

Können bedeutet also, daß man Dinge tut, ohne über sie nachzudenken, bzw. genauer, ohne auf die Details des Vorgangs zu achten. Das Wissen, wie man etwas machen muß, wird eingefahren, automatisch und unbewußt. Der bewußte Verstand ist an dem Vorgang nicht beteiligt; er würde nur im Wege stehen. Er wäre nicht nur unnötig, er wäre störend.

Solche Störungen veranlassen Menschen dazu, unter Druck zu blockieren. Charakteristisch für das Blockieren ist, daß der bewußte Verstand versucht, sich in diesen überlernten, automatischen Vorgang einzumischen, der normalerweise ohne Störung durch das Bewußtsein abläuft. Der bewußte Verstand jedoch weiß nicht, wie er eine Leistung effizient und zum maximalen Nutzen erbringen kann. Wenn er also die Führung übernimmt, bringt er nur die Ausführung durcheinander, und die Leistung wird schlechter.

Sehen wir uns eine versierte Pianistin an. Solange ihr bewußter Verstand sich auf das in Mozarts Melodien zum Ausdruck kommende Gefühl, die Interpretation einer bestimmten Passage oder eventuelle Improvisationen konzentriert, finden ihre Finger die Tasten wie von selbst. Wenn sie dagegen versucht, ihre Finger bewußt so zu lenken, daß sie die richtigen Tasten trifft, wird sie wahrscheinlich plötzlich ungeschickt, langsam und unsicher werden. Je mehr sie auf jede Bewegung ihrer Finger achtet, desto mehr Fehler wird sie machen (falls sie nicht erheblich langsamer wird, was die Leistung auf jeden Fall ruiniert).

Warum drängt sich plötzlich der bewußte Verstand irgendwo hinein, wo er nicht mehr gebraucht wird und sogar kontraproduktiv wirkt? Die Antwort: Es scheint sich um eine Standard-Reaktion auf Druck zu handeln. Wie bereits gesagt, hängt der Druck weitgehend von der Wichtigkeit ab, insbesondere der bewußten Einschätzung, wie wichtig die Leistung ist. Weil es wichtig ist, eine gute Leistung zu bringen, achten Sie mehr auf das, was Sie tun. Bei vielen Aufgaben ist dies natürlich eine gute Sache, denn durch erhöhte Aufmerksamkeit können Sie bestimmte Flüchtigkeitsfehler vermeiden. Aber wenn Sie auf einen gelernten Vorgang achten, ist dies eindeutig nicht hilfreich.

Das Blockieren bei Druck kommt also durch eine Verlagerung der Aufmerksamkeit zustande. Sie beginnen, auf sich selbst und auf das, was Sie tun, zu achten, insbesondere darauf, wie Sie es tun. Diese erhöhte Aufmerksamkeit beeinträchtigt die Ausführung. Deshalb ist Blockieren oft mit Erfahrungen verbunden, die das Ichbewußtsein erhöhen – siehe etwa Beths Erlebnis, als sie vor der Klasse stand und ihr die Zeilen, die sie einwandfrei beherrschte, nicht mehr einfielen.

Als all diese Menschen sie anstarrten, wurde sie sich ihres Ich glasklar bewußt, und ihr bewußter Verstand konnte ihr Gedächtnis nicht mehr zwingen, die richtigen Inhalte herauszurücken.

Alles, was vor einer erlernten Leistung das Ichbewußtsein erhöht, wird auch die Chance erhöhen, daß man unter Druck blockiert. Dies ist vielleicht ein Grund dafür, daß Profi-Sportler bei einem Wettkampf die Anwesenheit der Menge nicht zur Kenntnis nehmen. Die Fans mögen oft Sportler nicht, die in die Kabine oder zur Bank zurückkehren, ohne zu winken oder auf die vielen Menschen, die ihnen laut zuklatschen, eine Reaktion zu zeigen. Aber für Sportler ist es gefährlich, zur Kenntnis zu nehmen, daß sie der Mittelpunkt all dieser Aufmerksamkeit sind, denn die konzentrierte, gebündelte Anerkennung könnte sie ichbewußt machen und ihre Leistung ein paar Minuten später beeinträchtigen. Baseball-Profis benutzen den Ausdruck »Ohren wie ein Kaninchen bekommen«, wenn sie auf die Gefahr anspielen, sich der Menge bewußt zu werden. Die »Kaninchenohren« eines Spielers fangen wie die alten Fernsehantennen Signale auf, und diese ganze auf ihn einströmende Aufmerksamkeit tendiert dazu, ihn extrem ichbewußt zu machen, und unterbricht die Leistung.

Fernsehkameras haben einen ähnlichen Effekt. In vielen Forschungsstudien werden Fernsehkameras eigens deshalb benutzt, damit Menschen ichbewußt werden und die Psychologie des Ichbewußtseins untersucht werden kann.[6] Eine Weltmeisterschaft im Skilaufen, bei der der große schwedische Skiläufer Ingmar Stenmark seinen Titel verteidigte, lieferte dafür ein passendes Beispiel. Obwohl Stenmark zur Zeit des Wettkampfs zweifellos der Weltbeste war, hatten auch andere Skiläufer gut abgeschnitten, und die Ergebnisse lagen extrem nah beieinander. In der Endrunde ging Stenmark als einer der letzten an den Start, und obwohl er die Führung innehatte, mußte er eine sehr gute Leistung erbringen, um zu gewinnen. Als er sich auf seinen Lauf vorbereitete, ruhten wiederholt die Fernsehkameras auf ihm, was den Sprechern Gelegenheit gab, das spannende Geschehen und den auf Stenmark lastenden Druck zu erörtern – was verständlich ist, denn Sportereignisse dienen letztendlich der Unterhaltung. Anders als die Sportler, die ihren Lauf bereits absolviert hatten und deshalb in die Kamera grinsten und winkten, wandte Stenmark sich immer wieder von ihnen ab und versuchte, ihrem zudringlichen Blick zu entgehen; aber sie folgten ihm und fanden ihn. Am Schluß war seine Leistung so schlecht, daß es ihn die Meisterschaft kostete.

Können wir sicher sein, daß Stenmark bei dieser Gelegenheit blockierte und die Fernsehkameras schuld daran waren? Nein. Es ist fast unmöglich zu behaupten, daß eine bestimmte Leistung aufgrund einer Blockade so und so ausgefallen ist, denn Leistungen schwanken immer von Mal zu Mal, und eine schlechte Leistung könnte durchaus diese zufälligen Schwankungen spiegeln. Um nachzuweisen, daß es sich um ein Blockieren handelt, müssen alle Leistungen sorgfältig miteinander verglichen werden. Obwohl wir in diesem Kapitel eine Reihe einzelner Beispiele vorstellen, um die für das Blockieren zentralen Punkte zu erklären, geschieht dies aus rein illustrativen Gründen. Es läßt sich einfach nicht genau sagen, ob eine einzelne Leistung eines ganz bestimmten Menschen bei einer ganz bestimmten Gelegenheit die Folge einer Blockade war. Wenn man mehrere Fälle betrachtet, kann man festlegen, wann blockiert wurde, aber nie nach einem einzelnen Vorfall. Wenn ein Baseball-Spieler immer dann Schlagfehler begeht, wenn es besonders auf seine Leistung ankommt (sonst aber nicht), können wir schlußfolgern, daß er zum Blockieren neigt, denn es liegt ein statistisch zuverlässiger Unterschied seiner Reaktionen vor, der immer wieder systematisch auftritt. Aber wenn er einmal einen Ausfall zeigt, läßt sich kaum mit Sicherheit sagen, daß er blockierte, denn die Möglichkeit, einmal zu versagen, besteht immer.

Lob, Erfolg, Unterstützung der Heimmannschaft – und Desaster

Auch diverse andere Faktoren können Menschen ichbewußt machen und so eine Blockade auslösen. Drei positiv klingende – Lob, Erfolg und die Unterstützung durch Fans – können Menschen ziemlich aus dem Konzept bringen.

Der Druck des Lobs

Komplimente lenken die Aufmerksamkeit auf den, der sie bekommt, und tatsächlich werden viele Menschen ichbewußt, wenn man ihnen ein Kompliment macht. Ironischerweise kann also ein Lob eine Blockade auslösen. Dies wird durch einen Vorfall illustriert, der sich vor ein paar Jahren in einem Basketball-Punktspiel zwischen den Boston Celtics und den Cleveland Cavaliers ereignete. Gegen Ende des Spiels foulte ein Bostoner Spieler einen Cleveland-Neuling, der wegen ein paar ziemlich wichtigen Freiwürfen an die Linie gehen wollte. In der Fernsehpause ging einer der älteren Bostoner Spieler zu dem Cleveland-Neuling und machte ihm das Kompliment, er habe in der Saison gut gespielt und es in seinem ersten Jahr überhaupt sehr gut gemacht. Der Spieler aus Cleveland war über dieses Lob eines berühmten, etablierten Stars erstaunt und erfreut. Dann ging er zur Linie und verpatzte beide Freiwürfe. »Na ja, ein Neuer«, sagte der Bostoner Spieler so laut, daß jeder es hören konnte. Offenbar war sein Lob hinterhältig gewesen; er wußte, daß es ein wirkungsvolles Mittel war, um den anderen zum Blockieren zu veranlassen.

Auch in diesem Fall können wir nicht absolut sicher sein, daß der Cavaliers-Neuling blockierte, denn gelegentlich verpatzen Spieler beide Freiwürfe im natürlichen Verlauf des Werfens. Der Bostoner Veterane glaubte jedoch offensichtlich, daß Lob eine Blockade auslösen kann, denn er wählte den Zeitpunkt seines Lobs absichtlich so, daß es den Spieler behinderte. Laboruntersuchungen haben ebenfalls ergeben, daß Leute bei Komplimenten blockieren. Eine Untersuchungsreihe hat gezeigt, daß bei einem gut getimten Kompliment die Leistung der Versuchspersonen – verglichen mit der anderer Versuchspersonen, die zur gleichen Zeit kein Kompliment erhielten – systematisch abfiel.[7] Der wirkungsvollste Trick besteht darin, jemandem zu einer Eigenschaft ein Kompliment zu machen, die mit seiner Leistung nichts zu tun hat, denn ein relevantes Kompliment kann das Selbstvertrauen stärken und daher die Leistung steigern. Menschen, denen wegen ihrer Frisur oder ihrer Kleidung Komplimente gemacht wurden, neigten in diesen Untersuchungen – bei der es auf ihre Darstellungsfertigkeit vor einer Videokamera ankam – am ehesten zum Blockieren; allerdings blockierten auch viele Leute, denen wegen ihrer Darstellungsfertigkeiten Komplimente gemacht wurden. Ein Lob wegen Ihrer Frisur macht Sie ichbewußt, ohne Ihr Selbstvertrauen zu stärken, weshalb seine Auswirkungen auf Ihre Leistung am ehesten schädlich sind.

Die Last des Erfolgs

Auch die Aussicht, Ihren Traum zu erfüllen und Sieger (oder sonstwie erfolgreich) zu werden, führt zum Blockieren, besonders wenn es sich um das erste Mal handelt. Interessanterweise ist das Erreichen eines Ziels eine der psychoanalytischen Erklärungen der Selbstschädigung, die allgemein akzeptiert werden; unsere Deutung, warum Menschen »abstürzen«, sobald sie ganz oben sind, unterscheidet sich von der der meisten psychodynamisch orientierten Theoretiker jedoch radikal.[8] Freud kam aufgrund seiner klinischen Praxis zu der Schlußfolgerung, daß Menschen gelegentlich eben deshalb krank werden, weil ein tiefverwurzelter und langgehegter Wunsch in Erfüllung gegangen ist[9]; das Schuldgefühl hindert sie also daran, ihren Erfolg zu genießen. Manche Psychoanalytiker haben auch behauptet, die Menschen hätten Angst vor Erfolg. Einige Theoretiker meinten, daß der zur Zielerreichung notwendige Leistungsdruck Menschen dazu treibt, sich selbst zu zerstören, wenn sie kurz vor dem Erfolg stehen.

Die Psychoanalytikerin Karen Horney bemerkte als eine der ersten, daß Psychoanalyse-Patienten die Therapie oft dann zu sabotieren beginnen, wenn der Analytiker ihnen ein positives Feedback gibt oder andeutet, daß die Behandlung einem erfolgreichen Abschluß entgegengeht.[10] Ursache dieser sogenannten negativen therapeutischen Reaktionen ist angeblich die Angst des Patienten, im Erfolgsfall dem Leistungsdruck und der sozialen Zensur durch Leute ausgesetzt zu sein, die auf seinen Fortschritt neidisch oder auf seinen neuen Status eifersüchtig sind. Die Erkenntnis, daß dieser zwischenmenschliche Druck Grund für die Eigensabotage sein könnte, stellt innerhalb der psychoanalytischen Gemeinschaft eine seltene Abweichung von der traditionellen Betrachtungsweise selbstzerstörerischer Resultate dar.

Moderne Analysen des Stresses, der mit Erfolg verbunden ist, unterstützen diese Vorstellung.[11] Grundschulkinder, die schulischen Erfolg haben, wissen, wie ambivalent dieses Ergebnis sein kann. Obwohl Einser-Schüler von Lehrern und Eltern viel gelobt und belohnt werden, kann es sein, daß sie unter den Klassenkameraden leiden. Um die nachteiligen Folgen der Besonderheit zu verhindern, sabotieren viele Kinder ihre schulischen Leistungen und agieren unterhalb ihrer Fähigkeiten. Ähnlich können Beförderungen, die Menschen in der Firmenhierarchie ganz nach oben bringen, sie oft ihre physische Gesundheit kosten. Obwohl dieses Nebenrisiko von Schnellspurkarrieristen selten bemerkt oder diskutiert wird, hat die Forschung gezeigt, daß beruflicher Erfolg Herzkrankheiten und Alkoholismus verursachen kann.[12]

Wenn Menschen die ersehnte Identität verwirklichen, werden sie sich ihrer selbst völlig bewußt, besonders wenn sie von Menschen beobachtet werden, die sie lieben oder mögen.[13] Jemand, der jahrelang um den Collegeabschluß gekämpft hat und schließlich aufs Podium steigt, um vor Familie und Freunden sein Zeugnis in Empfang zu nehmen, wird wahrscheinlich extrem ichbewußt werden. Dasselbe gilt für jeden anderen derartigen Augenblick: Wenn man einen Preis bekommt, einem offiziell eine wichtige Tätigkeit oder eine Beförderung angetragen wird oder man eine Wahl oder einen wichtigen Wettkampf gewinnt. Diese langersehnten Wandlungen der eigenen Identität bedeuten im Grunde, daß das Selbst neu definiert wird, und ziehen fast zwangsläufig die Aufmerksamkeit auf es. Auch hier wird der Effekt durch ein würdigendes oder unterstützendes Publikum verstärkt.

Das erhöhte Ichbewußtsein kann das Vergnügen intensivieren, aber auch zum Blockieren führen, wenn eine erlernte Leistung erbracht werden soll. Für Sportler, die kurz vor dem Gewinn einer wichtigen Meisterschaft stehen, kann dies zum Problem werden. Wenn sie sich auf den großen Triumph konzentrieren, können sie verstärkt ichbewußt werden und daher verstärkt zum Blockieren neigen – vor allem dann, wenn sie zu Hause vor ihren Fans spielen.

Der Heimspiel-Nachteil

Solche Überlegungen führen zu einer eher überraschenden Vorhersage: Ein Auftritt zu Hause kann zu einem Nachteil werden, wenn man kurz vor der Meisterschaft steht. Normalerweise schneiden Heim-Mannschaften natürlich besser ab als Gastmannschaften. Aber dieser Heimvorteil kann schwinden und sogar ins Gegenteil umschlagen, wenn man der Meisterschaft nahe ist.

Zur Überprüfung dieser Hypothese haben zwei Forscher die Geschichte der US-Meisterschaftsspiele im Baseball untersucht. Sie begannen mit dem Jahr 1926, weil damals die Regeln und Verfahren in die heutige Form gebracht wurden und die letzten skandalösen Behauptungen, daß Spieler absichtlich Spiele verloren, vorbei waren. Die Forscher werteten jedes Jahr bis zur jüngsten Saison, 1982, aus. Sie wollten sehen, ob Heim-Mannschaften dazu neigten, im letzten Spiel der Serie zu blockieren.[14] Bei den ersten Spielen der US-Meisterschaft fand sich der übliche Heimvorteil: Heim-Mannschaften gewannen in über 60 % der Fälle. Im Endspiel jedoch verschwand dieser Vorteil, und die Heim-Mannschaften verloren zu über 60%. Heim-Mannschaften schnitten also schlechter ab, wenn die Meisterschaft auf dem Spiel stand, als wenn sie in frühen Spielen gegen denselben Gegner spielten.

Dieses Ergebnis ist natürlich nicht ganz überzeugend. Vielleicht blockierten die Heim-Mannschaften nicht – vielleicht war die Gastmannschaft einfach besser. Im Baseball läßt sich kaum feststellen, ob ein bestimmtes Ergebnis am guten Spiel des einen oder am schlechten Spiel des anderen Teams liegt. Eine niedrige Anzahl von Schlägen oder Läufen zum Beispiel kann bedeuten, daß die Schlagmänner blockierten, aber auch, daß die Werfer der gegnerischen Mannschaft gut geworfen haben. Die Forscher konnten eine Statistik isolieren, die gegen solche Zweideutigkeiten immun ist, nämlich die Anzahl der Fangfehler. Wenn der Spieler zwischen dem 2. und 3. Laufmal den Ball fallen läßt, dann nicht, weil der Schlagmann ihn besonders gut geschlagen hat; tatsächlich ist es fast unmöglich, so zu schlagen, daß es zu Fangfehlern kommt. Sie berechneten also alle Fangfehler in diesen Spielen. Bei Gastmannschaften änderte sich die Anzahl der Fangfehler von den ersten zu den letzten Spielen nicht, während sie sich bei Heim-Mannschaften bis zum Endspiel fast verdoppelte. Es scheint also eher so zu sein, daß Heim-Mannschaften in den letzten Spielen eine schlechtere Leistung erbringen, und nicht so, daß die Gastmannschaft eine bessere Leistung bringt.

Bemerkenswerterweise verursacht die Aussicht auf einen Sieg und nicht die auf eine Niederlage diesen Effekt. Nur ein Sieg führt zur erwünschten Identitätsveränderung und dem daraus entstehenden Anstieg des Ichbewußtseins. Erst wenn die Heim-Mannschaft die Chance hatte, Meister zu werden (etwa wenn sie drei Spiele gewonnen und zwei verloren hatte), verlor sie das Spiel. Wenn sie im Rückstand war und die Gefahr bestand, auszuscheiden, brachte sie eine gute Leistung und gewann im allgemeinen das Spiel. Die ortsansässigen Fans eines »Underdogs«, scheinen auf diesen eine unterstützende Wirkung zu haben; eine Mannschaft, die vor dem Meisterschaftstitel steht, wird durch sie beeinträchtigt.

Auch andere Untersuchungen haben gezeigt, daß ein Sieg,

nicht eine Niederlage, Menschen blockieren läßt.[15] Bei einer grundlegenden und detaillierten Studie beobachteten Forscher professionelle Golfer, die einen Putt versuchten. Die Profis wurden durchweg schlechter, wenn sie ein Birdie versuchten (eine überdurchschnittliche Trefferzahl), als wenn sie ein Par versuchten (eine Standard- bzw. Durchschnitts-Trefferzahl).[16] Dave Pelz, Lehrer für Profi-Golfer und Forscher, erklärte die Diskrepanz mit dem »Druck des Erfolgs« und fügte hinzu: »Wenn es bei jedem Putt um den Gewinn der US-Open gegangen wäre, wäre der Prozentsatz noch einmal 10 oder 20 % schlechter gewesen.«[17]

Das starke Ichbewußtsein, das durch die Realisierung einer gewünschten Identität entsteht, trägt also ganz entscheidend dazu bei, daß Leute blockieren, und erklärt auch die Schwierigkeiten der eingangs beschriebenen Torontoer Mannschaft. Der Versuch, eine Meisterschaft zu gewinnen, ist schwer genug und löst bei vielen ausgezeichneten Sportlern eine Blockade aus. Die Torontoer Mannschaft stand unter dem zusätzlichen Druck, nicht nur ihre erste Meisterschaft gewinnen zu müssen, sondern auch die erste Meisterschaft ihres Landes. Sie war sich darüber im klaren, daß die Aufmerksamkeit des ganzen Landes auf sie gerichtet war, und es ist schwer vorstellbar, daß jemand von so viel Druck und Aufmerksamkeit unbeeindruckt bleibt.

In manchen Sportarten geht das Heimspiel bei den Entscheidungsspielen an die Mannschaft mit dem besseren Saisonergebnis, was bedeutet, daß sie wahrscheinlich die bessere Mannschaft ist. Beim Fußball zum Beispiel weisen die Fernsehkommentatoren oft darauf hin, daß Heim-Mannschaften in den Entscheidungsspielen besser abzuschneiden scheinen, was aber mit dem Heimspiel möglicherweise nichts zu tun hat – wahrscheinlich ist das Heimteam einfach die bessere Mannschaft. Auch die National Basketball Association gibt der Mannschaft mit dem besseren Ergebnis den Heimvorteil; trotzdem neigen Heim-Mannschaften dazu, im letzten Spiel zu blockieren. Das ergab eine Prüfung der Meisterschaftsserien von 1967 bis 1982.[18] Heim-Mannschaften haben bei den ersten Spielen einen Vorteil; sie gewinnen mit einer Wahrscheinlichkeit von 70 %. Im letzten Spiel sind es nur noch 50 %. Dies bedeutet offensichtlich, daß sie genausooft gewinnen wie sie verlieren, was einen signifikanten Abfall ihrer normalen Erfolgsquote darstellt.

Sind Blockierer und Drückeberger dasselbe?

Eine wichtige Frage ist, ob Mannschaften (oder Einzelpersonen) manchmal blockieren, weil sie aufgeben. Die Antwort ist nein: Beim Blockieren unter Druck wird nicht die Anstrengung reduziert; statt dessen fallen Fertigkeiten aus.

Die Unterscheidung zwischen Anstrengung und Fertigkeit ist extrem wichtig, wenn man eine Leistung verstehen und vorhersagen will, wie Menschen auf Druck reagieren werden. Anders als eine Fertigkeit kann eine Anstrengung vom bewußten Verstand kontrolliert werden; bei starkem Druck kann das Ichbewußtsein also dafür sorgen, daß Menschen bei hauptsächlich von einer Anstrengung abhängenden Aufgaben besser abschneiden.

Einiges deutet darauf hin, daß Anstrengung und Fertigkeit unterschiedlichen Prinzipien folgen und auf äußere Einflüsse verschieden reagieren. Druck steigert das Bemühen und beeinträchtigt das Können. Wenn Leute die Chance haben, Geld zu gewinnen, strengen sie sich im allgemeinen mehr an; wenn der Erfolg also nur davon abhängt, wie sehr sie sich anstrengen, wird ihre Leistung sich verbessern. Muskeltraining, Ausdauer, entschlossene Konzentration und andere Vorgänge dieser Art können offenbar durch den Willen verbessert werden. Wenn das Bewußtsein sich einmischt, verbessert dies also die Leistung. Nur bei Aufgaben, bei denen es ums Können geht, ist das Bewußtsein schädlich.

Dies wird am Beispiel des Fußballs deutlich; an der Weltmeisterschaft nehmen Profi-Mannschaften aus der ganzen Welt teil. Heim-Mannschaften haben bei Fußball-Weltmeisterschaften immer extrem gut abgeschnitten, und Heim-

Mannschaften sind sehr viel öfter Weltmeister geworden, als von vornherein zu erwarten war.

Der Vorteil von Heim-Meisterschaften beim Fußball könnte sehr wohl an der Zeitverschiebung oder an Sprachschwierigkeiten oder irgendeinem anderen Faktor liegen. Am wahrscheinlichsten jedoch ist, daß man sich vor dem heimischen Publikum mehr anstrengt. Die körperliche Anstrengung zum Beispiel ist bei Fußball sehr viel wichtiger als bei Baseball. Baseball hängt hauptsächlich von anspruchsvollen Fertigkeiten ab, und Sie können ein Top-Baseball-Spieler sein, ohne in exzellenter körperlicher Verfassung zu sein. Baseball-Spieler laufen immer nur kurze Strecken, und vieles von dem, was sie tun, erfordert weder Kraft noch Kondition. Profi-Fußballer dagegen müssen im allgemeinen neunzig Minuten mit einer kurzen Pause zur Halbzeit dauernd mit mäßiger bis hoher Geschwindigkeit laufen. Die Weltmeisterschaft ist besonders aufreibend, weil die Spieler dieses anstrengende Niveau mehrere Wochen lang jeden zweiten oder dritten Tag durchhalten müssen. Am Ende des Turniers sind die übriggebliebenen Mannschaften körperlich ausgepowert, und nur eine sehr gute Kondition bewahrt sie vor der absoluten Erschöpfung. In dieser Situation kann ein kleiner zusätzlicher Adrenalinstoß – wie er etwa durch Tausende begeisterter Fans ausgelöst wird – über Sieg oder Niederlage entscheiden.

Dies bedeutet natürlich nicht, daß Können im Fußball keine Rolle spielt – im Gegenteil. Aber das Können ist im Vergleich zur Kondition weniger wichtig. Hier geht es einfach darum, daß die Rolle der Anstrengung im Verhältnis zu der der Geschicklichkeit bei Fußball entscheidender ist als bei Baseball und diversen anderen Sportarten. Folglich können Druck und ein Heimpublikum Fußballteams nützen, während sie Baseball-Mannschaften beeinträchtigen.

Die Diskrepanz zwischen Können und Kondition ist auch im American Football relevant. Traditionell heißt es, daß man mit einem starken Sturm Einkaufskarten verkauft, während man mit einer starken Defensive Meisterschaften gewinnt; bei Entscheidungsspielen und Supercups konnten tatsächlich viele Mannschaften große Erfolge verzeichnen, ohne über einen hervorragenden Angriff zu verfügen – solange die Verteidigung stark war. Im Gegensatz dazu waren Mannschaften mit starkem Angriff, aber schwacher Verteidigung in den von starkem Druck gekennzeichneten Spielen auf dem Weg zum Supercup sehr viel weniger erfolgreich, auch wenn sie im Verlauf der Saison eine gute Leistung gezeigt hatten.

Warum ist bei Entscheidungsspielen die Verteidigung wichtiger als der Angriff? Möglicherweise wegen des Verhältnisses von Können und Kondition. Bei der Verteidigung kommt es mehr auf die Kondition und weniger auf das Können an als beim Angriff. Ein Angriff beim Fußball erfordert eine überlegte Koordination und großes Können, etwa bei einem langen Vorwärtspaß. Die Verteidigung dagegen reagiert auf den Angriff und hängt von Kraft, Kondition und Schwung ab. Bezeichnenderweise beschäftigt man sich gegen Ende eines Fußballspiels oft mit der Frage, ob die Verteidigung – und nicht der Angriff – kräftemäßig durchhält. Die Kommentatoren sagen über die Verteidigung – aber nie über den Angriff – »Sie sind schon lange draußen; wahrscheinlich werden sie müde.« Auch dies bedeutet nicht, daß die Verteidigung kein Können braucht; es geht nur darum, daß die Kondition bei der Verteidigung eine größere Rolle spielt als das Können, verglichen mit dem Angriff.

Wenn ein erfolgreicher Angriff vom Können abhängt, wird der Druck von Entscheidungsspielen wahrscheinlich dazu führen, daß der Angriff blockiert. In den wichtigen Spielen werden die Spieler ichbewußt, wenn ihr Verstand versucht, die Kontrolle zu übernehmen und ihre Aktionen zu lenken; wenn sie sich dann zu sehr anstrengen und zum Beispiel einen Paß zu weit schießen, leidet die Leistung. Die Verteidigung jedoch neigt weniger zum Blockieren, weil das Können eine geringe Rolle spielt. Der vermehrte Druck und die auf die eigene Persönlichkeit gerichtete Aufmerksamkeit können dazu führen, daß Defensivspieler in wichtigen Spielen eine bessere Leistung bringen als gewöhnlich – weshalb man mit einer starken Verteidigung Meisterschaften gewinnt.

Persönlichkeit und Druck

Kommen wir jetzt auf das Thema der Persönlichkeitsunterschiede zurück. Wir blockieren, weil wir in entscheidenden Momenten auf uns selbst achten. Das bedeutet, daß Druck unsere Tendenz verstärkt, jedes Detail unseres Leistungsprozesses zu überwachen, was störende Folgen hat. Manche Menschen sind für diese Auswirkung von Druck empfänglicher als andere. Die Forscher haben effiziente Tests entwickelt, um Menschen, die oft auf sich selbst achten, von Menschen mit generell schwachem Ichbewußtsein zu unterscheiden. Ironischerweise neigen Menschen mit normalerweise schwachem Ichbewußtsein am ehesten zum Blockieren. Eine Untersuchung nach der anderen hat bestätigt, daß das Blockieren bei ihnen am stärksten ist und am zuverlässigsten eintritt.[19]

Dies kann daran liegen, daß Menschen mit meist starkem Ichbewußtsein sich allmählich an diesen Zustand gewöhnen und lernen, mit ihm umzugehen. Druck löst bei ihnen den vertrauten Zustand des Ichbewußtseins aus. Menschen dagegen, die nicht daran gewöhnt sind, auf sich selbst zu achten, leiden stärker unter der Wirkung von Druck. Wenn Druck sie ichbewußt macht, wissen sie nicht, wie sie mit diesem Zustand umgehen sollen, und ihre Leistung wird stärker beeinflußt.

Adoleszenz: Ein Wendepunkt

Die Untersuchung des Leistungsverhaltens unter Druck im Verlauf des Lebens unterstützt die Vorstellung, daß Menschen lernen, mit dem Ichbewußtsein umzugehen. Viele Experten haben festgestellt, daß das Ichbewußtsein während der Adoleszenz erheblich zunimmt. Vor der Adoleszenz ist Kindern nicht so klar bewußt, wie andere sie sehen.

In einer Studie haben Forscher das Leistungsverhalten unter Druck in Abhängigkeit vom Alter untersucht.[20] Die Versuchspersonen führten populäre Videospiele allein und dann noch einmal in Anwesenheit eines Beobachters aus. Beim Vergleich der Leistung ohne Zuschauer mit der mit Zuschauern wurden zahlreiche Strukturen des Blockierens deutlich. Viele jüngere (präadoleszente) Kinder wurden nicht ungeschickt und ichbewußt, nur weil jemand ihnen zuschaute. Bis zum Alter von 12 Jahren erzielten die Kinder sogar bessere Ergebnisse, wenn sie ein Publikum hatten, als wenn sie alleine waren. Mit der Adoleszenz änderte all dies sich plötzlich. Teenager blockierten vor Publikum im allgemeinen sehr stark. Erwachsene über 20 Jahren zeigten eine gewisse Tendenz zum Blockieren, aber sie war nicht so stark oder einheitlich wie die der Teenager.

Die Möglichkeit des Ichbewußtseins wird also beim Einsetzen der Adoleszenz erheblich stärker. Der Druck eines Publikums wirkt sich bei Teenagern am störendsten aus, weil sie sehr empfindlich für ihn sind, aber noch nicht gelernt haben, mit ihm umzugehen. Wenn sie älter werden, können sie sich immer noch mit den Augen anderer sehen, lernen aber Strategien, mit dem Ichbewußtsein umzugehen.

Blockier-anfällig oder blockier-resistent?

Können Menschen durch Beibehaltung eines schwachen Ichbewußtseins gegen das Blockieren immun werden? Einiges deutet darauf hin. Mit neuen Techniken zur Einschätzung der Persönlichkeit haben Forscher nicht nur festgestellt, wie ichbewußt Menschen im allgemeinen sind, sondern auch, wie sehr ihr Ichbewußtsein schwankt.[21] Dann wurde ihr Leistungsverhalten unter Druck getestet. Es ergaben sich mehrere klare Unterschiede zwischen blockieranfälligen und blockierresistenten Persönlichkeiten.

Die blockieranfällige Persönlichkeit ist charakteristisch für Menschen, die normalerweise minimal auf sich selbst achten, gelegentlich aber sehr ichbewußt sind. Sie denken im allgemeinen nicht über ihre Handlungen nach, fragen sich nicht, wie sie anderen erscheinen, und verbringen nicht viel Zeit mit der Introspektion. Aber sie können sich ihrer selbst völlig bewußt werden, und einzelne Situationen lösen diese Reaktion bei ihnen aus. Bei ihnen war die Tendenz, unter Druck zu blockieren, am häufigsten und am durchgängigsten. Kennzeichen der blockieranfälligen Persönlichkeit ist also ein niedriges, aber instabiles Aufmerksamkeitsniveau gegenüber der eigenen Person.

Die blockierresistente Persönlichkeit dagegen ist charakteristisch für Menschen, die durchgängig wenig auf sich selbst achten. Sie denken nicht über ihre Handlungen nach, fragen sich nicht, wie andere sie sehen, betreiben keine Introspektion und achten auch sonst nicht viel auf sich selbst. In dieser Hinsicht gleichen sie der blockieranfälligen Persönlichkeit. Im Gegensatz zu ihr sind sie jedoch nicht so empfänglich dafür, in einigen wenigen Situationen stark ichbewußt zu werden. Bei diesen Menschen war die Tendenz, unter Druck zu blockieren, am schwächsten. Kennzeichen der blockierresistenten Persönlichkeit ist also ein niedriges und stabiles Aufmerksamkeitsniveau gegenüber der eigenen Person.

Zwischen blockieranfälligen und blockierresistenten Menschen stehen die Zeitgenossen, die oft ichbewußt und mit dem Zustand, auf sich selbst zu achten, offensichtlich vertraut sind. Druck scheint ihre Verfassung nicht großartig zu verändern; und wenn er sie beeinflußt, haben sie gelernt, mit ihm so umzugehen, daß sie trotzdem eine gute Leistung bringen. Wenn Sie die meiste Zeit ichbewußt sind, werden Sie wahrscheinlich gelernt haben, in diesem Zustand funktionsfähig zu bleiben.

Zur Zeit läßt sich daher sagen, daß es zum Blockieren kommt, wenn Sie aufgrund von Druck ichbewußt werden. Wenn Sie nie ichbewußt werden, werden Sie unter Druck wahrscheinlich nicht blockieren. Und wenn die Konzentration auf die eigene Person Ihnen vertraut ist, wird sie Sie nicht besonders behindern.

Trotzdem möchten wir noch einmal darauf hinweisen, daß eine ausreichend verpflichtende Situation ungeachtet der Persönlichkeit fast jeden beeinflussen wird. Dies wurde überzeugend durch die große Tennisspielerin Martina Navratilova demonstriert, die über viele Jahre hinweg bewiesen hatte, daß ihre Leistung auch bei enormem Druck hervorragend blieb. Sogar sie wurde beeinflußt, als die Bedingungen entsprechend zwingend waren – 1984 bei den French Open, als es für sie um den Grand Slam ging.

Der Grand Slam ist die höchstmögliche Leistung im Tennis. Er bedeutet, daß ein Spieler im gleichen Jahr die vier größten Turniere gewinnt. Weil dies in vielen, vielen Jahren niemandem gelungen war, wurden die Regeln 1982 leicht geändert: Die vier Turniere mußten hintereinander innerhalb eines Jahres gewonnen werden, auch wenn sie nicht alle im selben Kalenderjahr stattfanden. Die Navratilova stand auf der Höhe ihres Könnens, als diese Regeländerung vorgenommen wurde, und sie ergriff die Gelegenheit. Im Juli 1983 gewann sie Wimbledon, dann die US Open, dann die Australian Open. Blieben nur noch die French Open.

Bei den French Open hatte sie die Oberhand; keine andere Frau konnte es mit ihr aufnehmen. Sie besiegte ihre ersten Gegnerinnen und erreichte die Finalspiele. Auch dort gewann sie gegen ihre größte Rivalin den ersten Satz ziemlich leicht und wurde im zweiten unschlagbar. Ihre Gegnerin konnte kaum einen Punkt gewinnen, wenn die Navratilova am Aufschlag war; die Navratilova war also dabei, den Satz überzeugend für sich zu entscheiden, womit sie die dritte Frau in der Tennisgeschichte gewesen wäre, die einen Grand Slam gewann. Sie gewann fünf Spiele, ohne eins zu verlieren, und war nur zwei Punkte vom Gewinn des Matchs entfernt, als ihr Können sie plötzlich und geheimnisvollerweise zu verlassen schien. Sie verlor eine Reihe von Punkten, verlor das Spiel, verlor das nächste Spiel. Zum Glück erholte sie sich und gewann den Satz und das Match. Trotzdem war diese kurze Phase verminderten Könnens ein seltsamer Makel angesichts einer ansonsten überzeugenden Leistung, und es ist wahrscheinlich kein Zufall, daß sie genau in dem Augenblick auftrat, in dem sie dabei war, ihren Platz in der Tennisgeschichte erheblich zu verbessern.

Selbst eine erfahrene, bewährte und scheinbar unerschütterliche Tennis-Meisterin konnte also ichbewußt werden, nachdem der Kontext ihr entsprechend zugesetzt hatte. Sie wäre die dritte Frau gewesen, die je dieses Leistungsniveau erreichte, was ihr einen herausragenden Platz in der jahrhundertealten Geschichte ihres Sports gesichert hätte. Die volle Bedeutung eines solchen Ereignisses für die eigene Identität kann einen nur ichbewußt machen, und auch das Können eines perfekten »alten Hasen« widersteht dem Ansturm einer solchen inneren Veränderung offensichtlich nicht ganz.

Von den gutgemeinten Formen selbstschädigenden Verhaltens, bei denen Menschen sich ohne versöhnenden Nutzen unabsichtlich Leid zufügen, wenden wir uns nun Formen der Selbstschädigung zu, bei denen sie im Austausch gegen ihren Schmerz etwas bekommen. Im folgenden Kapitel beschäftigen wir uns mit einigen Faktoren, die Menschen beeinflussen, wenn sie die potentiellen Kosten bzw. Risiken ihres Verhaltens gegen seine Vorteile abwägen.

4

Tauschgeschäfte:
Das Schlechte um des Guten willen
in Kauf nehmen

Wir mußten die Stadt zerstören, um sie zu retten.
– Ein amerikanischer Offizier, der die Zerstörung eines
vietnamesischen Dorfes erklärt.

Gary, ein Versicherungsagent, hatte sein Leben so gelebt, wie
es ihm gefiel.[1] Er war kein Alkoholiker, aber er genoß seine
Martinis. Er rauchte täglich ein paar Zigarren und ein halbes
Päckchen Zigaretten. Er aß, was er wollte, einschließlich sü-
ßer Desserts und fettem Fleisch. Er trieb nie Sport. Mit zwei
erwachsenen, erfolgreichen Söhnen, einer guten Ehe und
einer gelungenen beruflichen Karriere war Gary ein glück-
licher Mann.

Mit Anfang Fünfzig hatte Gary einen Herzinfarkt. Sein
Arzt sagte ihm, er müßte seinen Lebensstil drastisch verändern. Er hatte Übergewicht, hohen Blutdruck und ein schwaches Herz. Wenn er seine Enkelkinder noch erleben wollte,
müßte er auf Zigaretten und Alkohol verzichten, mit einer
leichten körperlichen Bewegung wie etwa Spaziergängen beginnen und seine Ernährung rigoros umstellen.

Gary nahm ein paar Veränderungen vor, fiel aber bald wieder in seinen alten Lebensstil zurück. Ohne all die kleinen
Vergnügungen, von denen er abhängig geworden war,
machte das Leben einfach keinen Spaß. Innerhalb von drei
Monaten hatte er die abendlichen Spaziergänge aufgegeben
und war zu seinen Martinis und Zigarren zurückgekehrt. Er

sagte sich selbst, daß er sich ein bißchen eingeschränkt hätte und daß er es darauf ankommen lassen würde. Zwei Jahre später brachte ein zweiter Herzinfarkt ihn um.

Handelte Gary selbstschädigend? Man hatte ihm gesagt, was er ändern müßte, um länger zu leben, aber er ignorierte diesen Rat und die gesunden Strukturen, die er brauchte. Wie sein Arzt vorhergesagt hatte, starb er jung. Obwohl wir im Einzelfall nicht völlig sicher sein können, ist klar, daß Gary sich selbst zerstörte.

Aber Gary handelte nicht aus irgendeinem Todeswunsch heraus. Er genoß seinen Lebensstil – die ungesunden Gewohnheiten und das alles. Er fing wieder an zu rauchen und zu trinken, weil er diese Dinge zu sehr mochte, um sie aufzugeben. Sein Tod war keine verschleierte Form des Selbstmords und auch kein absichtlicher Akt der Selbstzerstörung. Aber das Vergnügen barg Risiken. Er konnte seine Vergnügungen aufgeben und die Gefahr reduzieren, oder seine Vergnügungen und ihre Risiken haben. Er akzeptierte das Risiko, und also starb er.

Gary ist ein gutes Beispiel für eine wichtige Kategorie selbstschädigenden Verhaltens. Menschen treffen Entscheidungen, die gute und böse Folgen für sie haben. Sie akzeptieren – offen oder implizit – ein paar unerwünschte Folgen, zum Beispiel Risiken oder Kosten, um auch den Nutzen bzw. die Vorteile der Entscheidung zu haben. Jede Entscheidung ist ein Tauschhandel. Es gibt keine perfekten bzw. idealen Entscheidungen, und selbstschädigende Entscheidungen sind keineswegs ideal.

Ein Tauschhandel ist also eine Art von Geschäft, bei dem man sich für eine Handlungsweise entscheidet, die Vor- und Nachteile bietet. Sicher haben viele Handlungen Vor- und Nachteile, und das Vorhandensein einiger Nachteile berechtigt nicht, eine Entscheidung als selbstschädigend zu bezeichnen, denn dann würden fast alle Entscheidungen oder Handlungen ein selbstschädigendes Element enthalten. Selbstzerstörerisch ist jedoch, wenn Sie ein schlechtes Geschäft machen, das heißt, wenn der Preis höher ist als der Nutzen, was bei Gary sicher der Fall war. Oft weiß man in der

Situation nicht genau, ob man ein gutes oder ein schlechtes Geschäft macht, und zuweilen ist das Abwägen von Vor- und Nachteilen auch im nachhinein subjektiv. Manchmal gibt ein Selbstschädiger am Schluß zu, daß er eine schlechte Entscheidung getroffen hat – eine, bei der die Vorteile die Kosten bzw. Risiken nicht wert waren. Die Frage ist: Wollte dieser Selbstschädiger ein schlechtes Geschäft machen?

Bewußt Risiken eingehen

Wir unterscheiden drei mögliche Ebenen der Intention in bezug auf selbstschädigendes Verhalten.[2] An dem einen Extrem sind die Selbstschädiger angesiedelt, die leiden wollen und sich deshalb absichtlich für eine Handlungsweise entscheiden, die dieses Leiden herbeiführt. Bei einer absichtlichen Selbstschädigung ist das Leid also vorgesehen und erwünscht. Am entgegengesetzten Extrem befindet sich der Selbstschädiger, der keineswegs leiden oder versagen will und sehr positive, rationale, verständliche Ziele hat – aber unglücklicherweise eine Handlungsweise wählt, die das Gegenteil von dem bewirkt, was gewollt oder beabsichtigt war. Diese ins Auge gehenden Strategien sind bereits behandelt worden. Zwischen diesen beiden Extremen stehen die Geschäfte, bei denen der Selbstschädiger – etwa Gary – Risiken und Nachteile als notwendige Begleiterscheinung eines attraktiven Vorteils akzeptiert, für den er sich entschieden hat. Bei diesen Geschäften ist der Schaden, den man sich selbst zufügt, vorhersehbar, aber nicht erwünscht.

Wenn der Preis gering und die resultierenden angenehmen Empfindungen groß sind, spricht man angemessener von einem guten Geschäft als von selbstschädigendem Verhalten. Eine Selbstschädigung liegt nur vor, wenn auch subjektiv gesehen das, was man bezahlt, mehr ist als das, was man bekommt.

Die Berechnung von Vor- und Nachteilen ist trotzdem kompliziert, denn bei vielen Verhaltensweisen treten die Vorteile sofort, der Schaden jedoch später ein. Das Zigarettenrauchen zum Beispiel ist mit sofortigen angenehmen Empfindungen verbunden, erhöht aber langfristig das Lungenkrebs- und Emphysem-Risiko. Die Berechnung wird weiter dadurch kompliziert, daß wir oft nur von wahrscheinlichen Risiken und Nachteilen sprechen können. Viele Leute rauchen jahrelang Zigaretten, ohne Krebs zu bekommen. Die nachträgliche Festlegung, ob Rauchen eine selbstschädigende Gewohnheit oder ein schöner Zeitvertreib war, wird wahrscheinlich weitgehend davon beeinflußt, ob sie Krebs bekommen oder nicht. Gary hatte mehrmals am Tag den Wunsch, eine Zigarre zu rauchen. Jede kleine Entscheidung bot ein ziemlich sicheres Ergebnis – nämlich die garantiert angenehmen Empfindungen des Rauchens – und ein höchst unsicheres – nämlich das Risiko, daß dieses Rauchen ihm am Ende schaden würde. Als er jünger war, vor seinem ersten Herzinfarkt, muß ihm die Gefahr noch weiter weg und das unmittelbare Vergnügen noch größer erschienen sein.

Bei manchen Geschäften schaden Menschen sich also letztendlich offenbar mehr, als sie sich nutzen. In diesen Fällen verhalten sie sich eindeutig selbstschädigend. Wir wollen einige dieser Fälle untersuchen. Sie weisen ein klares Muster auf. Erstens sind Vorteile sowie Schäden und Nachteile möglich, weshalb die selbstschädigenden Folgen im allgemeinen ein unerwünschtes Nebenprodukt des Strebens nach irgendeinem Vorteil sind. Zweitens treten die Vorteile meist sofort ein, die Nachteile dagegen zeitverschoben, oft weit in der Zukunft. Drittens treten die Vorteile garantiert ein, während es sich bei den Nachteilen nur um mögliche Risiken handelt.

Substanzenmißbrauch

Ein bekanntes selbstzerstörerisches Geschäft betrifft den Mißbrauch von Genußmitteln.[3] Alkohol, Tabak und viele bewußtseinsverändernde Drogen schaden erwiesenermaßen der Gesundheit. Wie Gary kennen die meisten Benutzer diese Auswirkungen, aber sie verwenden die Substanzen trotzdem, oft bis zum Exzeß. Der Konsum von Drogen ist also potentiell selbstzerstörerisch, und der Schaden, den man sich selbst zufügt, ist vorhersehbar. Auf jeder Zigarettenschachtel wird vor diesen Gefahren explizit gewarnt; die Erkenntnis, daß Rauchen der Gesundheit schadet, ist also kaum zu vermeiden.

Warum konsumieren Menschen Tabak, bewußtseinsverändernde Drogen oder Alkohol? Dafür gibt es viele Gründe; einer von ihnen (die Selbstbehinderung) wird im nächsten Kapitel erörtert. Hauptsächlich aber sorgen diese Dinge dafür, daß man sich gut fühlt. Der Verzehr von Alkohol oder anderen Drogen erzeugt angenehme Empfindungen.

Bei gewohnheitsmäßigen Konsumenten werden die angenehmen Empfindungen dadurch verstärkt, daß die Sucht gestillt wird; in wissenschaftlichen Studien wurde etwa die Behauptung von Zigarettenrauchern untersucht, Rauchen sei für sie eine wichtige Möglichkeit der Entspannung.[4] Diese Behauptung ist paradox, denn Nikotin ist ein Stimulans, weshalb es Erregung und nicht Entspannung auslösen müßte. Physiologisch ist es so, daß jemand, der eine Zigarette raucht oder auf andere Weise Nikotin aufnimmt, eine Erregung erlebt. Aber sobald er von Nikotin abhängig geworden ist, ist er auf regelmäßige Dosen Nikotin angewiesen. Wenn man ihm das Nikotin auch nur kurze Zeit nimmt – ein paar Stunden oder in manchen Fällen sogar noch weniger – hat er Entzugserscheinungen, die eine andere Form von Erregung auslösen. Das Rauchen einer Zigarette beendet die Entzugserscheinungen: er *fühlt* sich entspannt. Ein Gewohnheitsraucher, der eine Zigarette raucht, ist also im Vergleich zu einem Nichtraucher nicht entspannt; die Zigarette entspannt ihn nicht über das normale Maß hinaus. Aber im Vergleich zu einem anderen Gewohnheitsraucher, der keine Zigarette geraucht hat und deshalb Entzugserscheinungen hat, ist der erste Raucher entspannt.

Der Konsum solcher Substanzen sorgt also erstens dafür, daß man sich gut fühlt. Sein zweiter Vorteil besteht darin, daß er dazu beiträgt, der Selbsterkenntnis zu entkommen. Das Bedürfnis, unangenehme, störende oder deprimierende Gedanken zur eigenen Person zu vermeiden, liegt vielen Handlungen der Menschen zugrunde, von spirituellen Bestrebungen über Masochismus bis zum Selbstmord.[5] Einige dieser Bemühungen, die Selbsterkenntnis abzuschalten, haben eine destruktive Auswirkung auf das Selbst, wofür Substanzenmißbrauch ein klares Beispiel ist. Alkohol reduziert die Selbsterkenntnis,[6] und Rauchen möglicherweise auch. Nervöse Menschen zum Beispiel meinen, daß sie durch das Rauchen wissen, was sie mit ihren Händen anfangen sollen, und daß die Beschäftigung mit dem Rauchen dazu beiträgt, daß sie sich nicht mehr darum kümmern, ob sie schlecht aussehen oder sich dumm fühlen.[7] Über illegale Drogen ist weniger bekannt (weil ihre Benutzung aufgrund der Illegalität schwer zu erforschen ist), aber einige von ihnen haben wahrscheinlich ähnliche Auswirkungen. Substanzenmißbrauch ist also eine Form selbstzerstörerischen Verhaltens, das durch den Wunsch hervorgerufen wird, schlechte Gedanken zur eigenen Person zu vermeiden.

Substanzenmißbrauch paßt aus zwei weiteren Gründen in unser Schema selbstschädigender Tauschgeschäfte. Erstens sind die Vorteile sofort da, während die Nachteile sich erst später zeigen. Wenn Sie ein paar Gläschen picheln, fühlen Sie sich sofort gut; der Kater kommt erst morgen, und der Leberschaden oder die Zerrüttung von Karriere und Ehe werden vielleicht erst nach ein paar Jahren deutlich. Aber das Rauchen oder der Konsum von Heroin führen sofort zu angenehmen Empfindungen, während die Nachteile und Probleme sich erst nach Monaten oder sogar Jahren einstellen. Der Mißbrauch von Substanzen scheint daher in das Schema zu passen, daß langfristige Kosten und Risiken um sofortiger Befriedigung willen akzeptiert werden.

Zweitens sind die Annehmlichkeiten des Substanzenmißbrauchs ziemlich sicher, während die Nachteile oft nur wahrscheinlich sind. Rauchen garantiert nicht, daß Sie Krebs oder ein Emphysem bekommen. Ihr Leben kann im nächsten Jahr durch einen Autounfall oder einen Atomkrieg zu Ende gehen, und dann wäre es egal, ob Sie geraucht haben oder nicht. Bis dahin bereiten Ihnen eine Zigarette oder ein kleiner Drink garantiert jedesmal ein Lustgefühl. Auch hier stehen also

einem ungewissen oder zeitverschoben eintretenden selbstzerstörerischen Ergebnis klar umrissene oder sofortige Annehmlichkeiten gegenüber. Die Menschen scheinen eine
sichere Sache einer risikoreichen, unsicheren vorzuziehen,
auch wenn die erstere im Vergleich zur letzten ziemlich be-
langlos ist.

Da das schädliche Ergebnis (etwa ein früher Tod durch
Lungenkrebs) ungewiß ist, läßt sich die Rationalität der Entscheidung nur schwer einschätzen. Wenn Rauchen oder
Kokainschnupfen das Leben garantiert verkürzen würden,
könnte man solche Entscheidungen gefahrlos als schlecht bezeichnen. Aber viele Raucher und Drogenbenutzer sterben
aus anderen Gründen.

Verzögern

Das Verzögern ist eine wichtige und häufige Kategorie der
Selbstschädigung, die zur Zeit in den Blickpunkt der Forscher
gerückt ist.[8] Viele Leute schieben Dinge bis zur letzten Minute auf; wenn die letzte Minute dann da ist, stellen sie fest,
daß sie in so kurzer Zeit die Sache unmöglich gut erledigen
können. Das Hinausschieben des Projekts ist selbstschädigend, weil diese Leute sich selbst Angst und Streß und möglicherweise einen Mißerfolg einbrocken.

Wir müssen das Verzögern als Tauschgeschäft verstehen.
Verzögerer wollen sich nicht in eine verzweifelte, stressige
Situation hineinmanövrieren. Aber an jedem Tag, an dem sie
an dem Projekt arbeiten könnten, finden sie etwas anderes zu
tun, das sie lieber erledigen. Diese vielen kleinen, beiläufigen
Entscheidungen bringen sie allmählich in eine verzweifelte Situation, die von dem bedrohlich näherrückenden Termin gekennzeichnet ist. Das Verzögern kann eine Form der Selbstbehinderung sein, einer weiteren Form selbstschädigender
Tauschgeschäfte, die wir in Kapitel 5 erörtern.

Welche Vorteile bietet das Verzögern? Verschiedene. Erstens macht es ganz klar mehr Spaß, zu entspannen oder zu spielen, als an einem schwierigen Projekt zu arbeiten, weshalb unangenehme Arbeiten jeden Tag hinausgeschoben werden. Diese Erklärung ist zwar in manchen Fällen zweifellos richtig, aber nicht ausreichend. Manche Verzögerer arbeiten nämlich an anderen Projekten sehr hart, weshalb sie nicht beschuldigt werden können, zu entspannen oder sich eine schöne Zeit zu machen, anstatt zu arbeiten. Viele unserer Bekannten haben uns erzählt, daß sie die Arbeit an irgendeiner Aufgabe dadurch vermeiden, daß ihnen andere nützliche Dinge einfallen, die erledigt werden müssen, etwa die Wohnung saubermachen oder das Auto polieren.

Das Verzögern hat manchmal mit Ängsten und Unsicherheiten zu tun: Man schiebt es auf, an Dingen zu arbeiten, die bedrohliche Ängste in bezug auf die eigene Kompetenz auslösen. Das Gefühl, daß »nur mein Bestes gut genug ist«, bildet die Grundlage für jene Form der Verzögerung, die erwiesenermaßen selbstbehindernde Strategien anregt. Wie wir in Kapitel 5 ausführen, schieben Menschen eine Aufgabe oft auf, wenn die Implikationen des Scheiterns direkt mit ihrem Selbstbild verbunden sind. Dies ist zum Beispiel der Fall, wenn Schriftsteller eine Schreib-Blockade haben. Autoren stellen oft und besonders dann, wenn das Geschriebene extrem gut sein soll, fest, daß sie mit dem gerade in Arbeit befindlichen Buch oder Artikel nicht weiterkommen. Jedesmal, wenn sie sich zum Schreiben hinsetzen, produzieren sie nur Arbeit, die weniger gut als das Beste ist; der Druck, hervorragend zu sein, wird schließlich so beängstigend, daß das Ende vom Lied ein Angstanfall und nicht ein Rohentwurf ist. Verständlich, daß sie sich in einem solchen Fall plötzlich liebend gern daran erinnern, daß der Küchenboden geputzt und gebohnert werden müßte. Solange sie den Mop auf dem Küchenboden hin- und herschwenken, haben sie eine gute Entschuldigung, warum sie beim Schreiben keine Fortschritte machen; profane Aufgaben dieser Art können sogar befriedigend sein, weil der Erfolg so augenfällig ist. Wenn sie fertig sind, haben sie einen sauberen, schönen Fußboden, der ihre Anstrengung beweist. Wenn sie dagegen den Tag damit verbringen, Seite um Seite zu schreiben, nur um abends alles wieder zu zerreißen, haben sie am Schluß nichts.

Das Verzögern bietet weitere Vorteile, falls solche Ängste Sie peinigen. Der Druck, hervorragend zu sein, kann so einschüchternd wirken, daß Sie nichts, was Sie produzieren, akzeptieren können, weil es nicht gut genug ist. Wenn Sie sich jedoch verzögert haben und der Termin näherrückt, ist es plötzlich zu spät, sich darüber Sorgen zu machen, daß man etwas Tolles abliefert. Sie müssen etwas zustande bringen, und so tun Sie in der kurzen verbleibenden Zeit einfach das Bestmögliche. Mit anderen Worten: Das Verzögern nimmt den Druck, eine vorzügliche Leistung zu bringen.[9] Diese Deutung erscheint vielleicht absurd, weil der Zeitdruck den Qualitätsdruck, der das eigentliche Problem darstellt, ersetzt. Für viele Menschen ist es nicht schwierig, etwas Angemessenes zu produzieren, aber es ist schwierig und bedrückend, etwas Hervorragendes produzieren zu müssen. Wenn man dann im letzten Augenblick etwas lediglich Adäquates produziert, kann sich dies sogar wie ein Triumph anfühlen.

Sehen wir uns Celia an. Sie mußte einen wichtigen Bericht anfertigen, der in ein paar Monaten fällig war, und hatte Grund zu der Annahme, daß ihre Karriere den entscheidenden Kick bekommen würde, wenn der Bericht ausgezeichnet ausfiel. Am Anfang hatte sie einen anscheinend perfekten Grund, um nicht an dem Bericht zu arbeiten: Sie verfügte noch nicht über alle notwendigen Informationen. Ihre laufenden Pflichten beschäftigten sie voll, und deshalb schob sie es einfach auf, an den Bericht zu denken. Sie legte die ersten Unterlagen für den Bericht auf ein Regal und sagte sich, sie würde das später in Angriff nehmen, wenn alles andere fertig war. Die Daten für den Bericht trafen in kleinen Häppchen bei ihr ein, und allmählich, fast unmerklich, war sie über den Punkt hinweg, an dem sie genug hatte, um mit der Arbeit zu beginnen, und dann über den Punkt, an dem sie alles hatte, was sie brauchte. Sie ließ den Stapel weiter unberührt auf dem Regal liegen und konzentrierte sich auf ihre übrigen Pflichten.

Der Stapel wuchs nicht weiter an, und der Termin rückte näher. Wenn Celias Chef sie fragte, wie es mit dem Bericht ging, empfand sie einen Augenblick lang ängstliche Unruhe, antwortete aber mit einem breiten Lächeln, daß sie gerade alle notwendigen Informationen bekommen hatte und fast soweit war, um mit dem Schreiben zu beginnen. Ihr Chef erinnerte sie freundlich daran, wie wichtig der Bericht war und wie nützlich er für ihre Karriere sein würde, aber anstatt sie zu beruhigen, löste dies bei ihr Nervösität und Sorge aus. Sie arbeitete härter als üblich an ihren normalen Aufgaben.

Als der Termin näherrückte, zwang sie sich, bei verschiedenen Gelegenheiten den Stapel vom Regal zu nehmen. Sie sichtete und sortierte die Informationen und fragte sich, wie sie am besten anfangen sollte. Aber dann kam ein Telefonanruf oder eine andere Ablenkung, und sie legte die Unterlagen auf das Regal zurück und widmete sich anderen Dingen. Obwohl sie immer verärgert oder frustriert schien, fühlte sie sich insgeheim erleichtert. Wenn irgend jemand nachfragte, konnte sie aufrichtig antworten, daß sie an dem Bericht gearbeitet hatte, daß er Fortschritte machte und rechtzeitig fertig sein würde.

Als man sie mit der Abfassung des Berichts beauftragt hatte, war sie zunächst geschmeichelt und aufgeregt gewesen, vor allem wegen des potentiellen Nutzens für ihre Karriere. Diese positiven Gefühle waren jedoch inzwischen vergangen. Der Druck, einen hervorragenden Bericht abzuliefern, schüchterte sie ein, und sie machte sich Sorgen, was geschehen würde, wenn er mißriet. Ihre anfängliche Aufregung war von ihrem Mann Bob geteilt worden, aber jetzt hatte sie das Gefühl, daß seine Unterstützung und seine Ermutigung sie noch weiter belasteten. Wenn sie nicht einen Super-Bericht ablieferte, würde sie auch ihn enttäuschen. Er fragte sie gelegentlich, wie es mit dem Bericht ging, und sie hatte dann das Gefühl, daß er sie drängte und unterminierte. Ihre knappen Antworten hielten ihn bald davon ab, den Bericht zu erwähnen. In der Zwischenzeit überschlug sie zum wiederholten Male, wie lange sie wirklich brauchen würde, um den Bericht zu schreiben, und kam jedesmal zu dem Schluß, daß sie nicht unbedingt heute anfangen müßte, daß sie immer noch genügend Zeit für ihn hätte.

Celias Verzögerungstaktik hatte vorhersagbare Folgen. Sie begann erst, ernsthaft an dem Bericht zu arbeiten, als der Termin kurz bevorstand. Sie hatte sich ihren eigenen Berechnungen nach gerade genug Zeit gelassen; aber weil sie unterschätzt hatte, wie lange die Arbeit dauern würde (was Menschen regelmäßig tun), stellte sie fest, daß sie einfach nicht genug Zeit hatte. Es ergab sich, daß ihr noch ein paar notwendige Informationen fehlten, weshalb das Projekt aufgehalten wurde, während sie sie einholte. Sie ging zu ihrem Chef und bat um eine Terminverlängerung; als Grund für den unerwarteten Aufschub führte sie die fehlenden Informationen an. Ihr Chef stimmte zu, war aber ganz klar verärgert. Zu dem Zeitpunkt dachte sie an den Bericht nicht mehr als an etwas, das ihre Karriere ankurbeln konnte; sie versuchte nur noch, ein Desaster zu vermeiden. Zum zweiten Termin lieferte sie den Bericht ab, aber sie hatte sich eine Woche lang nicht die Haare gewaschen, nicht richtig gegessen und nicht richtig geschlafen. Der Bericht war ausreichend, aber eindeutig kein Meisterstück, und die erhoffte Beförderung fand nicht statt. Trotzdem empfand sie bei der Abgabe Erleichterung und ausgeprägten Stolz darauf, ihn überhaupt fertigbekommen zu haben. Sie und ihr Mann feierten sogar ein bißchen, obwohl sie eine gute Karrierechance vertan hatte.

Nicht-Beachtung ärztlicher Empfehlungen

Selbstschädigende Geschäfte finden sich auch in der Gesundheitspsychologie, genauer in der Art, wie Menschen auf die von ihrem Arzt empfohlenen Behandlungen und Medikamente eingehen. Ärzte vermuten seit langem, daß viele Patienten nicht alle vorgeschriebenen Medikamente einnehmen, sich nicht wie vorgeschrieben ausruhen und auch anderen ärztlichen Empfehlungen nicht folgen. Neuere Untersuchungen haben die erschreckende Mißachtung professioneller Fürsorge und Empfehlungen bestätigt. In verschiedenen Studien ergab sich, daß die Befolgung ärztlicher Anordnungen von 82 % (was auch nur vier von fünf Patienten sind) bis 20 % reicht.[10] Nur ungefähr 75 % der Termine mit Ärzten werden eingehalten, und wenn jemand anders (etwa ein Partner oder ein Elternteil) den Termin ausmacht, erscheint ungefähr die Hälfte der Patienten nicht. Und auch nur ungefähr die Hälfte aller Patienten hält langfristige Behandlungsprogramme ein.[11]

Warum wird der Rat des Arztes nicht angenommen?

Die Befolgung ärztlicher Vorschriften wird von verschiedenen Faktoren beeinflußt. Wichtig sind zum Beispiel Häufigkeit und Schwere der Symptome. Behandlungen, die schmerzende, lästige oder störende Symptome beseitigen, werden im allgemeinen gut befolgt. Patienten, die ihre Symptome als unerträglich betrachten, wollen behandelt werden und befolgen die Vorschriften im allgemeinen. Wenn jedoch die Symptome nicht so unangenehm sind, werden Vorschriften sehr viel weniger eingehalten, auch wenn die Krankheit schwer ist.[12]

Aus der Sicht der Verhaltenspsychologie sind also die Krankheiten am gefährlichsten, bei denen die Patienten sich *nicht* krank fühlen, weil Menschen mit solchen Krankheiten es am ehesten vernachlässigen, ihre Medikamente einzunehmen oder den Anordnungen des Arztes zu folgen. Das gleiche geschieht, wenn ein verordnetes Medikament die Symptome schnell zum Abklingen bringt, das ihnen zugrundeliegende Problem sich aber erst im Lauf der Zeit auflöst. Die Patienten nehmen das Medikament, bis sie sich besser fühlen, und hören dann damit auf. Sie sind nicht geheilt, und das Problem taucht wieder auf. Manchmal treten auch Symptome auf, die mit der Krankheit überhaupt nichts zu tun haben, aber trotzdem unterbrechen die Patienten die Behandlung, sobald die Symptome verschwinden – was im Umgang mit einer schweren Krankheit ein sehr gefährliches Verhaltensmuster ist.

Wichtig ist auch, wie unangenehm die Behandlung selbst ist. Behandlungen, die schmerzhaft oder sonstwie unangenehm sind, werden am ehesten nicht befolgt. Die Zahnvorsorge ist dafür ein gutes Beispiel. Die meisten Menschen schätzen ihre Zähne, und ihnen ist klar, daß eine professionelle Zahnvorsorge das Beste für sie wäre. Aber sie assoziieren einen Zahnarztbesuch mit Schmerzen und Unbehagen – Bohren, Klammern, Vibrieren und dem Finger eines anderen Menschen im Mund – und vermeiden solche Besuche so lange wie möglich.

Auch wenn die Behandlung nicht schmerzhaft ist, wird sie wegen der Kosten an Zeit und Geld möglicherweise vermieden. Kostspielige Behandlungen werden weniger befolgt als erschwingliche, zeitaufwendige weniger als schnelle. Sogar chronisch kranke Patienten erscheinen zu Terminen, die ihre tägliche Routine stören, weniger oft als zu bequemeren Behandlungen.[13]

Genieße heute, zahle morgen

Ziemlich oft mißachten Menschen also den Rat ihres Arztes und befolgen Behandlungsvorschriften nicht. Dies kann buchstäblich selbstzerstörerisch sein, denn schwere gesundheitliche Schäden können die Folge sein. Die Gründe für diese Widersetzlichkeit entsprechen den Verhaltensmustern, die wir bereits gesehen haben. Menschen ziehen kurzfristige, unmittelbare Vorteile langfristigen Risiken oder Kosten vor. Die ärztlichen Empfehlungen werden oft nicht befolgt, weil man unmittelbare Schmerzen, Beschwerden oder Unannehmlichkeiten vermeiden oder Zeit oder Geld sparen will. Wenn die kurzfristigen Vorteile groß sind – etwa Schmerzen oder lästige Symptome sofort gelindert werden –, befolgen die Patienten die Ratschläge in hohem Maße. Aber wenn der kurzfristige Nutzen für sie neutral oder aversiv ist (zum Beispiel bei schmerzhaften Behandlungen), kommen sie Ratschlägen eher nicht nach. Sie akzeptieren die langfristigen Gefahren, um kurzfristig Linderung, Befreiung oder Sicherheit zu verspüren.

In vielen Fällen akzeptieren Menschen auch ein erhöhtes langfristiges Risiko, wenn ihnen dafür das kurzfristige Ergebnis sicher ist. Das Essen salziger oder stark cholesterinhaltiger Nahrungsmittel oder das Trinken von Alkohol werden, auch wenn sie vom Arzt verboten wurden, fast sicher kurzfristig ein gewisses Vergnügen bereiten. Die negative Seite der Nichtbefolgung solcher Anordnungen besteht im erhöhten Risiko für schwere Krankheiten oder Tod. Wie bei den bereits genannten Beispielen für Tauschgeschäfte scheinen Menschen das ungewisse Ergebnis zu ignorieren, auch wenn es gravierend sein *könnte*.

Eine abschreckende Illustration dieser Mißachtung findet sich in neueren Untersuchungen über Hautkrebs. Zu Beginn dieses Jahrhunderts wollten die Mitglieder der vornehmen weißen Oberschicht Sonnenbräune vermeiden, weil sonnengebräunte Haut bei Leuten üblich war, die mit ihren Händen arbeiteten. Als jedoch Tennis und andere Außen-Sportarten in Mode kamen, kehrte diese Präferenz sich – auch aufgrund anderer Faktoren – um, so daß in den 50er Jahren wohlhabende Weiße auf eine tiefe Sonnenbräune aus waren. In den 70er Jahren wurden die mit der Sonnenbräune zusammenhängenden Gefahren – insbesondere Hautkrebs, der tödlich sein kann – immer klarer. Trotzdem sehen Sie bei heißem Wetter an fast jedem Strand, wie die Leute in der Sonne liegen und ungeachtet der Gefahren versuchen, die Farbe ihres Körpers zu verändern.

Der Wunsch, schön braun zu werden, ist nicht allzu überraschend. Die Bereitschaft von Menschen, kleine, weit in der Zukunft liegende Risiken zu akzeptieren, um einen sicheren, kurzfristigen Gewinn einzustreichen, ist in diesem Kapitel immer wieder aufgezeigt worden. Überraschender ist, daß viele Menschen auch dann nicht zu lernen scheinen, wenn sie schon mit einer tödlichen Krankheit in Berührung gekommen sind. In einer kürzlichen Untersuchung von 1000 wegen Hautkrebs operierten Menschen stellten die Forscher fest, daß über ein Drittel von ihnen immer noch keinen Sonnenschild verwendete, und ein Viertel von ihnen war zum ungeschützten Sonnenbaden zurückgekehrt. Der Tauschhandel wurde von einem Arzt erkannt, der die Einstellung dieser Menschen (meist Frauen) so zusammenfaßte: »Hautkrebs ist ein zu kleines Problem, als daß man deshalb das Sonnenbaden aufgeben würde.«[14] Aufgrund der erhöhten Rückfallgefahr scheint das Eingehen des Risikos bei diesen Menschen besonders töricht. Auch wenn der Hautkrebs nicht tödlich ist, kann seine Auswirkung auf das Aussehen die durch die Bräune gewonnene Attraktivität aufwiegen. Wie bei vielen selbstschädigenden Tauschgeschäften zahlen die, die nur das Heute genießen wollen, am Schluß vielleicht einen hohen Preis für ihre Entscheidungen.

Der Preis dafür, das Gesicht zu wahren

Beschäftigen wir uns jetzt mit einer Form selbstschädigenden Verhaltens, die im Zusammenhang mit Verlegenheit und Rachegelüste entsteht. Rache tritt in vielen Formen und Stärken auf, und in Kapitel 6 konzentrieren wir uns auf die sogenannte Pyrrhus-Rache. Im Augenblick jedoch möchten wir Rache ganz allgemein erörtern.

Menschen wollen es tunlichst vermeiden, schlecht dazustehen. Sie hassen es, das Gesicht zu verlieren. Wenn etwas droht, sie schlecht aussehen zu lassen, werden sie sehr ärgerlich und bemühen sich sehr, den Gesichtsverlust zu verhindern oder den Schaden für ihr Image zu reparieren. Zur Erreichung dieses Ziels akzeptieren sie erhebliche Kosten, die manchmal so enorm werden können, daß die Reaktion irrational, unklug und sogar selbstschädigend erscheint.

Ihr erstes Ziel besteht darin, alles zu stoppen, was den Gesichtsverlust verursacht. Greifbare, auch finanzielle Verluste werden akzeptiert, um eine peinliche Situation sofort zu beenden. In manchen Forschungsstudien zum Beispiel wurde den Testpersonen gesagt, es ginge darum, ihre stimmlichen Muster zu analysieren, was aber nicht der Wahrheit entsprach und nur als Vorwand dafür diente, die Stimme auf Tonband aufzunehmen.[15] Die Testpersonen wurden dann gebeten, ein schmalziges und peinliches Lied, etwa »Ich habe die Liebe gesehn«, ohne Begleitung zu singen, während ein Forscher sie beobachtete und aufnahm. Den Testpersonen wurde gesagt, daß ihre Bezahlung von der Anzahl der von ihnen gelieferten Daten abhing – also davon, wie lange sie sängen. Sie hatten also einen finanziellen Anreiz, um langsam zu singen und das Lied auszuwalzen. Statt dessen jedoch sangen viele Testpersonen so schnell wie möglich, um die peinliche Situation hinter sich zu bringen. Ob es sich hier um ein gutes oder ein schlechtes Geschäft handelt, läßt sich schwer sagen, aber es ist trotzdem überraschend, daß Menschen ihre ursprünglichen Ziele (in diesem Fall, Geld zu verdienen) aufgeben und einen Verdienst opfern, um das vorübergehende Gefühl der Verlegenheit zu vermeiden.

Die Existenz der Vereinigten Staaten als unabhängige Nation kann zum Teil auf diese Art selbstschädigenden Verhaltens zurückgeführt werden. Die Briten provozierten den Revolutionskrieg weitgehend, weil es um die Wahrung ihres Gesichts ging – aus Rache für Demütigung. Als die Konflikte mit den amerikanischen Siedlern eskalierten, rechneten einige britische Experten überzeugend vor, daß man mit Gewalt nichts gewinnen würde. Sie wußten, daß sie am Ende verlieren würden, auch wenn sie den Krieg *gewännen*, denn kein sich aus einem Sieg über die amerikanischen Kolonien ergebender Vorteil würde den ebenfalls entstehenden Verlust des Handels und des guten Willens kompensieren. Selbst ein erfolgreicher Krieg würde also ein reines Verlustgeschäft sein. Aber sie konnten die Demütigung nicht verdauen, daß ihr Prestige und ihre Autorität durch das Gesindel in den Kolonien geschwächt wurden. Das Bedürfnis, ihre Macht und ihren Status zu behaupten, führte die Briten in einen Krieg, der sie teuer zu stehen kam.[16]

Ähnliche Muster gelten auf individueller Ebene. Wenn jemand dafür sorgt, daß Sie das Gesicht verlieren, werden Sie sich wahrscheinlich irgendwie rächen. Auch in diesem Fall haben Untersuchungen gezeigt, daß Menschen sehr weit gehen und greifbare Verluste hinnehmen, um mit jemandem abzurechnen.[17] Entscheidend scheint oft zu sein, wie sehr Menschen das Gesicht zu verlieren glauben. Wenn jemand Ihnen

Schwierigkeiten gemacht oder Sie Geld gekostet hat, sind Sie vielleicht wütend und versuchen, es ihm heimzuzahlen, aber wahrscheinlich werden Sie dabei nicht noch mehr eigene Ressourcen verlieren wollen. Wenn der Betreffende Sie jedoch vor anderen gedemütigt hat, werden Sie sehr viel eher bereit sein, um der Rache willen Verluste und Opfer zu akzeptieren. Wenn unangenehme emotionale Verfassungen – Wut etwa und Erniedrigung – dadurch ausgelöst werden, daß jemand Sie schlecht aussehen ließ, werden Sie also auf Vergeltung aus sein, auch wenn es Sie selbst sehr viel kostet.

In den eben erwähnten Untersuchungen waren kurzfristige Ziele entscheidend: man wollte die Ursache der Peinlichkeit beenden, den Schaden fürs eigene Image durchkreuzen und mit der Person abrechnen, die für den Gesichtsverlust verantwortlich war. In manchen Fällen brachten Menschen Opfer, um vor völlig Fremden, die sie wahrscheinlich nie wiedersehen würden, nicht schlecht dazustehen, und verzichteten auf Geld, das sie für zukünftige Vergnügungen oder Vorteile hätten benutzen können. Auch diese Ergebnisse passen in das Muster, daß kurzfristige Ziele gegenüber langfristigen vorgezogen werden. Ursache dafür ist zum einen, daß das Selbst auf unangenehme Weise im Mittelpunkt steht, zum anderen die stark aversiven emotionalen Verfassungen Wut oder Verlegenheit. (Wir sprechen hier von der Rache für kürzliche Beleidigungen durch Erwachsene. In Kapitel 6 erörtern wir, wie Menschen die Selbstschädigung benutzen, um sich für während der Kindheit erlittene Kränkungen zu rächen.)

Der berühmt-berüchtigte Fall von Jean Harris ist ein gutes Beispiel für die selbstschädigenden Exzesse, in die ein Mensch hineingezogen werden kann, wenn er nach einer Demütigung Rache sucht. Harris, die Leiterin einer angesehenen Privatschule, hatte eine langfristige Beziehung mit Herman Tarnower, einem Arzt, der wegen der Entwicklung der sogenannten Scarsdale-Diät bekannt wurde. Er begann, sich mit einer anderen Frau zu verabreden, die jünger als Harris war, und bald sah es so aus, als ob er seine Beziehung zu Harris abbrechen würde, um sich der anderen Frau zu widmen. Verlegen und erniedrigt wegen dem, was die Leute von ihr denken könnten, war Harris zunehmend beunruhigt über die Situation und kam schließlich zu dem Schluß, daß sie keine Chance hatte, Tarnower zurückzugewinnen, woraufhin sie ihn erschoß. Sie wurde des vorsätzlichen Mordes überführt und zu fünfzehn Jahren Haft verurteilt.[18]

Was hatte Harris erreicht? Sie hatte sich für ihre Erniedrigung durch Tarnower gerächt – dafür, daß er sie zugunsten einer anderen Frau fallengelassen hatte. Aber diese Rache kostete sie enorm viel. Der Mann, den sie liebte, war tot, und sie ging ins Gefängnis. Ihre Chancen, Liebe zu finden – auch mit irgendeinem anderen Mann – waren wahrscheinlich für immer vorbei; ihre Karriere und ihr Liebesleben waren also durch einen Augenblick wütender Leidenschaften zerstört worden.

Auch hier entsteht das selbstschädigende Verhalten aus dem Wunsch heraus, schlechte Gefühle zum eigenen – in diesem Falle öffentlichen – Selbst zu vermeiden. Der Gedanke, daß andere über einen lachen oder einen negativ betrachten, ist quälend. Damit dies nicht geschieht, werden Menschen sich rächen wollen, auch wenn sie dafür einen hohen Preis bezahlen müssen. Der hohe Preis macht dieses Verhalten selbstschädigend.

Schüchternheit

Auch Schüchternheit ist ein Beispiel für ein selbstschädigendes Tauschgeschäft. Fast jeder hat sich irgendwann einmal schüchtern gefühlt, und zwei von fünf Menschen beschreiben sich als schüchtern.[19] Schüchternheit ist verschieden definiert worden, aber die meisten Definitionen verbinden ein unangenehmes Gefühl (etwa soziale Angst) mit Verhaltenstendenzen, andere Menschen zu vermeiden oder sich aus sozialen Situationen zurückzuziehen.[20]

Schüchterne Menschen sind keine überzeugten Einzelgänger oder zufriedenen Introvertierten. Die meisten schüchternen Menschen wollen zweifellos mit anderen auskommen, Freunde und Intimpartner haben und Nähe erleben. Aber aufgrund ihrer Angst vor Ablehnung gehen sie oft das Risiko, andere kennenzulernen, nicht ein. Sie fürchten einen schlechten Eindruck zu machen und Ablehnung, Demütigung, Ächtung und Angst zu erleben.[21] Ihnen ist schmerzlich bewußt, wie andere sie wahrnehmen, und sie fürchten ständig, daß andere sie in einem schlechten Licht sehen. Schüchterne Menschen konzentrieren sich daher darauf, alles zu vermeiden, was Ablehnung oder Verlegenheit hervorrufen könnte. Wenn sie mit anderen interagieren müssen, werden sie nicken und lächeln, aber nichts sehr Persönliches offenbaren. Wenn eine Interaktion nicht verlangt wird, vermeidet der schüchterne Mensch andere oft und zieht sich aus sozialen Situationen zurück.

Schüchternes Verhalten ist deshalb selbstschädigend, weil schüchterne Menschen ihre Chance zunichte machen, anderen näher zu kommen. Man kann anderen nur näherkommen, wenn man auf sie zugeht und sich mitteilt, aber schüchterne Menschen gehen nicht auf andere Menschen zu, weil sie Angst haben, abgelehnt zu werden. Sie riskieren es nicht, verletzt zu werden. Infolgedessen sind schüchterne Menschen im Vergleich zu nicht-schüchternen Menschen am Schluß relativ einsam, haben relativ wenig sexuelle Erfahrungen und wenige nahe, langfristige Liebesbeziehungen.[22] Schüchterne Menschen sind oft unglücklich wegen ihrer Isolation, auch wenn sie sie sich selbst eingebrockt haben.

Ein sekundäres Problem besteht darin, daß schüchterne Menschen adäquate soziale Fertigkeiten oft nicht entwickeln. Eine Reihe von Untersuchungen hat gezeigt, daß schüchterne Menschen in sozialen Situationen unbeholfener oder weniger gewandt sind. Zum Beispiel brauchen sie länger, um eine Unterhaltung mit anderen zu beginnen, als nicht-schüchterne Menschen. Wenn sie sich unterhalten, sagen sie weniger, stellen weniger Augenkontakt her, zeigen weniger Emotionen in ihrem Gesicht und lächeln weniger. All dies vermindert die Botschaft der Herzlichkeit und des Interesses, die andere Menschen ermutigt, sie kennen- und mögen zu lernen.

Infolgedessen setzt die Schüchternheit sich oft ins Unendliche fort. Wenn Sie ein schüchterner Mensch sind, haben Sie wahrscheinlich oft eine überwältigende Angst vor sozialer Ablehnung, und deshalb neigen Sie dazu, andere Menschen zu meiden. Leider verhindert dieses Vermeidungsverhalten, daß Sie lernen, wie Sie Freundschaft schließen und anderen nahe kommen können. Es wird zu einem Teufelskreis.

Das Tauschgeschäft bei schüchternem Verhalten besteht daher häufig darin, daß die langfristigen Befriedigungen, die Intimität und Freundschaft bieten, um der kurzfristigen Sicherheit vor Angst und Ablehnung willen geopfert werden. Im Verlauf der Zeit erkennt man vielleicht, daß dieses Verhalten ein Fehler ist. Aber die Schüchternheit paßt in das nun nunmehr vertraute Schema selbstzerstörerischer Tauschgeschäfte: die Vorteile hat man sofort, während die Nachteile erst langfristig deutlich werden.

Die Spannung zwischen möglichen und definitiven Ergebnissen besteht auch im Fall der Schüchternheit. Das Vermeiden anderer führt ziemlich zuverlässig zu emotionaler Sicherheit, zumindest kurzfristig. Das Zugehen auf andere macht nervös, ängstlich oder besorgt, aber ein Rückzug garantiert, daß man vor solchen Empfindungen sicher ist. Andererseits geht man hauptsächlich deshalb auf andere zu, besucht eine Party oder nimmt an sozialen Situationen teil, weil man dadurch die Chance hat, anderen zu begegnen und Freundschaften zu schließen, eine Chance, die zu einer befriedigenden Intimität führen kann. Dies ist natürlich nur eine Chance; die meisten sozialen Begegnungen führen nicht zu intimen Beziehungen, auch wenn sich niemand schüchtern verhält. Auch hier liegt also ein selbstschädigendes Tauschgeschäft vor, bei dem ein sicherer unmittelbarer Vorteil einem möglichen zukünftigen Nachteil vorgezogen wird.

Die Ironie besteht darin, daß schüchterne Männer und Frauen andere Menschen sowie soziale Situationen vermeiden, um sich sicher und angstfrei zu fühlen, aber langfristig bedeutet das soziale Vermeiden im allgemeinen, daß sie einsam sind, was es ihnen schwerer macht, sich sicher zu fühlen und Angst zu vermeiden. Schüchternheit ist eine selbstschädigende Methode, um sich selbst zu schützen. Im folgenden Kapitel beschäftigen wir uns mit einer anderen unangebrachten Selbstschutzstrategie, dem Sich-selbst-Behindern.

5

Sich selbst behindern

Dazu hat der Teufel mich getrieben.
– Flip Wilsons Kennzeile für einen seiner Charaktere.

Ein beliebter literarischer Kunstgriff zur Darstellung menschlicher Schwächen besteht darin, etwas Nicht-Menschlichem menschliche Züge zu verleihen. Aesop benutzte dieses Hilfsmittel, um das menschliche Wesen zu porträtieren und Lebensregeln vorzuschlagen. Eine seiner berühmtesten Fabeln warnt vor der Hybris, die zu Arroganz oder Prahlerei führt, wenn Menschen mit Talenten, Reichtümern oder Erfolgen gesegnet sind.

Die Fabel beschreibt einen Wettlauf zwischen zwei sehr ungleichen Konkurrenten. Der Hase hatte die Schildkröte lange gehänselt, sie sei zu langsam. Die Schildkröte, die den Spott des Hasen zunächst ignorierte, wurde schließlich dazu aufgestachelt, ihn zu einem Wettrennen herauszufordern. Der Hase hielt die Herausforderung zunächst für einen Witz, aber die Schildkröte bestand auf dem Wettkampf, und also rannten sie los. Der Hase, der sich durch seine Konkurrentin nicht bedroht fühlte, beschloß, unterwegs eine Pause einzulegen, und schlief ein. So konnte die unermüdliche, hartnäckige Schildkröte den Sieg davontragen. Die Moral: Mit Langsamkeit und Stetigkeit gewinnt man das Rennen.

Außer daß Aesops Fabel eine wichtige Lektion über den Wert der Beharrlichkeit und den Preis der Arroganz vorstellt, könnte sie sehr viel über Selbstschädigung aussagen, wenn sie sich auf die *Herausforderung* der Schildkröte und nicht nur auf die Arroganz des Hasen konzentriert hätte. Man sollte glauben, daß die Schildkröte auf den Spott des Hasen unter normalen Umständen mit Demütigung und Schmerz hätte reagieren müssen. Oder etwa doch nicht? In Wirklichkeit war die Schildkröte, die eine offensichtlich absurde – möglicherweise selbstschädigende – Herausforderung an den Hasen richtete, in einer Situation, in der sie nicht verlieren konnte. Hasen sind von Natur aus schnell, während Schildkröten von Natur aus langsam sind; wen hätte es also gekümmert, wenn die Schildkröte verlor? Jeder David, der gegen einen Goliath auszieht, betet um einen überraschenden Sieg, aber nur wenige rechnen damit, ihren Gegner zu überwinden, und die meisten sind nicht beunruhigt, wenn sie verloren haben.

Wenn man andererseits den Hasen betrachtet, ergeben sich ein paar Fragen: Welche psychischen Vorteile könnte es ihm verschaffen, gegen jemanden anzutreten, der ihm so offenkundig unterlegen ist wie die Schildkröte? Kann es Ihr Kompetenzimage aufmöbeln, wenn Sie in einem ungleichen Kampf gewinnen? Wohl kaum. Deshalb hatte der Hase bei einem Wettstreit dieser Art alles zu verlieren und nichts zu gewinnen. Die gegen einen überstarken Gegner antretende Schildkröte dagegen hatte – in Hinblick auf die psychischen Vorteile – alles zu gewinnen und nichts zu verlieren, denn ihr Widersacher mußte schon siegen, um sein Gesicht zu wahren.

Sich selbst behindern – die Schuldfrage verschleiern

Paradoxerweise hätte der Hase bei einem Wettlauf gegen einen Gegner wie die Schildkröte sein Selbstwertgefühl nur verstärken können, wenn er eine *andere* selbstschädigende Strategie eingeschlagen hätte als die, die er in Aesops Fabel wählte. Um auf einer psychischen Ebene zu gewinnen, hätte er seine Gewinnchancen vor Beginn des Rennens einschränken müssen, nicht mittendrin. Wenn der Hase das Rennen mit zusammengebundenen Füßen oder einem schweren Gewicht auf dem Rücken absolviert hätte, hätte er ganz klar nicht seine beste Laufleistung bringen können. Solche selbstauferlegten Behinderungen des Erfolgs sind zwar selbstzerstörerisch, bieten aber oft bedeutende psychische Vorteile.

Wenn Sie irgendeine Prüfung Ihrer Kompetenz unter nicht-optimalen Bedingungen ablegen, können Sie erstens behaupten, daß äußere Faktoren Ihre angeborenen Fäkhigkeiten behindedert haben. Wenn Sie selbst Ihre Anstrengungen durch eine Belastung einschränken, können Sie für jeden Mißerfolg diese Belastung verantwortlich machen: ohne sie wäre das Ergebnis ganz anders ausgefallen. Und wenn Sie trotz der Behinderung durch äußere Umstände den Sieg davontragen, schätzen man Ihre Talente nur um so höher ein. Diese Strategie, das Selbstwertgefühl durch Selbstschädigung zu heben, wird als Selbstbehinderung bezeichnet.[1]

Selbstbehinderung wurde ursprünglich definiert als »jede Handlung oder Wahl eines Leistungskontexts, die die Möglichkeit erhöht, einen Mißerfolg zu externalisieren (bzw. zu entschuldigen) und einen Erfolg zu internalisieren (zu Recht Anerkennung für ihn zu bekommem).«[2] Genauer gesagt handelt es sich um jede Taktik, die den Kontext, in dem Beurteilungen stattfinden, so strukturiert, daß die Bedeutung der Testergebnisse verdunkelt oder eine Einschätzung der Kompetenz oder des Könnens (etwa Prüfungen oder andere Beurteilungen) sinnlos werden. Die (in Wirklichkeit arrangierten) Situationen, in die ein Selbstbehinderer »hineingerät«, sehen schmerzlich oder problematisch aus, stärken aber paradoxerweise sein positives Kompetenzimage bzw. sein Selbstswertgefühl.

Die Selbstbehinderung funktioniet so: Entweder der Selbstbehinderer findet oder erschafft Hindernisse, die eine erfolgreiche Leistung weniger wahrscheinlich machen, oder er reduziert seine Anstrengun, damit ein Mißerfolg wahrscheinlicher wird.[3] In beiden Fällen wird die Richtigkeit nachfgolgender Beurteilungeng verdunkelt; wahren Fähigkeiten des Selbstbehinderers können nicht eingeschätzt werden, weil äußere Faktoren (etwa Behinderungen oder mangelnde Anstrengung) sie verbergen. Durch die Schaffung dieser Zweideutigkeit bei der Beurteilung kann der Selbstbehinderer das positive Kompetenzimage behalten, das er vor der Beurteilung hatte.

Der ungewöhnliche Selbstschädigungsstil von Selbstbehinderern wurde – nach der besonders durch Goethe bekanntgewordenen literarischen Figur – als »Faust-Pakt«[4] bezeichnet. Wie Faust schließen viele Selbstbehinderer einen Pakt mit dem Teufel ab: Sie versuchen, ihr Kompetenzimage in der Gegenwart zu schützen, und machen sich wegen der Folgen ihres strategischen selbstschädigenden Verhaltens erst später Sorge. Außerdem halten sie die Folgen ihres Geschäfts oft für umkehrbar: Sie meinen, sie könnten ihr selbstschädigendes Verhalten irgendwann in der Zukunft abstellen, und dann würden ihre Fähigkeiten wieder leuchtend zum Vorschein kommen.

Methoden der Selbstbehinderung

Alkohol ist eins der häufigsten Hilfsmittel zur Selbstbehinderung, weil seine Auswirkungen so vergänglich sind.[5] Noch wichtiger ist, daß seine Folgen bekannt sind und von anderen gesehen werden können. Extrem Alkoholisierte können ihre Anstrengungen völlig zurücknehmen, indem sie zum Beispiel bei einer Aufgabe abschalten oder sich mittels Verzögerung nicht genügend vorbereiten.[6] Selbstbehinderer können ihr Selbstwertgefühl schützen, indem sie unter dem Einfluß von Alkohol eine Pause von Leistungsanforderungen machen. Ihre Inaktivität macht einen Mißerfolg wahrscheinlich; sie tun einfach nicht das, was für einen Erfolg notwendig ist – oft die beste Methode, um Schaden fürs Selbstbild zu vermeiden. Egal welches Hinderungsmittel benutzt wird – Alkohol oder irgendein anderer »Teufel«, der sie zu »ihm« treibt –, das Ziel besteht darin, persönliche Fehler mit etwas anderem zu entschuldigen als sich selbst.

Jennifer, die 32jährige Leiterin der Kreativ-Abteilung einer Bostoner Werbeagentur, wurde mit der Diagnose einer

»atypischen Depression« hospitalisiert. Die Behandlung ergab, daß sie zwar eindeutig an depressiver Stimmung, Erschöpfung, Denk- und Konzentrationsstörungen litt, ihre Hauptstörung aber eine Selbstbehinderung war. Der ungewöhnliche Gebrauch, den diese Frau von ihrer depressiven Symptomatologie machte, wurde erklärlich, als sich herausstellte, daß alle Anzeichen der Trauer und Zerstreutheit jeden Abend um 6 Uhr verschwanden. Ihr Mann berichtete, daß sie vor ihrer Einlieferung ins Krankenhaus »von neun bis fünf ein hilfloses Baby war, und wenn ich dann von der Arbeit zum Abendessen nach Hause kam, war sie die ganze Nacht lang wie eine liebeshungrige Nymphomanin.« Obwohl zur Diagnostizierung einer Depression ein Verlust der Libido und des Appetits nicht notwendig sind, gehören sie zu den offensichtlichsten und verbreitetsten Symptomen dieser Störung. Außerdem muß die Unpäßlichkeit eines Patienten längere Zeit anhalten (zwei Wochen oder mehr). Die merklich gesteigerte Lebensfreude nach dem traditionellen Arbeitsende war nichts anderes als eine psychiatrische Anomalie inmitten der wirklich auf eine Depression hinweisenden Symptome.

Jennifer war depressiv geworden, nachdem sie vor acht Monaten einen dem Oskar oder Emmy vergleichbaren Preis der Werbeindustrie gewonnen hatte. Obwohl die Auszeichnung sie zunächst in Hochstimmung versetzt hatte, war sie mit der Zeit, als Ehren und Arbeitsangebote sie überschwemmten, ängstlich und introvertiert geworden. Als ihre Firma auf die Versuche, sie abzuwerben, mit mehr Geld und anderen Vergünstigungen reagierte, versank Jennifer tiefer in ihrer Malaise. Sie begann, Besprechungen zu versäumen und Verabredungen zu vergessen, und schließlich sorgte sie sich, daß sie keine Werbekampagnen mehr entwerfen könnte, »weil meine Muse mich verlassen hat«. Manchmal löste diese Not öffentlich und privat Tränen aus, und schließlich wurde sie so depressiv, daß sie sich weigerte, überhaupt zur Arbeit zu gehen, und im Schlafanzug zu Hause blieb.

Jennifer sah ein, daß sie ihre Depression als selbstschädigende Strategie einsetzte, als sie während einer Therapiesitzung erklärte: »Wenn ich je wieder in der Lage sein sollte [in ihre Agentur] zurückzugehen, wird ihnen hoffentlich klar werden, daß der Grund für diese Gemütskrankheit ist, daß ich eine Zeitlang keine Auszeichnung bekommen möchte.« Als sie gebeten wurde, zu erklären, was sie damit meinte, sagte sie: »Sie kennen die Geschäftswelt: Da heißt es immer ›Was haben Sie jüngst für uns getan?‹. Ohne meine Depression würde ich jetzt versagen; mit ihr bin ich ein Erfolg ›auf Eis‹, bis sie vorbei ist, und wer weiß, wie lange das dauern wird? Ich bin lieber als Versager ein Erfolg, als überhaupt keinen Erfolg zu haben.«

Selbstbehinderung als Spekulationsobjekt

Es gab eine Zeit in der amerikanischen Gesellschaft, in der Jennifer und andere, die Symptome benutzen, um die Belastung übermäßiger Leistungserwartungen zu vermeiden, nicht unbehelligt von Kritik davongekommen wären. Wer an einer psychiatrischen Störung wie einer Depression litt, wurde früher an den Pranger gestellt. Auch Alkoholmißbraucher wurden bis vor kurzem als sündige »Säufer« betrachtet und für diese ihre mutmaßlich böse Eigenart aktiv getadelt. Als diese Einstellung dem Alkohol gegenüber herrschte, bemühten die Menschen sich sehr, mißbräuchliche Trinkgelage zu verbergen. Seit die moderne Medizin festgestellt hat, daß Depression und Alkoholismus Krankheiten sind, hat die Einstellung zu ihnen sich drastisch geändert.

Die Menschen sind jetzt sehr viel eher bereit, zuzugeben, daß sie trinken; manche gehen so weit, dies in ihrer Autobiographie bekanntzumachen oder ihre Aufenthalte in berühmten Entziehungs-Kliniken in Talkshows zu erörtern. Die Scham über das Trinken ist praktisch verschwunden, aber seine bekannten schädlichen Auswirkungen sind so real wie eh und je: Selbstbehinderer sind daher in der idealen Lage, Alkoholmißbrauch als Rechtfertigung für ein unerwünschtes Ergebnis anführen zu können; so brauchen sie sich nicht mit der Möglichkeit zu konfrontieren, daß etwas Wichtiges bei ihnen nicht in Ordnung ist. Das sogenannte medizinische Modell des Alkoholismus wird so weitgehend akzeptiert, daß manche Leute sich zu ihm bekennen, um ihren sozialen Status und ihr Selbstbild zu *verbessern*; sie vermeiden es so, wegen einer unerwünschteren Diagnose geächtet zu werden.

Einer Untersuchung des Partnermißbrauchs zufolge werden zum Beispiel Frauen meist geschlagen, nachdem der Mann zu viel getrunken hat. Der Alkoholkonsum scheint außerdem einen strategischen Zweck zu erfüllen; die befragten Ehemänner »tranken, um eine Entschuldigung für ihre Gewalttätigkeit zu haben«.[7] Interessanterweise benutzten sowohl die prügelnden Ehemänner als auch ihre mißbrauchten Frauen die das Gesicht wahrende Logik von der selbstbehindernden Theorie, um das Verhalten des Mannes zu erklären: sie machten für die Schläge den Einfluß des Dämons Alkohol verantwortlich, nicht den Charakter des Prügelnden.

Die Erforschung der Einstellung von Menschen, die Kinder mißbrauchten, zeigt, daß sich mit Hilfe der Selbstbehinderung eine negative Charakterattribuierung gegen eine andere, weniger erniedrigende eintauschen läßt. Ein Forscher stellte fest, daß Mißbraucher, die behaupten, zur Zeit ihres Vergehens betrunken gewesen zu sein, eine negative Einstellung zu anderen Mißbrauchern hatten, die sagten, sie wären während des Mißbrauchs nüchtern gewesen, und auch zu denen, die leugneten, überhaupt einen Mißbrauch begangen zu haben.[8] Die Äußerungen überführter Kindermißbraucher spiegeln nicht nur ihre Bereitschaft, sondern sogar ihren *Wunsch*, als Alkoholmißbraucher betrachtet zu werden, was zeigt, daß diese negative Diagnose die sehr viel unangenehmere Diagnose eines Kindesmißbrauchs funktional ersetzen kann und dem Selbst nutzt: »Wenn ich nüchtern gewesen wäre, wäre das nie passiert.« – »Ich habe ein Alkoholproblem, kein Sexualproblem.« – »Das Trinken ist schuld. Ich könnte immer eine Frau kriegen. Ich verstehe das nicht. Der Verstand eines Mannes funktioniert nicht richtig, wenn er ihn mit Alkohol begossen hat.«[9]

Collegestudenten, die Bildergeschichten über betrunkene

und nüchterne Menschen beurteilten, hielten die betrunkenen für weniger verantwortlich und weniger tadelnswert als die nüchternen, wenn ein unerwünschtes Ergebnis auftrat.[10] Andere Symptome der Selbstbehinderung wiesen ähnliche Schlußfolgerungen auf. Einer Studie zufolge schwächen die Symptome einer Depression die Verantwortung für einen Partnermißbrauch genauso ab wie ein Alkoholrausch.[11] Testpersonen, die Berichte über prügelnde Ehepartner lasen, die zur Zeit der Prügel unter depressiven Symptomen litten, urteilten, sie seien für die Folgen ihrer Handlungen weniger zu tadeln als Prügelnde, die ohne depressive Probleme beschrieben wurden.

In den letzten Jahren ist Washington DC zu einer Brutstätte der Selbstbehinderung geworden. Mitte der 80er Jahre war die Hauptstadt der Nation, die angeblich den höchsten Pro-Kopf-Alkoholkonsum in den USA hat[12], voll von gewählten Regierungsfunktionären, die ein »Dazu-hat-mich-der-Teufel-getrieben«-Schema selbstdienlichen Verhaltens benutzten, um sich gegen den Vorwurf illegaler Aktivitäten zu verteidigen. Es erscheint unmöglich, daß Regierungsfunktionäre, die aufgrund des Vertrauens der Öffentlichkeit in sie gewählt wurden, die Tatsache an die große Glocke hängen, daß sie an einer psychologischen Störung leiden, aber Selbstbehinderung funktioniert so. Es ist ein ungewöhnlicher Selbstschädigungsstil, der auf das Wissen spekuliert, daß die öffentlichen Vorstellungen von »Schlechtigkeit« genauso schwanken wie der Geschmack in puncto Kleider, Autos oder Gaumenfreuden.

Der ehemalige Abgeordnete Michael J. Meyers aus Philadelphia sollte aus dem Kongreß ausgeschlossen werden, weil er sich von einem Undercover-FBI-Agenten hatte bestechen lassen (der die Transaktion filmte); Meyers kämpfte dagegen an und sagte, sein Denkvermögen sei durch zwei Glas Bourbon-Whisky beeinträchtigt gewesen. Kurz nach Meyers Überführung wurde der Abgeordnete John W. Jenrette aus South Carolina desselben Bestechungsvergehens für schuldig befunden, das Meyers seinen Sitz gekostet hatte. Während seines Gerichtsverfahrens behauptete Jenrette, nachweislich

Alkoholiker, in einer Klinik in Texas wegen dieser Störung behandelt worden zu sein, bevor er sich bestechen ließ. Aufgrund dieser Geschichte und der Tatsache, daß er bei Besprechungen zur Planung der Bestechung betrunken war, bat Jenrette das Gericht um Nachsicht und plädierte auf mildernde Umstände. Noch während Jenrette seine Sache vertrat, verteidigte der ehemalige Kongreßangehörige Robert Bauman sich gegen den Vorwurf, einem 16jährigen Jungen sexuell zu nahe gekommen zu sein; auch er behauptete, unangemessen gehandelt zu haben, weil er »unter Einfluß« stand. Im Gegensatz zu Jenrette hatte Bauman mit seiner Spekulation Erfolg. Der Bundesstaatsanwalt, der die Anklagepunkte gegen Bauman vorbrachte, war damit einverstanden, das Verfahren einzustellen, wenn Bauman seinen Alkoholismus behandeln lassen würde.

Nach unten stürzen, nachdem man oben angekommen ist

Die Selbstbehinderung wird nicht nur durch den Wunsch motiviert, sich ein kritiksicheres öffentliches Image aufzubauen, und auch nicht nur durch das Wissen, daß ein negativer Status verbessert wird, wenn man für den Mißerfolg äußere Faktoren verantwortlich macht. Klinische Beobachtungen zeigen, daß seelischer Schmerz, der nie öffentlich geäußert wird, im allgemeinen den Anstoß zu selbstbehindernden Strategien gibt. Schwerere Fälle chronischer Selbstbehinderung werden tatsächlich fast immer durch nagende, irrationale Zweifel an Kompetenz oder Selbstwert der eigenen Person verursacht, die man vor anderen verborgen hält.[13]

Paradoxerweise ist offensichtliches Glück eine Hauptursache für selbstbehinderndes Verhalten. Denken Sie an Deschapelles, den in Kapitel 1 beschriebenen Schachmeister, der seinen ihm sehr nützlichen »Coup« entwickelte, *nachdem* er zum Champion seiner Region geworden war. Wie der Außenfeldspieler Darryl Strawberry von der New York Mets sagte, nachdem sein Mannschaftsgefährte Dwight Gooden auf eine Super-Saison als Werfer mit dem Mißbrauch von Kokain reagierte: »Erfolg ist toll, aber dann legt er einen um.«[14]

Zu dieser durch Erfolg bewirkten Selbstschädigung kommt es aus vielen Gründen. Bestimmte Erfolgserfahrungen machen einen Menschen, der »alles hat«, empfänglicher für die Angst, »alles zu verlieren«.[15] Insbesondere Erfolge, die vermeintlich von äußeren Faktoren wie Glück, »Beziehungen«, Schönheit oder Herkunft abhängen – im Gegensatz zu persönlichen Eigenschaften wie Können oder Intelligenz –, erhöhen die Motivation zur Selbstbehinderung. Je weniger ein Mensch glaubt, daß er über die Faktoren, die ein erfolgreiches Ergebnis produzieren, eine direkte Kontrolle ausüben kann, desto wahrscheinlicher ist es, daß er sich selbst behindert, wenn er seinen erfolgreichen Status beibehalten oder erfolgreiche Leistungen wiederholen soll.

Nonkontingenter Erfolg

Psychologen bezeichnen die Art von Erfolgserlebnissen, die die Selbstbehinderung fördern, als »nonkontingenten« Erfolg, weil die, die ihn erleben, keine Verbindung (Kontingenz) zwischen ihrem zweckdienlichen, zielgerichteten Verhalten und dem positiven Ergebnis herstellen können.[16] Anstatt ein erwünschtes Ergebnis mühsam zu *erreichen*, haben Menschen, die einen nonkontingenten Erfolg erleben, das Gefühl, daß ihnen der Erfolg aufgrund von nicht ihrer Kontrolle unterliegenden Eigenschaften oder Faktoren *zufällt* – wie Geld vom Himmel. Wenn jemand nur aufgrund äußerer Eigenschaften – etwa ererbter körperlicher Schönheit – einen Arbeitsplatz ergattert, eine Beförderung erhält oder einen Wettbewerb gewinnt, sind oft Angst, Zweifel und die Infragestellung des Selbstwerts die Folge.

Als die Rolle, die nonkontingenter Erfolg bei der Auslösung selbstbehindernder Verhaltensweisen spielt, zum erstenmal untersucht wurde, entwickelten die Forscher eine Versuchsanordnung, die das »Geld vom Himmel« nachahmte.[17] Manche Testpersonen in den ersten Studien zur Selbstbehinderung erhielten ein völlig nonkontingentes Erfolgsfeedback, während die anderen dasselbe Feedback bekamen, aber auf die alte Weise; sie *verdienten* es.

Die Freiwilligen meldeten sich zu einem Test, der angeblich die Auswirkungen von zwei Drogen auf das Funktionieren des Verstands untersuchte. Die eine Droge verbesserte angeblich die intellektuelle Leistung, während die andere Droge sie angeblich ähnlich wie Alkohol behinderte. Der Versuchsleiter teilte den Testpersonen mit, die Beeinflussung der intellektuellen Leistung durch die beiden Schein-Drogen ließe sich nur durch einen sogenannten Paralleltest festlegen: Die intellektuelle Kompetenz der Testperson würde zuerst frei von äußeren Einflüssen beurteilt werden, um eine Basis zu haben, und dann noch einmal unter dem Einfluß einer der beiden Drogen, die die Testperson wählen würde.

Die Testpersonen erhielten dann eine Reihe von Problemen, die denen der typischen Intelligenztests glichen; man sagte ihnen, sie hätten zwanzig Probleme vor Einnahme der Droge zu lösen und zwanzig aus derselben Testreihe, wenn die Droge in ihr System eingedrungen sei und Zeit gehabt hatte »zu wirken«. In Wirklichkeit jedoch wurden nur der Hälfte der Testpersonen echte Testaufgaben gestellt. Um die Bedingungen für einen nonkontingenten Erfolg herzustellen, wurde den übrigen Testpersonen eine Testreihe mit Problemen vorgelegt, die echt schienen, in Wirklichkeit aber alle praktisch unlösbar waren. Egal wie sehr sie sich anstrengten, diese Testpersonen mußten bei 80 % der erhaltenen Fragen raten.

Sobald der erste Durchgang abgeschlossen war, wurde allen Testpersonen – ungeachtet der erhaltenen Fragen – gesagt: »Sie haben bei der ersten Hälfte des Tests außergewöhnlich gut abgeschnitten. Ihre Punktzahl ist überhaupt die höchste, die ich bis jetzt gesehen habe – sechzehn richtige Antworten bei zwanzig Fragen. Meinen Glückwunsch! Welche Droge möchten Sie jetzt nehmen, bevor wir Ihre intellektuelle Fähigkeit noch einmal testen?«

Dadurch, daß allen Testpersonen gesagt wurde, sie hätten

im ersten Durchgang außerordentlich gut abgeschnitten, stellte der Versuchsleiter die Bedingungen für einen kontingenten Erfolg (bei den Testpersonen, die lösbare Fragen erhielten) und einen nonkontingenten Erfolg her (bei denen, deren Fragen unlösbar waren). Wie vorhergesagt, behinderten sich ungefähr 67 % der männlichen Testpersonen aus der nonkontingenten Gruppe: Sie wählten vor einem erneuten Test ihrer Fähigkeiten die leistungshemmende Droge. Weniger als 20 % der Männer aus der kontingenten Gruppe wählten diese Alternative. Aus Gründen, die immer noch nicht klar sind (da weibliche Selbstbehinderer den Fachleuten für psychische Gesundheit und der Öffentlichkeit insgesamt wohl bekannt sind), verhielten weibliche Testpersonen sich anders.

In einer Untersuchung selbstbehindernden Verhaltens, die in einem psychiatrischen Krankenhaus stattfand, wurde bei fast 20 % der wegen Alkoholismus behandelten Patienten ein Hintergrund festgestellt, der der selbstbehindernden Dynamik entsprach.[18] Diese Patienten – ungefähr zur Hälfte Frauen – berichteten über nonkontingenten Erfolg vor dem Alkoholmißbrauch (zum Beispiel: ererbter Reichtum, aber kein Karriereerfolg; Schönheit oder »Beziehungen«, die zu einer angesehenen Position führten, ohne vergleichbare mühsam errungene Erfolge). Den meisten Alkoholmißbrauchern war außerdem bewußt, daß ihre Alkoholprobleme unmittelbar vor einem Ereignis begonnen hatten, das sie ihres Status zu entledigen oder ihren Mangel an Wert oder Kompetenz aufzudecken drohte.

Wenn man Erfolg hat, weil man ist, wer man ist, und nicht, weil man etwas geleistet hat, besteht das Problem offensichtlich darin, daß man nicht sicher ist, die Bedingungen wiederholen zu können, die für den vergangenen Erfolg verantwortlich waren, wenn man diesen wiederholen soll. Wenn Sie zum Beispiel in den Vorstand berufen werden, weil der Verwaltungsrat der Firma Ihren Onkel kennt, der zufällig Senator ist, könnte ein nach einer Firmenübernahme berufener anderer Verwaltungsrat Ihnen weniger geneigt sein und sie ersetzen, auch wenn Sie keine Fehler gemacht haben. Aufgrund Ihres nonkontingenten Erfolgs müßten Sie mit dieser Bedrohung Ihres Kompetenzimages fertigwerden und ständig weiteren Bedrohungen, das heißt erneuten Beurteilungen Ihrer Fähigkeiten, ins Auge sehen. Wenn Sie dagegen zum Vorstandsmitglied werden, nachdem Sie zwei bislang verlustreiche Geschäfte aus den roten Zahlen herausgeführt haben, werden Sie sich sehr viel weniger Sorgen machen, nach einem Wechsel des Verwaltungsrats ersetzt zu werden.

Schönheitswettbewerbe und politische Siege

Zu ähnlichen Sorgen kommt es, wenn Sie einen Wettbewerb wegen dem gewinnen, wer oder was Sie sind, und nicht wegen dem, was Sie können. Die Schauspielerin Candice Bergen kämpfte ihr Leben lang gegen die Angst und die Erwartungen, die dadurch ausgelöst wurden, daß sie auffallend schön war und Rollen zum Teil wegen dieser Eigenschaft bekam. Sie beobachtete, »daß Menschen, die nicht schön sind, denken, daß Schönheit ein Segen ist. In Wirklichkeit ist sie eine Art Urteil, eine Begrenzung. Sie macht Sie zu etwas Besonderem. Die Leute sehen Sie als ein Objekt, nicht als ein menschliches Wesen, und projizieren eine Reihe von Erwartungen in dieses Objekt.«[19] Psychoanalytiker stimmen dem zu. Mehrere Fallstudien von objektiv schönen, in einer Psychotherapie befindlichen Frauen ergaben, daß außer Depression und verschiedenen Formen selbstschädigenden Verhaltens ein dieser Gruppe gemeinsames Merkmal das Gefühl war, aufgrund der durch ihr Aussehen hervorgerufenen Erwartungen ihres Menschseins beraubt zu sein.[20]

Die Metapher, einen Schönheitswettbewerb nur aufgrund des Aussehens oder des Charismas zu gewinnen, entspricht der Essenz vieler politischer Wettbewerbe und hilft zu erklären, warum in Washington so viele Selbstbehinderer zu Hause sind. In der politischen Arena wird Erfolg oft nonkontingent durch die politischen »Winde des Schicksals« erreicht. Der Gewinn eines politischen Wettlaufs hat mit einem echten Wettlauf wenig zu tun; nur Wettläufer, die mit gleichen Gewinnchancen an den Start gehen, haben ein kontingentes Erfolgserlebnis. In der Politik gibt es eine unausweichliche Wahrheit: Ob man an die Spitze kommt, hängt mehr davon ab, *wer* man ist, als von dem, *was* man getan hat. Obwohl erfolgreiche Politiker oft innere Stärken wie Ausdauer, Intelligenz und Altruismus besitzen, die ihre lange Amtszeit erklären können, lassen die meisten politischen Erfolge – wie die jüngsten Präsidentschaftswahlkämpfe in den USA gezeigt haben – sich eher Imageberatern, Medienstrategen, Ghostwritern und Wahlkampfleitern zuschreiben – Leuten also, die eher das *Äußere* des Kandidaten gestalten, als sein professionelles, psychologisches *Inneres* darzustellen.

Politiker neigen auch deshalb zu selbstbehindernden Strategien, weil sie ständig Beurteilungen (Wahlen) entgegensehen, die ihnen die erworbene Wertschätzung zu nehmen drohen. Jeder gewählte Politiker, der sehr lange im Amt bleibt oder nach einem höheren Amt strebt, sieht sich dem Risiko gegenüber, seinen Sitz zu verlieren, wenn das politische Klima sich verändert. Gibt es da eine bessere Möglichkeit, das Kompetenzimage zu schützen und das Ansehen auch in Zukunft aufrechtzuerhalten, als den Dienst zu quittieren, wenn man noch oben ist, oder, noch besser, per Selbstbehinderung einen Imageschutz aufzubauen, der einen nicht als Verlierer dastehen läßt?

Denken Sie daran, daß Ex-Senator Gary Hart nach der Entdeckung seines Techtelmechtels mit Donna Rice die Zweideutigkeit seiner scheinbar selbstzerstörerischen Tat schnell zu seinem Vorteil benutzte: seine Liebelei wurde zu einem idealen Mittel der Selbstbehinderung. Als Hart 1988 vom Wettlauf um die Präsidentschaft ausgeschlossen wurde, meinte er, er würde gehen, weil die Berichterstattung der Journalisten seinen Charakter und nicht sein Programm aufs Korn genommen hatte. Er konnte behaupten, die Presse und nicht seine eigenen Taten hätten ihn die Ernennung bei den Demokraten gekostet, und er wäre ein sehr guter Präsident gewesen, wenn seine Ideen trotz des Getöses gehört worden wären.

Da Hart für seinen verfehlten Einzug ins Weiße Haus ein

äußeres Hindernis (durch Rice ausgelöste Schikanen) verantwortlich machen konnte, ließ sein selbstschädigendes Verhalten ihm die Möglichkeit zukünftiger Bewegungsfreiheit: Wie ein Phönix kann er aus der Asche seiner politischen Karriere auferstehen und behaupten, seine »Krankheit« liege hinter ihm und er stünde als Politiker wieder zur Verfügung. Eine solche Wiederauferstehung wäre problematischer, wenn Hart das Amt nach einer verlorenen Wahl verlassen hätte, denn es ist sehr viel schwieriger, eine innere Unzulänglichkeit zu kompensieren, als einen Sieg über ein äußeres Problem davonzutragen.

Wenn zu viel von etwas Gutem schlecht ist

Eine zweite Kategorie von Erfolgserlebnissen, die erwiesenermaßen zu selbstbehindernden Strategien führen, hat weniger mit dem Grund für eine Auszeichnung als mit der *Art* des positiven Ergebnisses zu tun. Diese zweite Kategorie ist als »exzessiver« nonkontingenter Erfolg bezeichnet worden und wird am besten als »Lawine von Reichtümern« beschrieben.[21] Das Problem bei diesem scheinbar günstigen Ergebnis besteht darin, daß es psychisch genauso störend ist wie eine Lawine auf einer Skipiste. Exzessive nonkontingente Erfolge regen zu selbstdienlichen Selbstschädigungsmustern an, weil sie über die mit einer bestimmten Anstrengung normalerweise verbundenen Belohnungen weit hinausgehen. Menschen, denen unverhofft etwas zufällt, sind oft gestreßt und ängstlich angesichts der Verantwortung, den durch diese Belohnung hervorgerufenen Erwartungen zu entsprechen. Sie müssen nicht nur auf einem Level weiter produzieren, das ihre Belohnung rechtfertigt, sondern sehen sich aufgrund der Natur der meisten durch Erfolg ausgelösten Erwartungen (zum Beispiel: »Was haben Sie in letzter Zeit für mich getan?«) auch der Bedrohung gegenüber, ihre vergangenen Leistungen noch übertreffen zu müssen.

Sogar die Intensität des durch einen exzessiven nonkontingenten Erfolg ausgelösten Rampenlichts kann sich wegen der von ihm möglicherweise hervorgerufenen seelischen Veränderungen als beunruhigend erweisen. Ein Hauptfaktor in diesem Zusammenhang ist jene störende psychische Erfahrung, die als objektive Selbsterkenntnis bezeichnet wurde.[22] Wie wir in Kapitel 3 gesehen haben, ist die Konzentration auf das Selbst oft unangenehm – so unangenehm, daß sie den Drang auslösen kann, den die Selbsterkenntnis steigernden Umständen zu entkommen, weil sie unsere Fehler oder Unzulänglichkeiten entlarvt. Da die Empfänger exzessiven nonkontingenten Erfolgs wissen, daß sie den Implikationen der erhaltenen Belohnung nicht entsprechen, kann dieser Druck im Zusammenwirken mit der objektiven Selbsterkenntnis ihre Tendenz zu einer schlecht überlegten, fehlangepaßten Form der Flucht – etwa Alkohol – verstärken.

Der selbstzerstörerische Substanzenmißbrauch dient hier dem Selbst auf zweifache Weise. Einerseits stellt die Selbstbehinderung eine praktisch narrensichere Möglichkeit dar, sich aus der durch erhöhte Leistungserwartungen erzeugten heiklen Situation zu entfernen, denn sie beeinflußt die Leistungsfähigkeit. Andererseits wird eine verstärkte Selbsterkenntnis durch Alkohol reduziert.[23] Wenn Superstars wie Judy Garland, Truman Capote und Tennessee Williams von glorreichen Höhen in die selbstverursachte Zerstörung fallen, setzt oft der kombinierte Einfluß von zwei Formen selbstdienlichen selbstschädigenden Verhaltens ihren Abstieg in Gang – der Drang, die Selbstachtung durch Selbstbehinderung zu schützen, und der Drang, die objektive Selbsterkenntnis zu reduzieren. Menschen, die der Druck belastet, den Gipfel des Erfolgs erreicht zu haben, *wollen* nicht abstürzen; durch ihr Trinken suchen sie eigentlich die schnelle Linderung seelischer Schmerzen. Das Problem besteht darin, daß sie beim Pakt mit diesem Teufel die langfristigen Folgen ihrer Handlungen nicht einkalkulieren.

Der Schmerz der Passivität

Ein letztes Problem im Zusammenhang mit den Belohnungen des Erfolgs tritt auf, wenn Ziele zu leicht erreicht werden. Menschen, die kontingente Erfolge haben und angemessen belohnt werden, können trotzdem Qual empfinden, wenn die Aufgabe keine adäquate *Herausforderung* bot.[24] Wenn Sie Fische in einem Faß erschießen, wird dies weder Ihr Selbstwertgefühl heben noch das Gefühl erzeugen, daß Sie signifikante Aspekte Ihrer Welt unter Kontrolle haben – was Psychologen als Selbstwirksamkeit bezeichnen.[25] Ohne Anstrengung erreichte Erfolge sorgen auch nicht dafür, daß die Welt als sicherer oder froher Ort erscheint. Der Dichter Robert Browning schrieb: »Weiter als die Reichweite eines Mannes sei sein Horizont, denn wozu diente sonst der Himmel?« Viele Menschen jedoch, die annehmen, daß der Himmel sie erwartet, wenn sie Erfolg haben, stellen fest, daß nichts als Langeweile die Folge ist, wenn sie ihr Ziel ohne Anstrengung erreicht haben.[26]

Ein anspruchsvoller Wettbewerb garantiert, daß Ihr Horizont über Ihre Reichweite hinausgeht und der Erfolg ein Gefühl der Selbstwirksamkeit hervorruft. Viele Menschen jedoch versuchen, mühelosem Erfolg durch fehlangepaßte, oft selbstzerstörerische Beigaben einen Reiz zu geben. Ivan Boesky, Martin Siegel und Michael Milken wurden bekannt, weil sie sich – trotz Honorarpaketen von über 1 Million Dollar jährlich – an einem Insider-Handelsring beteiligten, der mehrere Gesetze brach und ihre Karriere beendete, und das für die armselige Summe von 700 000 Dollar. In ihrem Bereich, dem Investment-Banking, waren siebenstellige Gehälter weder selten, noch verschafften sie besonderes Ansehen. In den boomenden 80er Jahren brauchte es weit mehr als 1 Million Dollar, damit jemand etwas Besonderes war. Obwohl Gier die am häufigsten genannte Erklärung für das Tun dieser Männer ist, läßt sich ihr selbstzerstörerisches Verhalten am besten als Versuch verstehen, den sprichwörtlichen Teufel herauszufordern und zu besiegen.

Ohne die Karrieren der in den Insider-Handels-Skandal Verwickelten überzuanalysieren, können wir sagen, daß sie ihr Vermögen relativ leicht machten, sobald sie an der Wall-Street in höhere Positionen aufgestiegen waren. Als Top-Spezialisten, die Firmen-Refinanzierung, Aufkäufe und Fusionen konsolidierten, wurden die Geschäfte nur so an sie herangetragen. Wenn die Sache ihnen übergeben worden war, hatten sie wenig Schwierigkeiten – oder Herausforderungen –, die Finanzierung auf die Beine zu stellen, und ihre zahllosen studierten Assistenten erledigten ihnen einen Großteil der Arbeit. Welcher echte Gewinn für das Selbstwertgefühl blieb da, wenn alles, was zum Einfädeln eines Beratungshonorars von einer Million Dollar notwendig war, ein herzliches Lächeln und ein gutausgestatteter Aktenschrank war? Boesky und seine Kumpane wußten, daß die praktischen Schritte ihrer Unternehmung von anderen erledigt wurden, und infolgedessen empfanden sie keine große Steigerung ihres Selbstwertgefühls, wenn ein Geschäft abgeschlossen war. Wenn sie ihre Masche hätten geheimhalten können, hätten sie in dem Wissen geschwelgt, daß sie das System und die Wahrscheinlichkeit besiegt hätten; *das* wäre dann wirklich ein gutes Geschäft gewesen.

Wir möchten noch einmal betonen, daß Selbstbehinderer dieser Art sich nicht selbst schädigen, um ihren Untergang herbeizuführen. Denn selbstdienliche selbstschädigende Verhaltensweisen werden trotz des *vorhersehbaren* Schadens in Gang gesetzt, weil sie unmittelbar Qual lindern können, aber der Schaden ist nicht beabsichtigt. Es scheint vielmehr, als würden Selbstbehinderer in ihr Selbstwertgefühl pathologisch investieren. Sie bemühen sich sehr, es zu bewahren und vorübergehende, es bedrohende Anforderungen zu minimieren. Genauer gesagt: Selbstbehinderer sind so anfällig für die mit einem Mißerfolg einhergehenden Kränkungen und Verletzungen, daß das Vermeiden dieser negativen Ergebnisse ihnen wichtiger wird als der Erfolg.

Darin besteht das Dilemma aller Selbstbehinderer: Obwohl ihr letztendliches Ziel darin besteht, ihr Kompetenz*image* zu behalten oder zu verbessern, beinhaltet ihre selbst dienliche Selbstschädigung, daß sie ihr Können unterminieren oder die Ausführung komplexer Aufgaben, die im Erfolgsfall ihre Fähigkeiten offenbaren würden, behindern.[27] Selbstbehinderer nehmen sich nicht vor, zu versagen; sie sind bereit, einen wahrscheinlichen Mißerfolg zu akzeptieren, wenn er wegerklärt werden kann oder sie in eine Lage versetzt, in der ihr Selbstwert steigt, weil sie trotz Widrigkeiten den Sieg davongetragen haben.

Scheitern, weil man es nicht versucht

Zu den Selbstbehinderern gehören nicht nur solche Menschen, die in ihrem Beruf ganz nach oben gekommen sind, sondern auch viele, deren Karriere auf dem Weg zum Gipfel entgleist ist. Ihre selbstdienliche Selbstschädigung wird oft in klinischen Praxen beobachtet, die sich auf die Behandlung von Menschen spezialisiert haben, die beruflich hinter ihren Fähigkeiten zurückbleiben. Ein repräsentatives Beispiel für diesen Stil ist Doug, ein 54jähriger *Magna-cum-Laude*-Absolvent einer erstklassigen Universität; er begann eine Psychotherapie, um zu lernen, besser mit seinen Vorgesetzten fertig zu werden, die, wie er meinte, auf seine intellektuelle Brillanz neidisch waren. Obwohl er offensichtlich alle beruflichen Aufgaben erledigte, die von ihm in seiner mittleren Position im Rechnungswesen verlangt wurden, war Doug vor kurzem zum achtenmal in seiner Laufbahn gefeuert worden. Anstatt nun seine Rolle bei diesen Entlassungen zu überprüfen, wollte Doug die Schuld für seine mißliche Lage denen aufbürden, die die Axt geschwungen hatten. Insbesondere behauptete er, seine Vorgesetzten ließen ihn gehen, weil sie Angst hatten, daß er ihren Platz einnehmen würde.

Bald nach einer einschätzenden Therapie-Sitzung wurde klar, daß dieser Mann zwar seltene intellektuelle Gaben besaß, seine gescheiterte Karriere aber nicht damit zu tun hatte, daß er seine Vorgesetzten einschüchterte. Es stellte sich heraus, daß er andauernd vom Büro abwesend war und es regelmäßig versäumte, Aufgaben rechtzeitig fertigzustellen, wenn er da war. Doug machte für sein Fehlen und sein Aufschieben ein Rückenleiden verantwortlich, das seinen Schlaf störte, ihn oft daran hinderte, mit dem Auto zum Arbeitsplatz zu fahren (der in jedem Fall mit öffentlichen Verkehrsmitteln nicht zu erreichen war) und es ihm schwer machte, längere Zeit ruhig am Schreibtisch zu sitzen. Es überrascht nicht, daß die Psychotherapie sich zunächst darauf konzentrierte, warum Doug nie eine chirurgische Behandlung oder eine körperliche Therapie für den Bandscheibenvorfall versucht hatte, an dem er nun seit dreißig Jahren litt.

Die einfache Antwort war: Mit seinem ohne ärztliche Aufmerksamkeit vor sich hin gedeihenden Rückenleiden nutzte Doug ein Handikap aus, durch das er sein am College aufgebautes Kompetenzimage vor einem potentiell negativen Feedback am Arbeitsplatz schützen konnte. Doug tauschte seinen körperlichen Schmerz einschließlich der Kosten und dem Kummer ständiger Arbeitslosigkeit und Arbeitssuche gegen die psychische Sicherheit ein, daß seine Kompetenz und sein Selbstwertgefühl nie herausgefordert wurden. Um eine Analogie aus dem Baseball zu verwenden: Weil er regelmäßig daran gehindert wurde, im Stadion aufzutauchen und den Ball so gut er konnte zu schlagen, war er für sich selbst davon überzeugt, nie danebenzuschlagen.

Übertrieben gute Samariter

Obwohl der von Doug illustrierte Selbstbehinderungsstil im allgemeinen körperliche Hilfsmittel oder Zustände ausnutzt, die eine kompetente Leistung direkt beeinflussen, können auch andere Menschen als Handikap dienen. Viele Selbstschädiger nutzen persönliche Schwächen ihnen nahestehender Menschen aktiv aus, um eigene Unzulänglichkeiten zu verbergen oder zu rechtfertigen und verschiedene Ziele zu erreichen, die das Selbst schützen. Eine Reihe selbstdienlicher Selbstschädigungsmuster hat mit irgendeiner Form von Altruismus zu tun: Die übermäßige Sorge für einen anderen Menschen wird benutzt, um den eigenen Ruin zu arrangieren. Diese guten Samariter spielen eine Rolle, die besser als die von übertrieben guten Samaritern beschrieben würde. Sie benutzen die chronische, alle Aufmerksamkeit in Anspruch nehmende Aufopferung für einen anderen Menschen als Handikap, das sie daran hindert, herausfordernden Aktivitäten nachzugehen, bei denen ihre Kompetenz beurteilt würde.

Der Psychiater Eric Berne meint, daß diese Menschen eine strategische List ausnutzen, bei der sie behaupten: »Wenn du nicht wärst ... (wäre ich erfolgreich, reich etc.)«[28] Selbstdienliche Selbstschädiger machen so die Handlungen oder den Einfluß anderer – im allgemeinen geliebter Menschen – für ihr Versagen verantwortlich, denen sie widerwillig, aber getreulich dienen und mit denen sie zusammenbleiben. Indem sie die Last eines Elternteils oder Partners übernehmen, können übertrieben gute Samariter sicherstellen, daß sie daran gehindert werden, Dinge zu tun, die zu einem Mißerfolg führen könnten.

Übertrieben gute Samariter sind bekannt für ihre Unfähigkeit, sich den Verantwortlichkeiten gegenüber anderen – einem kränkelnden Elternteil oder einem suchtkranken Partner – zu entziehen, auch wenn sie die Möglichkeit dazu haben (indem sie sich die Verantwortung mit Bruder oder Schwester teilen oder eine Krankenschwester einstellen). Eigensaboteure arrangieren es so, daß sie durch die Verantwortung für einen anderen Menschen behindert werden, wodurch sie ihre Kompetenz nicht in Frage zu stellen brauchen und die Illusion zukünftigen Erfolgs behalten können.

Manche übertrieben guten Samariter bleiben possessiven, fordernden Eltern eng verbunden, weil sie Angst haben, in der Leistungsarena »Ehe« zu versagen. Viele »anhängliche« Kinder klammern sich auf eine Weise an ihre Eltern, die nur als selbstdienliche Selbstschutz-Strategie verstanden werden kann: sie vermindert die Angst, einen potentiellen Partner zu finden. Solche Menschen jammern über die Notwendigkeit, ihre alternden Eltern unterstützen zu müssen, empfinden aber Erleichterung angesichts der Überzeugung, daß sie sicher eine wunderbare Beziehung gehabt hätten, und dem Wissen, daß sie sich mit der schauerlichen Angst, in ihnen zu versagen, nie konfrontieren müssen.

Fürchten Selbstbehinderer den Erfolg?

Das Verhalten von Selbstbehinderern wird oft mit dem Wunsch erklärt, die durch Schuldgefühle hervorgerufenen imaginierten negativen Konsequenzen zu vermeiden, zu denen es kommt, wenn man ein Ziel erreicht – kurz gesagt also mit der Angst vor dem Erfolg.[29] Freud beobachtete, daß viele seiner Patienten geradezu vom Erfolg erschlagen seien. Die in diesem Zusammenhang am häufigsten zitierten Fallstudien beschreiben ein Muster psychischer Zerrüttung von dem Augenblick an, in dem der Patient ein Ziel erreicht, das einen langgehegten Traum verwirklicht. Ein repräsentativer Fall aus Freuds Praxis war eine junge Frau, die zusammenbrach und später eine unheilbare seelische Krankheit bekam, nachdem der Mann, mit dem sie zusammenlebte, sie bat, ihn zu heiraten. Ein anderer Fall hatte mit einem äußerst kompetenten Universitätsprofessor zu tun, der den Wunsch hegte, dem Mann nachzufolgen, der seine akademische Laufbahn initiiert und geformt hatte. Als er auf den durch die Pensionierung seines Mentors freigewordenen Lehrstuhl berufen wurde, begann der Professor, seine eigenen Fähigkeiten zu kritisieren und bekam eine schwere Depression, die ihn vom Arbeiten abhielt.[30]

Freud erklärte diese und verwandte Phänomene ausschließlich mit nicht aufgelöster ödipaler Schuld. Wie in Kapitel 1 gesagt, nahm Freud an, daß Erfolg jeder Art – eine Eheschließung oder das Erreichen einer beruflichen Spitzenposition – einen ödipalen Sieg darstellt oder daran erinnert, wobei das Kind über den gleichgeschlechtlichen Elternteil triumphiert und infolgedessen die geschätzte (sexuelle oder romantische) Position mit dem gegengeschlechtlichen Elternteil einnehmen kann. Obwohl Siege dieser Art bestimmte Vorteile bieten, werden diese ganz klar durch die schwächende Angst aufgewogen, daß der mächtigere gleichgeschlechtliche Elternteil Vergeltung suchen wird.

Die Freudsche Theorie behauptet auch, daß die wegen des phantasierten oder tatsächlichen Siegs über den gleichgeschlechtlichen Elternteil zurückbleibende Schuld dazu führt, daß alle Manifestationen des Erfolgs lebensbedrohliche Proportionen annehmen – falls die ödipale Schuld nicht durch die Aufgabe des Wunschs nach dem gegengeschlechtlichen Elternteil erfolgreich aufgelöst wurde. Wenn also Menschen, die unter dieser Form der Schuld leiden, ihren Erfolg sabotieren, wird angenommen, daß sie der gefürchteten Vergeltung symbolisch zuvorkommen wollen. Sie behalten ihre bekannte Sicherheit und geben dafür die potentiellen Vorteile eines Erfolgs auf.

Andere psychoanalytische Betrachtungsweisen

Obwohl wir auch der Meinung sind, daß Menschen selbstschädigende Verhaltensweisen in Gang setzen, um Erfolg gegen Sicherheit einzutauschen, halten wir das Konzept der Schuld in diesem Zusammenhang für überstrapaziert. In den 50er Jahren erklärte der große Psychiater H. S. Sullivan solche selbstschädigenden Strategien ohne Zuhilfenahme der Schuld.[31]

Aus Sullivans sogenannter interpersonaler Betrachtungsweise der Psychiatrie treten alle Formen selbstschädigenden Verhaltens in Reaktion auf eine problematische Mutter-Kind-Beziehung auf, die als »Trennungs-Individuations-Konflikt« bekannt ist. Einfach gesagt stellt Sullivans Theorie fest, daß das Selbstbild des Kindes entscheidend dadurch bestimmt wird, wie die Mutter reagiert, wenn es Unabhängigkeit anstrebt oder zeigt. Wenn die Mutter dem Autonomiewunsch des Kindes zornig oder feindselig begegnet – es etwa ablehnt oder zurückweist – oder wenn sie angesichts der Versuche des Kindes, sein eigener Meister zu sein, ängstlich ist, wird das Kind Erfolg in der Welt für sehr ambivalent halten. Obwohl Unabhängigkeit in einem kleinen Kind das Gefühl von Macht, Freiheit und Freude auslösen kann, kann sie ihm auch große emotionale Nachteile einbringen, wenn dies seine Mutter bekümmert (Verlust der Sicherheit, Verlassenwerden oder Ablehnung durch einen geliebten und benötigten Elternteil).

Sullivan erkannte, daß die Selbstschädigung für diesen Trennungs-Individuations-Konflikt eine leicht verfügbare Lösung darstellt. Ein ängstliches Kind, daß die Handlungen sabotiert, die es unabhängig machen und es also Liebe kosten, kann die sichere Beziehung zu seiner Mutter wiederherstellen, wenn es keinen Erfolg hat. Im wesentlichen entspricht dieses Modell unserem Schema der selbstdienlichen Selbstschädigung, außer daß es behauptet, die Selbstschädigung sei immer beabsichtigt, um die Verbindung zu einer neurotischen Mutter wiederherzustellen, ebenso entspricht es seiner Verknüpfung mit einer seit der frühesten Kindheit brüchigen Eltern-Kind-Interaktion.

Verstärkende Faktoren der Selbstbehinderung

Da viele Selbstbehinderer erst im Erwachsenenalter – und oft nach einer langen Erfolgsserie – beginnen, sich selbst zu schaden, halten wir Sullivans Betrachtungsweise zwar für eine wesentliche Verbesserung gegenüber Freud, meinen aber, daß sie als allumfassende Erklärung für eine selbstdienliche Selbstschädigung nicht geeignet ist. Der Erfolg bringt so viele reale Stressoren mit sich, daß wir es nicht für notwendig halten, zur Begründung selbstbehindernder Verhaltensweisen nach verdrängten neurotischen Konflikten zu suchen. Natürlich kann jeder Selbstschädiger – zum Beispiel ein Grundschüler mit einem IQ von 155, der alle Benotungssituationen in der Woche vermasselt, in der seine Mitschüler ihn als Lehrerliebling hänselten – eine engere Verbindung zu seiner Mutter herstellen wollen oder wegen der Ersetzung des Vaters im ödipalen Dreieck Schuldgefühle haben. Aber wir glau-

ben, daß die *naheliegende* Verstärkung – der Abbau sozialer
Ächtung –, die das selbstverschuldete Versagen diesem unterhalb seiner Fähigkeiten funktionierenden Schüler verschaffen
kann, die spezifischere und brauchbarere Erklärung für diesen Stil selbstzerstörerischen Verhaltens und vergleichbarer
Muster ist, bei denen das Selbstwertgefühl geschützt wird,
indem man anderen Aspekten des Selbst schadet.

Die Psychologie hinter dem
Deschapelles-Coup

Wie wir zu Beginn dieses Kapitels gesehen haben, besteht für
sich selbst behindernde Eigensaboteure ein wichtiger zusätzlicher Vorteil in der Möglichkeit, unter dem Einfluß eines die
Leistung hemmenden Faktors *nicht zu versagen*. So können
sie ihr Kompetenzimage verbessern. Da sie ihre tatsächliche
Kompetenz im Dunkeln lassen wollen, unternehmen sie her-
ausfordernde Aktivitäten, bildlich gesprochen mit einer im
Rücken gebundenen Hand. Wenn sie nicht die erwartete Leistung bringen, werden Beobachter für ihre Inkompetenz den
behindernden Faktor verantwortlich machen und nie wissen,
wie gut ihre Leistung mit beiden Händen gewesen wäre. Aber
wenn sie *trotz* des hemmenden Faktors Erfolg haben, wird
man ihre angeborene, eigentliche Kompetenz in den höchsten
Tönen loben.[32] Das hatte Deschapelles im Sinn, wenn er
einem möglicherweise gefährlichen Gegner einen Vorteil ein-
räumte. Siegte er trotz der selbstauferlegten Behinderungen,
würde sein Können nur um so höher eingeschätzt werden.

Unterschiedliche Motive

Weil die Selbstbehinderung einen zweifachen Nutzen bietet –
sie bringt einen Mißerfolg ins Zwielicht und vergrößert den
Erfolg –, haben manche Forscher sich gefragt, welches Motiv

das echte bzw. vorherrschende ist. Die Antwort scheint von der Persönlichkeit des Selbstbehinderers abzuhängen. Einer neuen Reihe experimenteller Untersuchungen zufolge behindern Menschen mit schwachem Selbstwertgefühl sich selbst, um sich vor einem Mißerfolg zu schützen; Menschen mit starkem Selbstwertgefühl dagegen wollen ihre Meriten bei einem Erfolg vermehren.[33] Dieser Unterschied spiegelt wahrscheinlich wider, wie diese beiden Personengruppen ganz allgemein an das Leben herangehen. Menschen mit starkem Selbstwertgefühl sorgen sich um einen Mißerfolg nicht so sehr wie andere, denn sie erwarten ihn nicht. Menschen mit schwachem Selbstwertgefühl dagegen haben oft schon in der Vergangenheit versagt und projizieren dieses Wissen in die Zukunft; deshalb wird das Bedürfnis nach Selbstschutz bei ihnen zentral.

In der Untersuchungsreihe ging es vorgeblich um die Entwicklung eines neuen Intelligenztests. Der Hälfte der beteiligten Studenten wurde gesagt, daß der (in Wirklichkeit nicht existierende) neue Test potentielle Genies identifizieren sollte. Der Test unterschied angeblich nur zwischen den wirklich Begabten und allen anderen. Es gab also keine Möglichkeit, bei dem Test zu »versagen«; die Testpersonen konnten sich entweder enorm hervortun oder ein Ergebnis erzielen, das nicht viel bewies. Mit anderen Worten: Der Test konnte nicht beweisen, daß sie dumm waren, aber er konnte beweisen, daß sie Genies waren – eine Situation, in der sie nicht verlieren konnten. Unter diesen Umständen behinderten Menschen mit starkem Selbstwertgefühl sich sehr viel eher als andere Leute. Tatsächlich hielten sie ihre Anstrengung zurück, übten nicht und beschlossen (in einer Untersuchung), einem Musikstil zuzuhören, der, wie ihnen gesagt wurde, die Leistung beeinträchtigen würde. Die Testpersonen mit starkem Selbstwertgefühl bauten sich diese Hindernisse auf, um das Ansehen zu vergrößern, das ihnen im Erfolgsfall zufließen würde.

Der anderen Hälfte der Studenten wurde gesagt, der neue Test solle intellektuell unterbelichtete Leute identifizieren. Diese Testpersonen standen also vor einer völlig anderen Situation: Für sie war das Versagen – die Identifikation als intellektuell unterdurchschnittlich – eine reale Möglichkeit, der Weg zum Erfolg jedoch verbaut. Der Versuchsleiter sagte sogar, die Ergebnisse würden auch dann nichts beweisen, wenn jemand nur leicht unter dem Durchschnitt läge, denn der Test wäre nur bei der Identifizierung stark unterdurchschnittlicher Fälle zuverlässig. Bei dieser Ausgangslage wurden die selbstbehindernden Strategien von Menschen mit schwachem Selbstwertgefühl benutzt. Sie hatten offenbar Angst vor dem Versagen und waren deshalb darauf bedacht, eine Entschuldigung parat zu haben (etwa störende Musik oder eine unpassende Technik). Warum behinderten Menschen mit starkem Selbstwertgefühl sich in dieser Situation nicht? Wahrscheinlich weil sie nicht dachten, daß sie versagen würden, und deshalb nicht die Notwendigkeit verspürten, eine Entschuldigung an der Hand zu haben.

Diese Ergebnisse widerlegen die Vorstellung, daß Eigensaboteure, insbesondere Selbstbehinderer, von Natur aus Verlierer sind. Selbstschädigende Verhaltensweisen werden oft von Menschen in Gang gesetzt, die sehr viel erreicht haben. Außerdem hat eine Eigensabotage zunächst oft positive Ergebnisse, die erst später zu Schmerz und Leid führen. Selbstdienliche Selbstschädiger verhalten sich möglicherweise kurzfristig adaptiv, versäumen es aber dann, ihre Verhaltensmuster zu modifizieren, wenn die Umstände (meist Bedrohungen des Selbstwertgefühls) sich ändern.

Distreß und Eustreß

Wenn Psychologen untersuchen, wie Menschen den sich aus einem Erfolg ergebenden Zuwachs an Selbstwertgefühl oder Freude sicherstellen, konzentrieren sie sich oft auf das Ausmaß an Herausforderung oder Bedrohung, das die Leistung bietet. Die Forscher haben gezeigt, daß wir die den meisten Menschen vertraute Form von Streß erleben, wenn die Leistungsanforderung unser Sicherheitsgefühl oder unsere psychologische Integrität bedroht – jene Art von Streß, die mit der Verursachung von Krankheiten assoziiert wird und Distreß genannt wird. Es gibt jedoch auch eine wohltuende Form von Streß, die die körperliche und seelische Gesundheit verbessern kann. Wenn Menschen zu einer Spitzenleistung herausgefordert werden – wenn sie ihre Fähigkeiten an einem Leistungsstandard oder einem würdigen Gegner testen –, können erfolgreiche Ergebnisse zu Gefühlen des Wohlbefindens führen, die Eustreß genannt werden.[34]

Die Grenze zwischen Reizen, die Eustreß, und solchen, die Distreß auslösen, ist oft fließend, denn übertriebene Herausforderungen können bedrohlich werden. Ein Anfänger im Skilaufen wird sich vom »Idiotenhügel« über den Anfängerkurs zu einem mittleren Hang steigern und verstärkte Selbstachtung und Eustreß erleben, weil er die immer steileren Pisten meistert. Aber wenn er sich an die Abfahrt für die Spitzensportler stellt, kann die Leistungsanforderung bedrohlich werden und Distreß-Gefühle heraufbeschwören.

Selbstbehinderer brauchen keine Skischuhe anzuziehen und die Kälte zu ertragen, um die Herausforderungen in ihrem Leben höherzuschrauben und so Eustreß zu erleben. Sie können sich eine Reihe von Symptomen zu eigen machen oder an verschiedenen psychischen Störungen leiden, die garantiert die Herausforderung, gut abzuschneiden, vergrößern. Die häufigste dieser Störungen ist Verzögerung, eine Tauschgeschäft-Kategorie, die bereits in Kapitel 4 erörtert wurde. Die zu geringe Vorbereitung auf eine Beurteilung kann das Streben nach Erfolg ein ganzes Stück prickelnder machen. Die meisten von uns werden sich an einen Tag im Klassenzimmer erinnern, an dem eine notenhungrige Schülerin, als eine Arbeit geschrieben werden sollte – in einer an niemand bestimmtes gerichteten Nebenbemerkung, die aber doch laut genug war, daß jeder sie hören konnte – bekanntgab, daß sie den Test sicher versauen würde, weil sie erst morgens mit dem Lernen angefangen hätte. Wenn die Arbeit zurückkam, behauptete sie wahrscheinlich, ihre Zwei wäre sicher eine Eins geworden, wenn sie das Lernen nicht vor sich hergeschoben hätte. Ihr Argument war wahrscheinlich richtig, denn die starke Selbstachtung, die sie zu einer Selbstbehinderung zur Vergrößerung des Erfolgs veranlaßt hatte, beruhte wahrscheinlich auf früheren schulischen Erfolgen.

Mit Erwartungen umgehen können

Der namhafte Philosoph und Psychologe William James hat die folgende Formel vorgeschlagen, um das Selbstwertgefühl eines Menschen zu bestimmen: Teilen Sie die Erfolge durch die Prätentionen.[35] (Als James den Begriff *Prätentionen* benutzte, hatte er, anders als heute, noch nicht den Beiklang »Verstellung, arrogante Zurschaustellung, dreiste Behauptung«. Er wurde im Grunde als Synonym für *Erwartungen* benutzt.) Zur Steigerung des Selbstwertgefühls brauchen Sie nur den Erfolg zu vergrößern oder die Prätentionen herunterzuschrauben. Da die Vergrößerung des Erfolgs bei sinnvollen Aufgaben keine einfache Angelegenheit ist, besteht der Weg zur Regulierung des Selbstwertgefühls offenbar darin, sich mit den Prätentionen zu beschäftigen.

Selbstbehinderer »regulieren ihre Prätentionen«, wenn sie zu Beurteilungen unter dem Einfluß leistungshemmender Stoffe oder selbstauferlegter Erfolgsbehinderungen erscheinen. Dadurch, daß sie die Wahrscheinlichkeit eines Mißerfolgs erhöhen, schrauben sie ihre Prätentionen (das heißt ihre Erfolgserwartungen) herunter. Für ein vorteilhafteres Kompetenzimage brauchen sie dann nur noch die Leistung zu bringen, die sie vor dem Einfädeln des Handikaps gebracht hätten. Wieder sehen wir, wie sich durch ein selbstdienliches selbstschädigendes Verhalten die Selbsteinschätzung verbessern läßt.

Eine Variante dieser Technik findet sich häufig im professionellen Sport und in den darstellenden Künsten, bei denen Menschen ständig prüfenden Blicken oder Beurteilung ausgesetzt sind. Dabei wird ein charakterliches oder anlagebedingtes Handikap – im allgemeinen eine Form von Lampenfieber – benutzt, um den Ruf zu wahren oder zu schützen.[36] Viele Stars, die Bedingungen herstellen, die sie zwingen, die Überholspur im Leben vorzeitig zu verlassen, entdecken, daß sie

156

dadurch ihr Kompetenzimage verbessert haben, das somit für die Geschichte gerettet ist. Die Legende von Greta Garbo ist hier ein passendes Beispiel. 1941, im Alter von 36 Jahren, kam sie nach dem Scheitern von *Die Frau mit den zwei Gesichtern* von Hollywood und dem Filmemachen ab. Vielen Berichten zufolge hatte sie einen dauerhaften Rückzug nie geplant, sich ihm aber auch nie aktiv widersetzt. Tatsächlich hätten Projekte, die aufgrund von Faktoren wie der Finanzierung ins Wasser fielen, durchgezogen werden können, wenn die Garbo beschlossen hätte, daß die Umstände ihr paßten. In einer aufschlußreichen Filmkritik heißt es: »Die launische, zurückgezogene Garbo, die den Wirbel um den Ruhm immer gehaßt hatte, hielt es für einfacher, ziellos durch den Rest ihres Lebens zu wandern, als sich gegen ihre eigene, zunehmend belastende Legende zu beweisen.«[37]

Einige Forscher haben gezeigt, daß Schüchternheit ein sehr effizientes selbstbehinderndes Hilfsmittel sein kann.[38] Aus unserer Sicht benutzte die Garbo ihre Schüchternheit als eine selbstdienliche selbstschädigende Strategie, um sich vor einem Publikum zu schützen, das sie prüfen, und, schlimmer noch, beurteilen würde. Der Rückzug von den begutachtenden Blicken der Öffentlichkeit reduzierte die objektive Selbsterkenntnis, zu der ihr gigantischer Ruhm geführt hatte. Durch diesen letztendlich selbstschädigenden Vorgang erhob die Garbo jedoch ihr öffentliches Image von dem eines Filmstars zu dem einer Filmlegende oder, wie einige sagen, zu dem einer Leinwandgöttin. Der gute Ruf, den sie sich durch 24 erfolgreiche Filme geschaffen hatte, wurde durch den einen Flop nicht in Frage gestellt und wuchs weiter. Um noch einmal eine Analogie aus dem Baseball zu benutzen: Sie ging nicht aufs Spielfeld – und ans Schlagmal –, um die Möglichkeit zu vermeiden, danebenzutreffen.

Die dem Vermeidungsverhalten der Garbo zugrundeliegende seelische Einstellung entspricht der vieler Menschen, die durch starke Prüfungsangst geschwächt werden. Sie machen ihre Erfolgschancen durch die Behauptung zunichte, ihr Unbehagen hindere sie daran, sich einer zutreffenden Beurteilung ihres wahren Potentials zu stellen.[39] Diese Art von

Störung, die anstatt vorübergehender Behinderungen wie Alkoholeinfluß, fehlender angemessener Vorbereitung oder Schlafmangel angeboten wird, kommt vielen Selbstbehinderern entgegen, die ständig mit Beurteilungen rechnen.

Selbstbehinderer haben in der Familie der Eigensaboteure einen Sonderstatus inne, weil ihre Selbstwert-Schutzstrategien, bei denen sie nicht verlieren können, meist einen relativ leichten körperlichen Tribut erfordern. Dadurch, daß sie es so arrangieren, daß sie in Beurteilungssituationen so aussehen, als wären ihnen immer die Hände im Rücken gebunden, minimieren sie die negativen Implikationen eines Mißerfolgs, während sie gleichzeitig die positiven Implikationen eines Erfolgs maximieren. Obwohl die Selbstbehinderung – aufgrund von Substanzenmißbrauch, White-Collar-Kriminalität oder chronischen Mustern psychiatrischer Störungen wie Angst oder Depression – dauerhaften Schaden anrichten kann, wird sie durch die Überzeugung gespeist, daß der Tausch zu mehr Selbstachtung oder sozialer Wertschätzung führt. Im nächsten Kapitel untersuchen wir ein sehr viel schwächenderes Selbstschädigungsschema; es wird nicht durch Themen im Zusammenhang mit Kompetenz oder Selbstbild in Gang gesetzt, sondern offenbar durch das unaufgelöste Gefühl, ungerecht behandelt worden zu sein.

6

Pyrrhus-Rache

Noch so ein Sieg über die Römer, und wir sind erledigt.
– Pyrrhus, König von Epirus, nach seinem Sieg über die römische
Armee.

Als König Pyrrhus von Griechenland im Jahr 280 v. Chr.
seine sarkastische Bemerkung machte, wird er kaum vermutet
haben, daß sein Name bis heute mit kostspieligen Siegen assoziiert wird. Ein Pyrrhus-Sieg wird vor allem mit einem Sieg
zu *ruinösen* Kosten in Verbindung gebracht, so daß niemand
die Schlacht gewonnen zu haben scheint. Die in Scheidung
befindlichen Partner, die in dem Film *Der Rosenkrieg* von
Michael Douglas und Kathleen Turner gespielt werden, illu-
strieren diese Dynamik. Anstatt ihr Hab und Gut aufzuteilen
und höflich ihrer Wege zu gehen, ertragen sie die aggressive
Verachtung und die körperlichen Mißhandlungen des anderen in der Hoffnung, das Haus und wertvolle Besitztümer
behalten zu können. Am Ende liegen die beiden Kämpfer erschöpft in den Ruinen ihrer ehemaligen Millionen-Dollar-
Residenz; ihr materieller Reichtum und ihr Seelenfrieden
sind nur noch ein Trümmerhaufen.
Wie in Kapitel 1 erwähnt, führt der böswillige Selbstschädigungsstil, der seinen Namen dem militärischen Sieg von
König Pyrrhus entlehnt – Pyrrhus-Rache –, zu ruinösen Ergebnissen für die, die ihn in Gang setzen, auch wenn die von
Armeen geschlagenen Schlachten sich in wichtigen Punkten
von denen der Eigensaboteure unterscheiden. Erstens bezeichnen wir diese Taktiken als Pyrrhus-*Rache* und nicht als
Pyrrhus-*Sieg*, weil das zugrundeliegende Motiv eher eine be-

absichtigte Vergeltung als eine normale Besiegung zu sein scheint. Obwohl Pyrrhus-Rache-Strategien gegen die für den seelischen Schmerz der Eigensaboteure vermeintlich Verantwortlichen gerichtet sein können, werden sie auch oft unbewußt eingesetzt, um den Mißbrauch durch einen jetzt verstorbenen oder abwesenden Elternteil zu rächen.[1] Obwohl es nicht so aussieht, stellt der Partnern oder anderen Elternersatzfiguren (etwa Liebhabern oder Chefs) regelmäßig angetane Kummer in Wirklichkeit den fehlangepaßten Versuch des Eigensaboteurs dar, in der Kindheit erlittenes Unrecht geradezurücken.

Im Gegensatz zu den meisten Pyrrhus-Siegen, bei denen die Kämpfer sich verwundert fragen »Und was hat mir das gebracht?«, scheint die Pyrrhus-Rache zweitens eine unmittelbare, kurzfristige Genugtuung zu verschaffen. Den verschiedenen Methoden der Pyrrhus-Rache ist ein definierendes Merkmal gemeinsam: das Vermögen, einem anderen zu schaden, während man sich selbst schadet. Durch das Anzetteln einer Schlacht, die Herbeiführung von Umständen, die beiden Seiten schaden, oder das Provozieren kostspieliger Vergeltungsmaßnahmen bieten Pyrrhus-Rache-Strategien eine psychologische Verstärkung oder Erleichterung, die den offenkundigen Schaden für das Selbst irgendwie kompensiert.

Ein Patient, der einen Pyrrhus-Rache-Selbstschädigungsstil aufwies, verdient besondere Aufmerksamkeit. Jerry kam mit 26 Jahren in Therapie, weil er wegen einer selbstdiagnostizierten »Spielsucht« Hilfe suchte. Davor hatte er sich wegen dieser Störung fast ein Jahr lang in vier verschiedenen geschlossenen Entzugseinrichtungen aufgehalten. Die Behandlungen hatten immer kläglich versagt; Jerry schätzte, daß er über eine Million Dollar verloren hatte, weil er von Pferden bis zu Wahlen auf alles mögliche gewettet hatte. Die stationäre Therapie war so ineffizient gewesen, daß er oft sogar während seiner Klinikaufenthalte eine Möglichkeit gefunden hatte, Buchmachern telefonisch Wetten durchzugeben.

Jerry war das fünfte und letzte Kind eines reichen Industriellen aus New England, der einen von Jerrys Großvater gegründeten Fabrikations-Konzern leitete, und einer Mutter, die Jerry zufolge »die klassische Hausfrau« war. Alle Geschwister Jerrys traten in das Familienunternehmen ein: Sein Bruder leitete eine in einem anderen Bundesstaat gelegene Abteilung der Firma, und die Männer seiner Schwestern besetzten leitende Positionen im Konzern. Obwohl Jerry und seine Geschwister sich emotional voneinander entfernt hatten (sie kamen als Gruppe nur noch am Weihnachtsabend zusammen), hatten sie sich nie um Anteile am Familienunternehmen gestritten – es war mehr als genug da, daß es für alle reichte, und Jerrys Vater war nicht kleinlich. In der Tat war Jerrys Familie so aktiv philanthropisch, daß eine kirchliche Erholungseinrichtung nach ihr benannt worden war.

Jerry hatte das College mit einem Wirtschaftsexamen abgeschlossen, und weil er das Finanzwesen mochte, wurde er zum obersten Finanzchef der Firma – zu jemand, der direkt seinem Vater unterstellt war, dem Firmenchef und Generaldirektor. Im Grunde hatte er alles, was ein junger Mensch erhoffen konnte: eine garantierte Karriere, ererbten Reichtum, Freunde und körperliche Gesundheit. Aber aus irgendeinem geheimnisvollen – und äußerst therapieresistenten – Grund wurde er immer wieder vom Wetten aus der Bahn geworfen.

Nach seinem ersten Klinikaufenthalt war Jerry versprochen worden, daß er seine Position im Familienunternehmen wieder übernehmen könnte, wenn er »mit sich ins reine« käme, aber sein Status bröckelte ab, als er sich wiederholt gezwungen sah, seinen Vater unter Tränen um Geld für seine Wettverluste zu bitten. Bei diesen Begegnungen reagierte Jerrys Vater fast immer auf dreierlei Weise. Erst schrie er und beschimpfte Jerry wegen seiner »verdammten Ignoranz« (Wetten abzuschließen und auf einen Gewinn zu hoffen); dann weinte er und gab Jerry die sechsstelligen »Vorschüsse«, die dieser brauchte, um seine Schulden zu decken; und schließlich verfluchte er die früheren psychiatrischen Betreuer, die seinen Sohn im Stich gelassen hatten, und suchte nach einem anderen »kompetenten« Psychotherapeuten, der sich um seinen Jungen kümmern würde.

Im ersten Gespräch bemerkte Jerry, sein Vater würde sich »große Sorgen machen«, daß Jerry »wegen seines Wettproblems nicht richtig mit den Firmenbüchern umgehen würde«. Er schwor dann wiederholt, daß er »ein für alle Mal« mit seinem zwanghaften Wetten aufhören würde, um seinen Platz in der Firmenhierarchie wieder einzunehmen. Die wichtigste Enthüllung während dieser Sitzung war jedoch nicht eine Einsicht in die Notwendigkeiten oder Triebe, die ihn zu unbesonnenen, im allgemeinen aussichtslosen Wetten drängten. Die Aussage, die für seine Psychotherapie bestimmend wurde, war das tränenreiche Bekenntnis: »Was mich an dieser Krankheit umbringt – mir die Eingeweide zerreißt –, ist, was ich damit meiner Familie antue. Wenn mein Paps sich mit diesem zwielichtigen Buchmacher-Gesindel beschäftigen muß – sie mit den Gewinnen aus dem Geschäft auszahlt, das mein Großvater mit eigenen Händen aufgebaut hat –, tut mir das so weh, daß ich sterben könnte. Aber eigentlich tut mir nicht mein Schmerz weh – ich zahle meine Schuld zurück; ich verkaufe meinen Anteil am Geschäft –, was mich umbringt, ist der gequälte Ausdruck im Gesicht meines Vaters, und wenn ich ihn weinen sehe. Ich weiß, daß ich ihm ein Messer in den Bauch stoße, wenn ich spiele.«

Jerry hatte recht. Als die ungewöhnlichen Aspekte seiner Wetten sich herausschälten, wurde es leicht, seine Störung zu diagnostizieren (obwohl sie schwer zu behandeln blieb). Obwohl Jerry sich für wettsüchtig hielt, erfüllte er die von der American Psychiatric Association für »pathologisches Spielen« aufgestellten Kriterien nicht.[2] Pathologische Spieler spielen häufig, sind ruhelos oder reizbar, wenn sie nicht spielen können, und steigern die Höhe oder die Häufigkeit der Einsätze, um die gewünschte Erregung zu erreichen. Jerrys Spielen war anders: er spielte nur sehr unregelmäßig; und wenn er Wetten abschloß und gewann, fühlte er sich nie »high«. Wenn er auf eine »Spiel-Tour« ging, wie er es nannte, schloß er nur eine Art von Wetten ab (fast immer 10 000 Dollar pro Ereignis) und wiederholte dieses Muster praktisch Nonstop, bis er sich in so vielen Schulden wiederfand, daß er gezwungen war, seinen Vater um Hilfe zu bitten. Das charakteristischste Merkmal von Jerrys Wett-Karriere war jedoch die Tatsache, daß *jede* Tour durch Wut auf seinen Vater ausgelöst wurde. Jerry litt an einer Charakterstörung, die am besten als böswillige Selbstschädigung beschrieben wird.

Obwohl Jerrys Vater eine Stütze der Gesellschaft und finanziell unbestreitbar erfolgreich war, war er seinem Sohn gegenüber kalt, vorwurfsvoll und feindselig. Er war fast fünfzig Jahre alt gewesen, als Jerry geboren wurde, und hatte, wie eine von Jerrys Schwestern sagte, »nie Zeit für den kleinen Dynamo, der über Tische und Bänke tollte«. Noch wichtiger war, daß er Jerry gegenüber gefühllos war, der als das jüngste von fünf Geschwistern durchgängig wenig von Zeit und Aufmerksamkeit seines Vaters zu bekommen schien. Jerry erzählte, daß sein Vater von der Grundschule bis zum College nie kam, wenn Jerry bei einer Aufführung des Schulchors mitsang oder seine Kunstwerke in der Schule ausgestellt wurden, und trotz ständiger Bitten verbrachte Jerrys Vater nie »außer-geschäftliche« Zeit mit ihm. Wenn Jerry versuchte, mit seinem Vater außerhalb der Firma zu interagieren, wurde er im allgemeinen gerügt, Zeit zu verschwenden und »sich wie ein Kind« zu verhalten. Wie Jerry sagte: »Wenn ich etwas für die Firma tat, hörte ich ›Guter Junge‹ – ansonsten kein Wort.«

Durch ein umständliches Verfahren von Versuch und Irrtum muß Jerry jedoch schließlich entdeckt haben, daß er durch seine – mit großen Ausgaben von Geld, der »Lebensbeschäftigung« seines Vaters – verbundenen Wettschwierigkeiten die Aufmerksamkeit bekommen konnte, nach der sich sehnte. Jerry lernte, mit Hilfe des selbstzerstörerischen Spielens die Wut seines Vaters zu erregen, der Beweise seiner Zuneigung folgten, wenn Jerry bereute und zeigte, daß er sich gedemütigt und besiegt fühlte. Obwohl die Aufmerksamkeit, die Jerry durch dieses Pyrrhus-Rache-Verhalten erhielt, unverhohlen negativ war, bot sie auch seelische Belohnungen.

Pathologische Liebe

Denken Sie an Adam, den in Kapitel 1 beschriebenen Jungen, der es fertigbrachte, von diversen Vorbereitungsschulen zu fliegen – eine böswillige Selbstschädigung, die seinen Vater verletzte. Wie Jerry fand dieser Junge eine Möglichkeit, seinen Vater mit einer Pyrrhus-Rache anzugreifen, die auf das Unternehmen abzielte, das sein Vater am meisten liebte – Bildung. Die genannten Beispiele treffen ins Herz dieser komplexen selbstschädigenden Dynamik: Menschen, die eine Pyrrhus-Rache in Gang setzen, lernen früh im Leben, daß sie entweder nicht auf eine Weise geliebt werden, die sie nährt, oder daß die Menschen, denen die Macht anvertraut wurde, Liebe und Zuneigung zu vergeben, andere Prioritäten haben, etwa das Familiengeschäft oder akademischen Erfolg. Mit diesem Wissen ausgestattet, können Eigensaboteure die empfindlichsten Stellen ihrer »Zielscheibe« erkennen und sich selbst schaden, um das zu verletzen, was die fehlerhaften Betreuer am meisten schätzen.

Viele Psychoanalytiker interpretieren die Aktionen von Pyrrhus-Rache-Eigensaboteuren als eine pathologische Art, Menschen, die sie brauchen und zu denen sie eine tiefe Beziehung haben, die sie aber auch hassen, zu lieben oder Aufmerksamkeit von ihnen zu bekommen.[3] Eine bekannte Theorie, die von dem Psychoanalytiker Wilhelm Reich stammt, geht davon aus, daß diese Menschen von Eltern großgezogen wurden, die sie verlassen oder vernachlässigt haben.[4] Infolgedessen fürchten sie sehr, daß sich bestätigt, daß sie im Grunde nicht geliebt werden oder Aufmerksamkeit nicht verdienen. Wenn an das Verlassenwerden in der Kindheit erinnernde Ereignisse – etwa eine barsche Zurückweisung oder die reale Ablehnung durch einen wichtigen Menschen – ihre Ängste wachrufen, können Selbstschädiger mit einer Pyrrhus-Rache-Taktik eine Verbundenheit herstellen, die das Entsetzen vor dem Alleinsein vermindert. Einfach gesagt: Besser eine feindselige oder überhaupt eine Reaktion, als als wertlos und des Interesses unwürdig betrachtet zu werden.

Diese Erklärung entspricht genau der selbstschädigenden Dynamik von Jerry und Adam. Durch die Zerstörung eines Aspekts von ihnen selbst, den ihr Vater schätzte – Geld bzw. akademische Kompetenz –, lösten diese Eigensaboteure bei ihren Vätern sehr viel mehr Aufmerksamkeit und Betroffenheit aus als durch angemessene Leistungen. Jerrys Vater gab ihm eine oberflächliche Anerkennung, wenn er gut arbeitete, und ignorierte ihn bei allen anderen Gelegenheiten. Adam, der für Schulverweise anfällige Schüler, begann mit seinem Pyrrhus-Rache-Verhalten, wenn er von Besuchen zu Hause in die Schule zurückkam. Wenn Adam den Grund für seine Auseinandersetzungen in Worte hätte fassen können, hätte er vielleicht gesagt: »Dad, du hast mich schrecklich verletzt, als du mich aus dem Haus geworfen hast. Jetzt mußt du herkommen und dich mit mir beschäftigen, weil ich in Schwierigkeiten bin und der Schulleiter dich herzitiert hat.«

Jerry könnte sich auch deshalb in Schulden – und die schützende Fürsorge seines Vaters – hineingewettet haben, weil er aufgrund der unzureichenden Betreuung, die er als Kind erhalten hatte, in einer Zwickmühle war. Einerseits löste die unzureichende Betreuung seines Vaters Wut und den Wunsch nach Rache aus. Andererseits wollen abhängige Kinder die Beziehung zu ihren Eltern idealisieren, teilweise deshalb, weil sie so die Phantasie aufrechterhalten können, daß für ihre Bedürfnisse gesorgt wird.[5] In Jerrys Fall wurde diese der Kindheit entstammende Phantasie von einem idealisierten Vater durch die hohe Meinung verstärkt, die Kirchenvorsteher, Geschäftsleute, Nachbarschaft und Freunde der Familie von seinem Vater hatten. Das Problem für Jerry – und andere, in vergleichbaren Umständen aufwachsende Menschen – besteht darin, daß es schwierig und gefährlich ist, gegen einen »Heiligen« aggressiv zu sein, vor allem wenn er auch noch der Arbeitgeber ist.

Die Ohnmacht, die sich aus einer Pyrrhus-Rache ergibt, stellt hier einen sehr guten Kompromiß dar: man bleibt einem ambivalenten Liebesobjekt emotional verbunden und gibt ihm symbolisch »eins aufs Dach«. Der böswillige Selbstschädiger, der die Erreichung gesunder Ziele sabotiert oder sich selbst aktiv schadet – und zwar so, daß es dem ambivalent geschätzten Elternteil sofort klar ist –, übernimmt den Status des Machtlosen (»Sieh, ich kann dich nicht verletzen«) und hebt den Elternteil aufs Podest (»Sieh, wie mächtig du bist«). Dieser Vorgang erleichtert den Selbstschädiger, denn er gibt ihm die Hoffnung, daß die selbstverschuldete Bestrafung schließlich zu einer angemessenen elterlichen Betreuung führt, auch wenn der Elternteil in der Vergangenheit kläglich versagt hat.

Sieg durch Niederlage

Ein verwirrender Aspekt der Pyrrhus-Rache ist, daß sie verstärkt und noch mehr als Waffe eingesetzt wird, wenn die erwünschte Reaktion tatsächlich eintritt.[6] Wenn die Pyrrhus-Rache-Taktik zum Beispiel heißt: »Ich halte meinen Atem an, bis ich blau werde«, und Johnny lernt, daß Mami bei dem entsprechenden Verhalten zu ihm rennt und ihn umarmt, sobald er sich verletzt oder kontaktbedürftig fühlt, wird Johnnys Macht über Mami beträchtlich steigen. Wenn Mami ihm ein Plätzchen verweigert, das Fernsehen abschaltet oder mit ihm schimpft, weil er seine kleine Schwester geschlagen hat, macht Johnny Mund und Nase zu und wird schneller blau, als Sie »Einatmen« gesagt haben. Wenn Mami Johnnys manipulative Absicht durchschaut und nicht reagiert, kann Johnny den Einsatz erhöhen und eine Ohnmacht versuchen.

Obwohl nur wenige Pyrrhus-Rache-Methoden so einfach sind, wie den Atem anzuhalten und blau zu werden, können sie das Verhalten anderer leicht und direkt beeinflussen. Sobald Selbstschädiger wissen, wie ihr selbstbereiteter Schmerz sich auswirkt, können sie diese Taktik auf vielerlei Weise effizient einsetzen.

Erstens verschaffen diese Methoden den psychischen Vorteil, das Verhalten anderer Leute kontrollieren zu können. Nehmen wir an, Sie haben mit einem Elternteil zu tun, der übertrieben kritisch ist und 90 % von dem, was Sie getan haben, ablehnt. Viele Verhaltenspsychologen glauben, daß das aktive *Provozieren* der Kritiken und Züchtigungen eines solchen Elternteils die Zurückweisung weniger schmerzlich macht, weil Sie sie dann unter Kontrolle haben.[7] Aus dieser Sicht, die sich nur darauf konzentriert, wie die Abschwächung eines schmerzlichen Reizes Befriedigung verschafft, ist bei erwarteter Bestrafung die Angst vor diesem schädlichen Ergebnis oft größer als das Ergebnis selbst. Unter solchen Umständen können Eigensaboteure ihre Angst effizient zurückschrauben, wenn sie die Bestrafung absichtlich auslösen (»Na gut, bringe ich es hinter mich«).

Mit anderen Worten: Durch die Herbeiführung einer schmerzlichen Erfahrung – das heißt die Kontrolle über Zeitpunkt und Ort ihres Stattfindens –, können böswillige Selbstschädiger paradoxerweise das Ausmaß des Schmerzes, den sie zu ertragen haben, verringern.[8] Der Verhaltenspsychologe B. F. Skinner meint, daß dieses Prinzip dem Bekennen zugrunde liegt – sowohl der religiösen Variante als auch der Art, die sich bei Kriminellen findet.[9] Wenn jemand einen schädlichen Reiz – etwa das Gefühl der Sündhaftigkeit oder die Erwartung einer Strafe – dadurch stoppen kann, daß er das schmerzhafte Ereignis heraufbeschwört, wird dem selbstbereiteten Schmerz eine gewisse Befriedigung innewohnen.

Der zweite Vorteil einer Pyrrhus-Rache-Strategie besteht darin, daß man durch sie die Inkompetenz eines ehedem idealisierten Mensch beweisen kann. Wie wir in Kapitel 1 bei der Erörterung von Mohammed Alis Strategie gesehen haben, die Gegner auf sich eindreschen zu lassen, fühlt man sich irgendwie allmächtig, wenn man das Opfer von Ineffizienz oder Mißbrauch ist, und erhebt sich über sie.

Ein pubertierender Patient entwickelte eine bemerkenswert wirkungsvolle Pyrrhus-Rache-Strategie, die sich den uralten Grundsatz zunutze machte, daß »das mich mehr verletzt als dich«. Stuart, das jüngste von drei Kindern einer Mittelstandsfamilie, hatte das, was gemäß den Richtlinien der American Psychiatric Association als »Störung des Sozialverhaltens« zu diagnostizieren wäre, außer daß er die offenkundig grausamen Symptome nicht zeigte.[10] Er brach nicht in fremde Wohnungen ein, zerstörte nicht fremdes Eigentum, war nicht grausam gegenüber Tieren und/oder Menschen, hatte keine Schlägereien und zwang andere Personen nicht zu Sexualkontakten. Statt dessen brach er alle kleinen Regeln, die er brechen konnte, und zwar so, daß sein Vater ihn garantiert entdeckte. Zum Beispiel schrieb er offen die Prüfungsarbeit eines Mitschülers ab und wurde von der Schule zeitweilig ausgeschlossen; er stahl Geld aus der Börse seiner Mutter, während seine Großmutter (die mit der Familie zusammenlebte) »zufällig zusah«. Oder er stibitzte Drinks aus der Bar seines Vaters und ließ das Glas in seinem Zimmer stehen. Diese stümperhaften Unbedachtheiten lösten bei seinem Vater unweigerlich einen Wutanfall aus, und Stuart wurde mit einem Gürtel kräftig verprügelt. Stuarts Vater ging soweit, ein primitives Bestrafungssystem zu entwickeln, bei dem die Anzahl der Hiebe der »Schwere« von Stuarts Vergehen angepaßt wurde.

Interessant an Stuarts Muster von Schuld und Sühne ist das, was nach den Prügeln geschah. Wenn Stuart schluchzend und schmerzgepeinigt auf seinem Bett lag, begann seine Mutter, ihrem Mann vorzuwerfen, er sei gewalttätig und würde Stuart an »Geist und Seele« traumatisieren. Diese Tirade – bei der Stuart oft Zeuge war, denn er verließ sein Bett, um seinen Eltern nachzuspionieren, wenn er seine Mutter schreien hörte – ging weiter, bis sein Vater »mindestens eine halbe Flasche Schnaps vertilgt und versprochen hatte, andere Methoden zu finden, um mit dem Fehlverhalten seines Sohns fertigzuwerden«. Für den Rest des Abends saß Stuarts Vater depremiert in seinem Sessel, redete mit niemandem und »schluckte Schnaps, als ob es Sprudelwasser wäre«.

Sogar Stuart, der 16 Jahre alt war, als er die Therapie begann, erkannte leicht, daß seine Indiskretionen ein Szenario initiierten, das letztendlich seinen Vater bestrafte. Obwohl er die Dynamik, die dieser Pyrrhus-Rache-Strategie zugrunde lag, zunächst nicht erklären konnte, erkannte er bald, daß er »gegen seinen Vater einen Punkt gemacht hatte«. Er sagte: »Papa verliert völlig die Kontrolle und ist dann ein nutzloses

Wrack. Ich lerne, nicht jedesmal etwas Böses zu tun, wenn er mich schlägt, was bedeutet, daß ich besser sein werde, wenn ich ein Vater bin, denn ich habe gelernt, wie man handelt.« Stuart leitete ganz klar ein Gefühl des Ruhms davon ab, daß er seinen vorgeblich mächtigen Vater erniedrigte. In der Psychotherapie wurde er unterstützt, ein Selbstwertgefühl nicht wie bisher durch die verdrehte Logik zu entwickeln, die besagte: »Vielleicht bin ich schlecht, aber ich bin besser als er, was gut sein muß.«

Hilfe suchen und ablehnen

Eine Pyrrhus-Rache kann für Leute, die sich beklagen, aber Hilfe ablehnen, eine wirkungsvolle Waffe sein *und* ihr Selbstwertgefühl erhöhen; der Psychiater Eric Berne nannte dieses Spiel: »Hilf mir, wenn du kannst... du Schweinehund«.[11] Dieser Selbstschädigungsstil wurde zunächst in psychiatrischen Praxen von Therapeuten bemerkt, die das Gefühl hatten, von ihren Patienten manipuliert und abgewertet zu werden; heute erkennt man ihn bei allen böswilligen Selbstschädigern, die Macht und psychologische Befriedigung dadurch anstreben, daß sie andere scheitern lassen. Bei dieser Form der Pyrrhus-Rache lassen Eigensaboteure einen Helfer kommen (vom Polizisten bis zum Priester), äußern ihr Bedürfnis nach Hilfe und hintertreiben dann alle Hilfsbemühungen dieses Menschen. Obwohl solche Selbstschädiger sich selbst bestrafen und durch die Blockierung der gutgemeinten Anstrengungen anderer potentielle Vorteile verlieren, bereitet die Erkenntnis, daß sie die Macht haben, Möchtegern-Helfer (die mutmaßlich mächtiger sind) machtlos zu machen, in Verlegenheit zu bringen und zu demütigen, ihnen eine abartige Befriedigung. Bei einer solchen Pyrrhus-Rache-Strategie können Menschen durch eine Niederlage einen psychologischen Sieg erringen.[12]

Narzißtische Wunden durch eine
Pyrrhus-Rache kompensieren

Wir haben bis jetzt einen Kontext noch nicht erörtert, in dem die Pyrrhus-Rache am häufigsten stattfindet: die Ehe. Zu den bekanntesten böswilligen Eigensaboteuren gehören die Zeitgenossen, die langfristige Beziehungen eingehen, in denen sie ihre Partner regelmäßig in Zorn oder Wut versetzen und diese dann demütig um Vergebung bitten. Obwohl die Feindseligkeiten zwischen solchen Eigensaboteuren und ihren Partnern eskalieren können, bleiben solche Partner im allgemeinen zusammen, auch wenn sie ganz klar günstigere Alternativen haben.

Marie kam mit 29 Jahren in Therapie, nachdem sie sechs Jahre lang ihre Rolle im »ungleichsten Paar auf Erden« – so ihre Worte – gespielt hatte. Nach dem College hatte sie für eine große Computerfirma in der Verkaufsförderung und im Marketing gearbeitet und es schließlich bis zum Rang des stellvertretenden Direktors gebracht. Marie und ihr Mann Alan hatten keine Kinder, aber sie plante eine Familie, »wenn sie den ehelichen Aspekt [ihres] Lebens auf ein Gleis bringen könnte, das ihrer Karriere glich«. Marie berichtete, sie hätte eine Therapie begonnen, um »den Kreislauf frostiger Beziehungen zu Mr. Eisberg zu brechen, bevor [sie] dreißig wurde«.

Wie Marie sagte, waren sie und Alan wie »Nacht und Tag«: sie war eine lebhafte, schöne Extravertierte, er ein intellektueller Einzelgänger. Zufällig arbeitete er auch im Verkauf (ebenfalls im Computerbereich, aber für eine mit ihrem Unternehmen nicht konkurrierende Firma), war aber beruflich seiner Frau klar unterlegen. Marie hatte keine Mühe, Menschen anzuziehen und zu fesseln. Alan war zwar genauso intelligent wie jeder andere in seinem Bereich, aber kein charismatischer Charmeur, und seine Verkaufsergebnisse spiegelten diese Unzulänglichkeit.

Ein ausgeprägter Temperamentsunterschied war die Ursache ihres ehelichen Konflikts. Marie, die während ihrer Collegezeit zur Schönheitskönigin gewählt worden und auch sexuell aktiv gewesen war, erwartete, daß sie und Alan auch in der Ehe verliebt bleiben würden. Alan jedoch reagierte in puncto Zärtlichkeit oder Sex nicht auf sie, obwohl sie anziehend war und ihre Wünsche äußerte. Als Marie mit der Therapie begann, behauptete sie, Alan hätte »seine Libido völlig verloren«, als sie sich verlobt hatten, und wäre »wie ein Eunuch«. Einmal, als sie sich zu Alans Begrüßung in ein riesiges Band – und sonst nichts – gewickelt hatte und auf dem Sofa im Wohnzimmer lag, kam er herein und fragte nur: »Was gibt's zum Abendessen?«

Die Kompromißlösung, die Marie gefunden hatte, um mit ihrem schmerzlichen Gefühl der Zurückweisung fertigzuwerden, war ein Pyrrhus-Rache-Schema. Ihre Karriere brachte sie in ständigen Kontakt mit Männern, die sie praktisch ohne Ausnahme für extrem begehrenswert hielten. Marie hatte während ihrer Geschäftsreisen zahlreiche Affären und hinterließ – ähnlich wie Stuart – jedesmal offensichtlich verräterische Kennzeichen, die Alan finden mußte. Bei drei Gelegenheiten gab Marie ihren Liebhabern »zufällig« ihre private Telefonnummer, und als sie anriefen, war Alan am Telefon. Marie versäumte es oft, Alan zu vorher festgelegten Zeiten anzurufen, und wenn er versuchte, sie ausfindig zu machen, konnte sie später ihren Verbleib nicht erklären. Bei den letzten beiden Gelegenheiten hatte Marie die Geschäftskarten ihrer ephemeren Liebhaber offen auf dem häuslichen Schreibtisch liegenlassen – den sie sich mit Alan teilte –, obwohl die auf den Karten angegebenen Tätigkeiten mit Maries Arbeit nichts zu tun haben konnten.

Die Diagnose einer böswilligen Selbstschädigung ergab sich zum einen daraus, daß sie Alan zu diesen Entdeckungen führte, zum anderen daraus, daß sie sich *provokativ* zu ihren außerehelichen Affären bekannte. Wenn Alan sie zum Beispiel fragte: »Warum mußtest du in Dallas unbedingt einen Börsenmakler aufsuchen?«, gab Marie wütend zurück: »Was geht dich das an? Meinst du, ich hätte mit ihm geschlafen?« Alan sagte ja, und nach ein paar weiteren wütenden Sätzen gab Marie die Affäre zu, und ein harter Schlagabtausch begann. Er nannte sie »Schlampe« oder »Hure«, und sie antwortete ihrerseits mit »Impotenzler« oder »Schwuler«. Nach mehreren Wechselreden dieser Art – die mindestens eine Viertelstunde dauerten – mißhandelte Alan schließlich Marie auf die eine oder andere Weise und brachte sie dazu, in Tränen auszubrechen und um Verzeihung zu bitten. Ungefähr eine Stunde lang debattierten sie das Für und Wider eines weiteren Zusammenbleibens, und Alan verzieh Marie immer, wenn sie versprach »es« nie wieder zu tun.

Wichtig ist, was nach diesen Szenen geschah: Nachdem Marie sich gedemütigt und entschuldigt hatte, kam es stets zu sexuellen Beziehungen. Die Auseinandersetzungen und Maries ängstliches Schluchzen schienen Alan aus seinem Schneckenhaus heraus- und in Maries Arme hineinzutreiben. Dieses häufige, oft als Kampf/Fick-Syndrom bezeichnete Szenario ist eine Form des Siegs per Pyrrhus-Rache, die Eigensaboteure auf zweierlei Weise befriedigt. Erstens kontrollieren sie erfolgreich ihre Partner, indem sie es einrichten, bestraft, beschämt und gedemütigt zu werden. Zweitens werden die Mißbraucher in die Enge getrieben: sie sehen sich gezwungen, den Wert und die inhärente Liebenswürdigkeit des Eigensaboteurs erneut zu bestätigen.

Der Psychoanalytiker Robert Stolorow meint zu dieser Art böswillig selbstschädigenden Verhaltens, daß es eine narzißtische Funktion habe.[13] Ein Mensch mit mangelhaftem Selbstgefühl kann selbstschädigende Verhaltensweisen benutzen, um eine interdependente Beziehung zu einem hochgeschätzten Partner aufzubauen und so ein Selbstwertgefühl zu bekommen. Wenn man seinen eigenen Wert im Verhältnis zum anderen vermindert und eine Symbiose herstellt, in der der eine so umhegt oder umsorgt wird, wie er möchte, wird die Struktur dieser Beziehung das Selbstwertgefühl des Eigensaboteurs vermutlich stärken oder zumindest zeitweise auf dem gleichen Level halten.

In Maries Fall ergab die Psychotherapie, daß sie trotz ihres Erfolgs in der Welt ein sehr geringes Selbstwertgefühl hatte. Sie war ein Einzelkind und behauptete, daß sie sich, soweit sie zurückdenken konnte, immer von ihrem Vater im Stich gelassen gefühlt hatte, einem zurückhaltenden Ingenieur, der sich selten um sie kümmerte und lieber »im Keller an seinen dummen Erfindungen herumbastelte« oder mit Kumpanen Schach spielte. Erst mit 16 hatte sie das Gefühl, bemerkt zu werden und wertvoll zu sein – als sie nämlich sexuell reif geworden war und Männer jeden Alters ihren Körper beäugten – eine Tatsache, die zu erklären half, warum Sex für sie so wichtig war. Von ihren Zeiten als leicht promiskuitive College-Studentin (die sogar einmal einen kleinen Auftritt im *Playboy* gehabt hatte) bis zu ihrer Position als leitende Angestellte, die überall, wo sie hinkam, die Aufmerksamkeit der Männer erregte, hatte Marie ein vorübergehendes Selbstwertgefühl von ihrem Sexappeal abgeleitet. Alan jedoch, der sich wie ihr Vater von ihr zurückzog, gab ihr nicht die Bestätigung, nach der sie sich sehnte – solange sie seine liebende Fürsorge nicht durch ihre Pyrrhus-Rache provozierte.

In Übereinstimmung mit Stolorows Theorie stellte sich bei der Psychotherapie heraus, daß Marie eine doppelte Portion Selbstwertgefühl bekam, wenn sie Alan zu tätlichen Wutanfällen provozierte und ihn am Schluß verführte. Zum einen kam Marie durch eine Niederlage zum Sieg, weil sie den Mißbrauch ihres Aggressors / Ehemannes ausnutzte, den sie wegen seiner Ähnlichkeit mit ihrem Vater unbewußt wahrscheinlich idealisierte. Zum anderen stärkte der – in den sexuellen Beziehungen gipfelnde – »Umschwung« von Alans Einstellung und Zuneigung Maries Selbstwertgefühl. Sie berichtete sogar, daß sie nach ihren Auseinandersetzungen das Gefühl hatte, daß »Alan sie [im Gegensatz zu ihrem Vater] nie im Stich lassen« würde. Die hart erkämpfte Bindung gab Marie wahrscheinlich die Sicherheit, daß Alan ihr trotz seiner Fehler zuverlässig zur Verfügung stehen würde, um ihr zerbrechliches Selbstwertgefühl zu stärken.[14]

Mea culpa

Viele psychoanalytische Theorien zur Selbstschädigung behaupten, daß eine Pyrrhus-Rache durch Schuldgefühle ausgelöst wird. Obwohl die zahllosen Theorien, die auf der Vorstellung einer durch Schuld ausgelösten Selbstschädigung beruhen, sich schwer zusammenfassen lassen, ist ihnen eine Annahme gemeinsam: Menschen, die eine Bestrafung durch andere provozieren, betrachten dies entweder als »notwendigen Preis« (um Theodore Reiks Begriff zu benutzen) der Lust, oder die Bestrafung ist für sie eine Form des Opfers oder der Beschwichtigung, die ihre Schuld vermindert.[15]

Welche Rolle spielt Schuld?

Das Modell der durch Schuld induzierten Selbstschädigung, das wir für am nützlichsten halten, beruht auf der Tatsache, daß viele Eigensaboteure vor der Ingangsetzung von Verhaltensmustern, die ihnen selbst Schmerz bereiten sollen, starke, oft gewalttätige oder sadistische Wut empfinden. Der Psychoanalytiker Theodore Reik, der den Begriff »Sieg durch Niederlage« prägte, bemerkte, daß diesen selbstschädigenden Verhaltensmustern oft der sadistische Wunsch zugrundeliegt, einen Menschen zu fassen und zu zerstören, der der Gegenstand von Liebe und Zuneigung sein *sollte*.[16] Aus dieser Sicht ist der Wunsch, die zu besiegen, die Ihnen Leid, Schmerz und Erniedrigung bereitet haben, üblicherweise mit Schuld und Angst befrachtet, vor allem wenn Sie ein kleines, abhängiges Kind sind. Das Ich verwandelt diese sadistische Phantasie daher in eine Pyrrhus-Rache. Mit Hilfe dieses eleganten, wirksamen Bestrafungsmanövers können Selbstschädiger einem sadistischen Wunsch Gestalt geben und brauchen sich außerdem weniger schuldig zu fühlen, weil sie jemandem schaden, den sie doch lieben sollten.

Im Sinne dieser Argumentation müßten wir die Schlußfolgerung ziehen, daß Marie Wut und Aggression empfand,

wenn ihr Vater sich in seinen Arbeitsraum im Keller zurückzog oder mit seinen Kumpanen Schach spielte. Wir wissen,
daß Jerry den Wunsch hatte, zu verletzen, und wir vermuten,
daß die meisten Pyrrhus-Rache-Selbstschädiger ähnlich
bereit sind, anderen zu schaden. Aber die Frage ist: Was gewinnen wir, wenn wir annehmen, daß Schuld das Motiv für
diesen Selbstschädigungsstil ist? Wir müssen dann immer
noch Zweck und Funktion dieses ungewöhnlichen Inter-
aktionsmusters verstehen und herausfinden, wie wir Menschen helfen können, positiver mit ihren Partnern umzugehen. In Anbetracht der Popularität des psychoanalytischen
Denkens bietet Schuld sich intuitiv als anziehende Möglichkeit an, um die Ursprünge der Pyrrhus-Rache zu beschreiben. Aber solange dieses Konzept eine Psychotherapie
nicht effizient strukturieren kann, ziehen wir vor, es zu ignorieren und uns auf die offenkundigen Antriebe zu konzentrieren, die selbstschädigende Verhaltensmuster erklären.

Pyrrhus-Rache und Wiederholung
der Opferrolle

In Kapitel 1 haben wir unsere Sorge zum Ausdruck gebracht,
daß selbstschädigende Verhaltensweisen nicht mit Masochismus verwechselt werden sollten. Erstens beschreibt der
Begriff *Masochismus* nicht zutreffend alle Akte der Eigensabotage, und zweitens betrachten wir Akte des sogenannten
sexuellen Masochismus nicht als selbstschädigende Phänomene.[17] Genauso wichtig – wenn nicht wichtiger – ist es,
selbstschädigende Verhaltensweisen von einer psychischen
Störung zu unterscheiden, die am besten als »Wiederholung
der Opferrolle« beschrieben wird.[18] Obwohl dieses Syndrom
angeblich Pyrrhus-Rache-Schemata gleicht, handelt es sich
um eine andere psychiatrische Störung, die durch typische
Faktoren initiiert und fortgeführt wird. Vor allem halten wir
es für notwendig, böswillig selbstschädigende Verhaltenswei-

sen von Fällen des Partnermißbrauchs zu unterscheiden, bei denen Frauen ihre mißbrauchenden Partner nicht verlassen.

In den 80er Jahren war der berühmt-berüchtigte Fall dessen, was Pressereporter selbstschädigendes Verhalten nannten, Hedda Nussbaums Beziehung zu Joel Steinberg; der Fall wurde bekannt, weil die sechsjährige Lisa Steinberg von Steinberg, ihrem (illegalen) Adoptivvater, zu Tode geprügelt wurde. Was diesen Fall besonders verwirrend – und zum Gegenstand einer Lawine der Medienaufmerksamkeit – machte, war die Tatsache, daß Nussbaum, eine angesehene Kinderbuchverlegerin, und Steinberg, ihr Lebensgefährte und Rechtsanwalt, von der sozialen Institution, die ihnen Lisa anvertraut hatte, für mustergültige Eltern gehalten wurden. Statt dessen stellte sich heraus, daß Steinberg sowohl seine Partnerin als auch ihre Tochter auch schon in den Jahren vor Lisas Tod schwer verprügelt hatte.

Als entdeckt wurde, daß die Nussbaum Steinbergs Prügel ertragen hatte und ihm treu geblieben war – und sogar versuchte, ihn vor den Behörden dadurch zu schützen, daß sie ihre unsterbliche Liebe zu ihm beteuerte –, reagierten die Presseleute wie Haie im Fütterungsrausch. Sie betätigten sich als Laienpsychologen und brachten Dutzende von Theorien vor, um ihre Ergebenheit gegenüber einem prügelnden Mann und ihre vorgebliche Komplizität mit Lisas Mörder zu erklären. Für die Annahme, daß die Nussbaum selbstzerstörerisch war, sprach am stärksten ihre Behauptung, sie sei freiwillig bei Steinberg geblieben, obwohl sie Gelegenheiten hatte, ihn zu verlassen.

Obwohl Hedda Nussbaum offensichtlich an irgendeiner seelischen Störung litt, warnen wir vor der Schlußfolgerung, daß ihr Verhalten für ein Selbstschädigungssyndrom bezeichnend sei. Bevor wir sicher sagen können, daß ein Eigensaboteur Pyrrhus-Rache übt, müssen wir erst beweisen können, daß er durchgängig der *Initiator* des interaktiven Mißhandlungs-Schemas ist, oder daß er, wenn dies nicht der Fall ist, immer ein gleichwertiger Beteiligter ist. Bestimmte Verhaltensmuster geschlagener Frauen bestehen – wie im Fall Nussbaum-Steinberg – diesen Test nicht. Sie lassen sich besser als Ergebnis traumatischer Erfahrungen verstehen; oft machen wiederholte Peinigungen in der Kindheit Menschen empfänglich dafür, als Erwachsene die traumatisierenden Ereignisse zu wiederholen. Die klinische Literatur ist voll von Fallstudien zu solchen Verhaltensmustern.

Die Opfer von Kindesmißhandlungen, die als Erwachsene in abhängigen Beziehungen zu Menschen bleiben, die ihnen Schmerz zufügen, erfüllen die von uns aufgestellten Kriterien für eine Pyrrhus-Rache oft nicht. Ihre Nachsicht gegenüber Beziehungen, in denen sie mißbraucht werden, hat fast immer damit zu tun, daß sie ein Trauma wiederholen, ihnen die angemessenen Mittel – Geld oder soziale Unterstützung – fehlen, um ihren Peinigern zu entkommen, oder daß sie – einigen kürzlich vorgebrachten Theorien zufolge – »physiologisch süchtig« danach sind, Schmerzen zugefügt zu bekommen.[19] Die Forschung hat gezeigt, daß die Opfer eines zügellosen Mißbrauchs ungeachtet der Ursache ihrer Abhängigkeit infolge eines Traumas anfällig dafür sind, erneut zu Opfern zu werden. Dies ist eine Erklärung für den Befund, daß die Opfer eines sexuellen Mißbrauchs in der Kindheit stark in Gefahr sind, Prostituierte zu werden.[20]

Zwischen den *Symptomen* einer Pyrrhus-Rache und einer Wiederholung der Opferrolle kann keine eindeutige Grenze gezogen werden, aber es gibt ein paar Unterschiede. Erstens sollte bis zum Beweis des Gegenteils davon ausgegangen werden, daß fortdauernder Partnermißbrauch einem *anderen* Syndrom entspricht als böswilliger Selbstschädigung. Zweitens sollte die Schlußphase der Verhaltensabfolge sorgfältig betrachtet werden. Wird nach der Auflösung des Dramas offensichtlich Erleichterung empfunden, wie es bei Jerry, Stuart oder Marie der Fall war? Oder verhält die/der Betreffende sich eher wie ein Junkie, der im Lauf der Zeit immer höhere »Dosen« selbstbereiteten Schmerzes braucht? Von außen besehen schien die Nussbaum in das zweite Schema zu passen, weshalb ihre Störung offensichtlich etwas anderes war als Selbstschädigung.

Zusammenfassend läßt sich sagen: Eine Pyrrhus-Rache kann mit einem Wiederholungszwang zusammenhängen, bei dem der Eigensaboteur versucht, ein ihm angetanes Unrecht zu berichtigen, aber sie geht einen Schritt weiter. Menschen, die versuchen, aggressive, vergeltende Triebe zu verbergen – und gleichzeitig zu äußern – und dieses Muster der Selbstschädigung benutzen, verfügen über eine mächtige Waffe. Wie kein anderes uns bekanntes selbstschädigendes Syndrom ist eine Pyrrhus-Rache offensichtlich dazu bestimmt, auf der seelischen Ebene etwas zurückzuzahlen bzw. durch eine Niederlage einen emotionalen Sieg davonzutragen, der körperlich kostspielig werden kann.

7

Das tragische Paradox lösen

Nicht im Zuruf der belebten Straße,
nicht im Geschrei und Applaus der Starken,
sondern in uns selbst liegen Triumph und Niederlage.
– W. H. Longfellow in »Die Dichter«

Wir haben jetzt das Selbstschädigungs-Kontinuum von einem Ende zum anderen durchmessen. Wir haben gesehen, daß Menschen sich auf unterschiedliche Art, in unterschiedlichem Ausmaß und aus unterschiedlichen Gründen selbst schaden und »prügeln«, und wir haben uns die zahlreichen selbstschädigenden Verhaltensmuster genau angesehen. In diesem Kapitel treten wir einen Schritt zurück und sehen uns noch einmal das Ganze an.

Der Mythos von den selbstzerstörerischen Trieben

Die meisten von Psychiatern und Psychologen zur Erklärung selbstschädigenden Verhaltens ausprobierten Theorien können gefahrlos ad acta gelegt werden. Die wichtigste dieser Theorien besagt, daß Menschen mit einem angeborenen Todeswunsch oder einem anderen Grund zur Selbstzerstörung ausgestattet sind; es war Freud, der diese Ansicht spekulativ spät in seinem Leben äußerte. Er hielt sie für theoretisch elegant, was sie tatsächlich ist. Er meinte, sie würde der Wirklichkeit der menschlichen Natur, so wie er sie verstand, entsprechen; aber wenn dies damals so gewesen sein mag, ist es heute nicht mehr der Fall. In den Tausenden von Seiten, die wir forschungshalber gelesen haben, und in den Tausenden der von uns geleiteten Therapie- und Experimentierstunden haben wir nichts gefunden, was die Ansicht unterstützt, daß Menschen den elementaren Trieb haben, sich selbst zu schaden. Zweifellos schaden und zerstören Menschen sich, aber diese tragischen Ergebnisse sind nicht beabsichtigt. Sie sind höchstens ein Hilfsmittel, um ein erwünschtes Ziel zu erreichen.

Normalerweise wollen Menschen leben, Erfolg haben, gedeihen, sich gut fühlen und gesund sein. Sie wollen nicht scheitern oder leiden. Wenn Menschen sich selbstzerstörerisch verhalten, sollten wir im allgemeinen schlußfolgern, daß auch sie die vertrauten, normalen Wünsche nach Gesundheit, Glück und Wohlbefinden haben. Aber Eigensaboteure verfolgen diese Wünsche entweder auf irrige, unbesonnene oder gefährliche Weise, oder sie verfolgen andere Ziele, die letztendlich diese normalen, positiven Absichten durchkreuzen.

Wir kommen daher als erstes zu der Schlußfolgerung, daß es keinen inneren Drang zur Selbstzerstörung gibt. Dies müßte für Psychotherapeuten, Freunde und Familien von Selbstschädigern und sogar für die Eigensaboteure selbst eine gute Nachricht sein. Denn wenn die Selbstschädigung von einem destruktiven Instinkt angekurbelt würde, wäre es praktisch unmöglich, sie zu behandeln oder zu vermeiden. Per definitionem kann man Instinkte nicht loswerden; sie können höchstens beherrscht und kanalisiert werden. Aber eine Selbstschädigung erfolgt nicht instinktiv, und daher sind Hoffnung und Optimismus gerechtfertigt.

Unsere zweite Schlußfolgerung lautet, daß die Selbstschädigung nicht nur eine Ursache oder ein Schema hat. Auch aus diesem Grund können viele frühere Theorien verworfen werden, die oft sehr reduktionistisch vorgingen. In der Psychologie hat sich wiederholt gezeigt, daß reduktionistische Theorien unzulänglich sind, aber die Theoretiker suchen trotzdem noch nach einfachen Erklärungen oder eindimensionalen Theorien. Unsere Ansicht, die auf der Erkenntnis gründet, daß es zur Erklärung der Selbstschädigung nicht nur eine Lösung gibt, steht in starkem Gegensatz zu den eindimensionalen Erklärungen, die die Literatur zu diesem Thema bislang beherrscht haben. Wir haben gezeigt, daß Menschen sich auf die unterschiedlichste Art und aus den unterschiedlichsten Gründen sabotieren, und diese verschiedenen Wege zur Selbstzerstörung haben unseres Erachtens außer dem tragischen Schlußpunkt wenig oder nichts gemeinsam. Die Selbstschädigung ist kein eindimensionales, sondern ein mehrdimensionales Problem.

Unsere Arbeit sollte zeigen, daß das Paradox der Selbstschädigung sehr viel verständlicher wird, wenn wir drei Hauptstile identifizieren und untersuchen. Ein dreigeteiltes Selbstschädigungsmodell scheint im Trend der Zeit zu liegen.[1] Die mit der Redaktion des neuesten Leitfadens der American Psychiatric Association befaßten Psychiater – der seelische Störungen kategorisiert – wollen in ihre vorläufigen Diagnosen eine auf den neuesten Stand gebrachte Version der »selbstschädigenden Persönlichkeitsstörung« aufnehmen, die die hier vorgestellte Sichtweise berücksichtigt.[2] Unserem Modell zufolge kann eine Selbstzerstörung gutgemeint, selbstdienlich oder böswillig sein. Obwohl es also unterschiedliche, nicht sich überschneidende Wege zur Selbstschädigung gibt, ist keiner von ihnen angeboren oder vorrangig durch das Ziel charakterisiert, sich selbst zu schaden.

Gutgemeinte Selbstschädigung: Irrtümer und schlechte Geschäfte

Das häufigste Selbstschädigungsschema scheint sich um irgendeine Art von Fehlkalkulation zu drehen: entweder die Urteilskraft ist schlecht, oder bei der Entscheidungsfindung werden Fehler gemacht. Das ist nicht überraschend, denn Selbstschädiger werden von positiven, wünschenswerten Zielen geleitet, erhalten aber ein negatives, unerwünschtes Ergebnis. Es gibt verschiedene Arten von Fehlkalkulationen, die durch unterschiedliche Umstände ausgelöst werden, aber irgendeine Fehlkalkulation ist für die Selbstzerstörung oft zentral.

Einige dieser Fehlkalkulationen haben wir im vorliegenden Buch untersucht. Eine Kategorie beruht darauf, daß man eine Strategie wählt, die ins Auge geht: Sie erreichen mit Ihrer Methode das Gegenteil von dem, was Sie wollten. Bei einer anderen Kategorie machen Sie ein schlechtes Geschäft, daß heißt die Kosten und Risiken gehen über den Wert irgendwelcher Vorteile weit hinaus.

Kurzfristige Gewinne anstreben

Obwohl die Psychologen in bezug auf diese destruktiven Fehlkalkulationen noch viel zu lernen haben, lassen sich bestimmte Schlußfolgerungen bereits ziehen. Erstens beruhen viele eine Selbstschädigung herbeiführende Fehlkalkulationen auf einer Verengung der Zeitperspektive. Selbstschädiger ziehen Kurzfristiges Langfristigem vor. Wenn die Vorteile sofort und die Nachteile zeitverschoben eintreten, tendieren Menschen zu Entscheidungen, die sie am Schluß bedauern werden. Obwohl die von einigen vorgebrachte Behauptung, wir seien eine Kultur von Narzißten,[3] vielleicht übertrieben ist, scheinen wir zum Hedonismus zu neigen. Wie Popeyes Freund Wimpy, der nicht für die Hamburger bezahlen wollte, nach denen ihm gelüstete, scheinen wir es gern zu verschieben, für das, was wir heute konsumieren, zu bezahlen, egal was es uns letztendlich kostet.

Menschen befolgen ärztliche Anweisungen nicht, weil es teuer, unbehaglich oder unbequem ist oder einfach die Medizin ihnen nicht schmeckt. Wenn der betreffende Gesundheitsfachmann ein Psychotherapeut ist, wehren Menschen sich gegen eine Behandlung mit dem Argument, Persönlichkeit oder Verhalten des Therapeuten seien nicht in Ordnung, sie könnten wegen »realer Notwendigkeiten« Termine nicht einhalten oder die Gesellschaft insgesamt sei krank, und deshalb brauchten sie keine Behandlung. Menschen essen ungesunde Nahrungsmittel, weil sie gut schmecken. Sie treiben keinen Sport, weil es zu stressig oder unbequem ist, sich anzustrengen. Kurzfristig profitieren sie von solchen Verhaltensmustern, aber langfristig fügen sie ihrer Gesundheit schweren Schaden zu. Immer, wenn ein Entscheidungsmuster von kurzfristigen Vorteilen und langfristigen Risiken und Kosten gekennzeichnet ist, besteht bei Einzelpersonen, Familien und ganzen Nationen die Gefahr selbstzerstörerischer Entscheidungen.

Nur das Positive sehen

Bei einer zweiten Kategorie von Fehlkalkulationen konzentriert man sich nur auf das Positive. Menschen scheinen die negativen Aspekte ihrer Entscheidungen oft zu ignorieren oder herunterzuspielen. Dies fügt sich gut in das erste Verhaltensmuster ein, auf kurzfristige Vorteile mehr Wert zu legen als auf langfristige Kosten. Weil die langfristigen Kosten zeitverschoben fällig werden, kann man sie leicht ignorieren. Aber selbst wenn die üblen Folgen nicht weit weg sind, scheinen Menschen sie manchmal zu ignorieren und konzentrieren sich auf das Positive. Glücksspieler denken im allgemeinen mehr an das Gewinnen als an das Verlieren; wenn sie mehr ans Verlieren denken würden, würde ihnen das Spielen keinen Spaß machen, und sie würden wahrscheinlich mit ihm aufhören. Auf den ersten Blick sehen diese Irrtümer wie Optimismus oder positives Denken aus. Lebenshilfe und treue Freunde raten Menschen oft, das Leben von der heiteren Seite zu nehmen und ein Glas eher als halbvoll denn als halbleer anzusehen. Aber solche positiven Illusionen können gefährlich sein.[4] Optimisten, die zuversichtlich annehmen, daß »mir das nicht passieren kann«, lernen manchmal unter Schmerzen, daß üble Dinge durchaus auch ihnen zustoßen können.

Das Wahrscheinliche ignorieren

Eine Fehlkalkulation liegt auch vor, wenn man sich auf das konzentriert, was sicher eintritt, und das lediglich Wahrscheinliche unberücksichtigt läßt. Die meisten Psychologen akzeptieren heute, daß Menschen Informationen, die auf der Statistik und auf Wahrscheinlichkeitsrechnung beruhen, normalerweise nicht gut nutzen.[5] Wenn die Vorteile gewiß, die Nachteile aber ungewiß sind, werden diese gern ignoriert oder heruntergespielt, oft mit tragischen Folgen. Wie wir gesagt haben, bekommt nicht jeder Raucher Lungenkrebs, und nicht jeder, der es versäumt, den Sicherheitsgurt anzulegen, endet mit einem Gehirnschaden, weil er mit dem Kopf voran durch die Windschutzscheibe geflogen ist. Solche Kosten lassen sich leicht ignorieren, weil sie vielleicht nie eintreten. Oft genug aber treten sie ein.

Fehleinschätzungen

Fehlurteile sind oft auch darin begründet, daß Menschen sich und ihre Situation nicht richtig einschätzen. Sie überschätzen ihr Leistungsvermögen, unterschätzen ihre Hilfsmittel oder erwarten, daß die Welt sie auf bestimmte Weise behandelt, wenn sie etwas Bestimmtes tun. Aber die Welt ist weniger gerecht und weniger vorhersagbar als wir gerne denken, und die Selbsterkenntnis ist voller Tücken, Inkonsequenzen und Mythen. Wenn Menschen versuchen, einen Handlungsplan zu formulieren, sind sie auf ihre Selbsterkenntnis und ihre Vermutungen über die Welt angewiesen, und diese beiden Kategorien von Fehlinformationen sind oft alles, auf dem sie aufbauen können. Es überrascht nicht, daß Menschen zuweilen schlechte Entscheidungen treffen oder weit ab von ihrem Ziel ankommen.

Erfolg bewältigen

Unsere Untersuchung hat ironischerweise zu der Feststellung geführt, daß anhaltender Erfolg eine Hauptursache für Fehlurteile ist. Anstatt zu einer klaren und zutreffenden Beurteilung persönlicher Schlußfolgerungen zu führen, verzerrt ein Erfolg offensichtlich die Fähigkeit von Menschen, die Lage richtig einzuschätzen, vor allem wenn es um zwischenmenschliche Beziehungen geht. Wir sind zu der Schlußfolgerung gekommen, daß Menschen bei einem extremen Erfolg oder bei einem Erfolg, der sie von ihrer Bezugsgruppe abhebt, sich eher kurz vor oder am Gipfel selbst zerstören als auf dem Weg dorthin.[6]

Ein Teil dieses Fehlurteils ist typisch amerikanisch. Der von dem Schriftsteller Horatio Alger geschaffene Mythos, der einen Großteil unserer Psyche formt, fördert die Vorstellung, daß das Heraufklettern der Leiter Reichtümer und Belohnungen mit sich bringt. Was an diesem Mythos fehlt – und zu selbstzerstörerischen Ergebnissen führt – ist die Notwendigkeit, neben den beruflichen Leistungen die zwischenmenschlichen Beziehungen aufzubauen. Wird die Notwendigkeit eines solchen Gleichgewichts nicht erkannt, kann dies für fehlgeleitete Karrieristen sehr schmerzliche Folgen haben.

Mit emotionalem Schmerz umgehen

Ignoranz ist jedoch nicht die einzige Ursache für selbstzerstörerische Fehlkalkulationen. Auch die Gefühle können eine Rolle spielen. Wir haben in diesem Buch immer wieder gesehen, wie Angst, Trauer, Depression oder andere unangenehme emotionale Verfassungen mit selbstzerstörerischen Geschichten verwoben sind. Manchmal ist der Aufruhr der Gefühle natürlich eine Folge der Selbstschädigung, aber in vielen Fällen scheint er auch die Ursache zu sein. Emotionaler Schmerz kann die Urteilsprozesse eines Menschen offensichtlich so beeinflussen, daß es zu selbstschädigenden Folgen kommt. Er ist nicht immer an einer Selbstschädigung beteiligt (noch einmal: es gibt nicht nur eine Erklärung oder Ursache für die Selbstzerstörung), aber wenn er da ist, ist eine Selbstschädigung wahrscheinlicher.

Wie führt emotionaler Schmerz zur Selbstschädigung? Dies ist vielleicht die dringendste Frage, mit der die Selbstschädigungs-Erforscher sich in den nächsten Jahren beschäftigen müssen. Es gibt mehrere verlockende Hinweise und Theorien, aber eine einwandfrei richtige Antwort gibt es nicht.

Möglicherweise verstärken manche Formen emotionalen Leids die kurzfristige Orientierung, von der wir im Zusammenhang mit der Selbstschädigung gesprochen haben. Wenn Menschen verärgert oder irritiert sind, konzentrieren sie sich noch mehr als üblich auf die Gegenwart, weshalb die mit einer bestimmten Handlungsweise verbundenen langfristigen Kosten und Risiken besonders irrelevant erscheinen. Auch wenn Menschen traurig oder depressiv sind, kommt es ihnen so vor, als sei die Zukunft weit weg, und beschäftigen sich mit kurzfristigen Erwägungen. Infolgedessen treffen emotional verwirrte Menschen Entscheidungen, die kurzfristig Vorteile bieten (etwa die Befreiung von schlechten Gefühlen), auch wenn sie langfristig bedeutende Risiken bergen.

Diese Tendenz ist im Kontext therapeutischer Beziehungen so stark, daß psychiatrische Krankenhäuser Patienten oft als »spaltungsverdächtig« bezeichnen – dann nämlich, wenn sie sich bei starker Emotion »abspalten«, das heißt vom Krankenhausgelände entfernen könnten. Anstatt sich in die Fürsorge ihres Therapeuten oder des Krankenhauspersonals zu begeben, brechen diese Patienten auf der Suche nach Drogen, sexuellen Eskapaden oder ähnlichen Fluchtmöglichkeiten bei akutem seelischem Schmerz aus; sie hoffen, so die von der Psychotherapie geforderte Konzentration auf das Selbst abbauen zu können.

Das Abspaltungsrisiko besteht nicht nur bei stationären psychiatrischen Patienten. Kennzeichen der meisten Selbstschädiger ist die Tendenz, eine Liebe, die sie nährt oder emotionale Wunden heilt, zugunsten einer »Fürsorge« abzulehnen, die nur Schmerz und Leid verursacht. Wenn eine leidenschaftliche Liebesaffäre einen Selbstschädiger davon ablenken kann, tiefe emotionale Wunden oder seine seelische Verletzlichkeit zu konfrontieren, wird er sich oft in sie hineinstürzen, egal wieviel Schmerz dabei entsteht.

Emotionaler Schmerz verändert auch, wie Menschen Wahrscheinlichkeiten einschätzen. Die Forschung hat gezeigt, daß Menschen nicht gern Risiken eingehen, wenn es ihnen gefühlsmäßig gut geht.[7] Das Gegenteil könnte ebenfalls zutreffen: Bei unangenehmen Gefühlen scheinen Menschen risikobereiter zu sein, eine Schlußfolgerung, die von der laufenden Forschung bestätigt wird. In einer kürzlichen Untersuchung wurde den Testpersonen die Wahl zwischen zwei Lotterien gelassen; die eine bot die hohe Wahrscheinlichkeit, einen kleinen Betrag zu gewinnen, die andere war riskanter. Menschen in unangenehmen emotionalen Verfassungen wählten eher die riskante Wette, was ihre Chancen, zu verlieren, drastisch erhöhte. Sie zogen die riskante Wette auch dann vor, wenn sie statistisch eine schlechte Entscheidung darstellte – wenn also die Höhe des Gewinns durch die große Chance des Verlierens mehr als aufgewogen wurde.

Wenn emotionaler Schmerz auf diese Weise funktioniert, können wir vielleicht verstehen warum: Menschen möchten schlechte Gefühle loswerden. Der Wunsch, emotionalem Schmerz zu entgehen, mag die Tendenz verstärken, sich zu Lasten langfristiger Ergebnisse auf unmittelbare, kurzfristige zu konzentrieren. Wenn Sie sich schlecht fühlen, ist ein kleiner Erfolg oder Sieg vielleicht auch nicht genug, damit Sie über Ihren Schmerz hinwegkommen, ein großer aber möglicherweise schon; die riskante Gewinnchance zieht Sie daher subjektiv mehr an, denn sie stellt eine Möglichkeit dar, Ihren emotionalen Schmerz zu lindern. Auf diese Weise können unangenehme Gefühle Menschen zu Entscheidungen veranlassen, die objektiv alles andere als optimal und am Ende schädlich sind, auch wenn sie in der Situation selbst sinnvoll erscheinen.

Selbstdienliche Selbstschädigung: Liebe, Haß und Flucht

Bislang haben wir die Selbstschädigung als unerwünschte Folge bzw. Nebenwirkung von Fehlkalkulationen rekapituliert. Diese Ansicht unterscheidet sich radikal sowohl von den populären Klischees als auch von anderen psychologischen Theorien. Traditionell glaubte man, daß eine negative Einstellung zum Selbst die Ursache der Selbstzerstörung ist. Die Selbstschädigung erwächst angeblich aus Schuld und dem Wunsch, sich zu bestrafen, aus dem Gefühl, wertlos zu sein, oder aus Selbsthaß. Einige Theoretiker (einschließlich Freud in seinen letzten Jahren) meinten, daß jeder solche Motive hat. Andere haben behauptet, daß nur manche Menschen diese negative Einstellung zu sich selbst haben, und daß sie die sind, die selbstzerstörerisch handeln.

Selbstliebe und Selbstzerstörung

Unsere Analyse bietet kaum Anhaltspunkte für die Ansicht, Selbstschädigung rühre aus einer Abneigung gegen sich selbst her. Ganz im Gegenteil: Die Selbstschädigung scheint sich oft aus der übersteigerten Meinung zu ergeben, die Menschen von sich selbst haben, bzw. aus exzessivem Narzißmus.[8]

Wie kann Selbstliebe zu Selbstzerstörung führen? Wie kann Narkissos zu Nero werden? Noch einmal: Es gibt viele Antworten, aber sie drehen sich alle um das Prinzip, daß Egozentrik die Irrationalität anschürt. Menschen mit übersteigertem Selbstbewußtsein wollen ein negatives Feedback weder konfrontieren noch akzeptieren, und ihre dementsprechenden Bemühungen veranlassen sie zu den verschiedenen Tauschgeschäften und Fehlern, die wir bei selbstschädigenden Verhaltensweisen wiederholt vorgefunden haben. Selbstbehinderer weigern sich, der Möglichkeit des Versagens ins Auge zu sehen, und verzichten auf den Erfolg, um ihre imaginierte Kompetenz zu behalten. Übertrieben selbstbewußte

Menschen gehen zu viele Verpflichtungen ein, machen zu viele Versprechungen und brechen dann unter der Anspannung zusammen. Narzißten ignorieren die Gefühle anderer, während sie die Reichtümer und Positionen zu erreichen trachten, die ihrer Meinung nach alles Übel beseitigen werden, und entdecken schließlich, daß nur die Liebe die materiellen Belohnungen des Erfolgs zu etwas Befriedigendem macht. Gedemütigte Egozentriker sind von der Rache besessen und schaden sich selbst bei dem destruktiven Prozeß, mit jedem abzurechnen, der für ihren Gesichtsverlust verantwortlich ist.

Schwaches Selbstwertgefühl und Selbstzerstörung

Sicher entsteht eine Selbstschädigung im Prinzip durch Fehleinschätzungen in die eine oder andere Richtung, und wir haben ein paar Fälle beschrieben, bei denen eine zu hohe bzw. eine zu niedrige Selbsteinschätzung zu einer Selbstschädigung führte. Die Selbstbehinderung zum Beispiel kommt bei Menschen mit schwachem und solchen mit starkem Selbstwertgefühl vor, wenn auch aus unterschiedlichen Gründen: Menschen mit starkem Selbstwertgefühl behindern sich, um ihre Erfolge zu maximieren, während Menschen mit schwachem Selbstwertgefühl sich behindern, um sich vor den Implikationen eines Scheiterns zu schützen.[9] In beiden Fällen jedoch führt der Wunsch nach einem positiven Selbstbild zur Selbstbehinderung. Wir haben auch festgestellt, daß Menschen, die Tauschgeschäfte machen, an zu starkem oder an zu schwachem Selbstvertrauen leiden können, aber in jedem Fall liegt der Wunsch, ein gutes Geschäft zu machen, ihren fehlerhaften Strategien zugrunde.

Wenn die Selbstzerstörung sich also gelegentlich aus einer ungünstigen Selbsteinschätzung ergibt, dann nicht, weil Selbstschädiger sich nicht mögen und sich bestrafen oder schaden möchten. Solche Menschen wollen vielmehr ein gutes Ergebnis erzielen, aber sie gründen ihre Entscheidungen auf fehlerhafte Informationen und führen so manchmal ein unerwünschtes Ergebnis herbei. In einem der vorhergehenden Kapitel haben wir das Beispiel von Verhandelnden angeführt, die zu viele Konzessionen machen, weil sie fälschlich glauben, in einer schwachen Verhandlungsposition zu sein. Solche Menschen lassen sich nicht von dem Wunsch leiten, zu leiden oder zu verlieren, sondern von einer zu pessimistischen Einschätzung ihrer Verhandlungsposition. Sie unterscheiden sich von den meisten Selbstschädigern insofern, als ihr Selbstwertgefühl eher schwach als stark sein wird. Die negative Selbsteinschätzung verzerrt ihre Urteilskraft und veranlaßt sie zu schlechten, unbesonnenen Handlungen.

Wie nehmen andere mich wahr?

Die Selbstgefälligkeit von Selbstschädigern äußert sich auch dadurch, daß ihnen wichtig ist, wie andere sie wahrnehmen. Obwohl die Begriffe *Selbstgefälligkeit* und *Selbstwertgefühl* sich genaugenommen darauf beziehen, wie Menschen sich selbst beurteilen, steht jetzt ziemlich fest, daß Selbstschädiger sehr stark interessiert, wie sie von anderen beurteilt werden.[10] Einige der schlimmsten selbstschädigenden Verhaltensmuster werden durch die Angst in Gang gesetzt, anderen Leuten in einem wenig schmeichelhaften Licht zu erscheinen.

Diese zwischenmenschliche Dimension der Selbstschädigung wurde in den vorhergehenden Kapiteln auf vielerlei Weise gezeigt. Eine Selbstbehinderung tritt stärker und häufiger in der Öffentlichkeit (das heißt, wenn andere zuschauen) als im Privatbereich auf.[11] Menschen blockieren unter Druck öfter und stärker, wenn andere die Leistung beobachten; die schlechte Leistung wird eher durch die als Last empfundene Erwartung der anderen als durch die eigene Erwartung verursacht. Schüchterne Menschen beschäftigt sehr, wie andere sie beurteilen, und sie halten sich von sozialen Situationen zum Teil deshalb fern, weil sie die prüfenden Blicke anderer Menschen vermeiden wollen. Die destruktive Hartnäckigkeit ist stärker, wenn damit gerechnet wird, daß jemand anders verkündet »Ich habe es dir gesagt«, wenn sie einen Fehler zugeben.[12]

Es ist nur natürlich, sich darum zu kümmern, wie andere uns wahrnehmen, aber viele Narzißten und Egozentriker führen diese Sorge ins Extrem. Dann vervielfachen sich die selbstzerstörerischen Verhaltensmuster. Das Beharren auf einer falschen Handlungsweise bedeutet, daß man das Unglück hofiert, aber Menschen tun dies offensichtlich, damit jemand anders nicht sieht, daß sie einen Fehler gemacht haben.

Lebensbejahende Fehlurteile

In den vorigen Kapiteln haben wir die Belastung erörtert, zu der ein starkes Selbstwertgefühl führen kann, und das sich aus ihm ergebende Bedürfnis angesprochen, dem Selbst zu entfliehen. Menschen, die unter einem solchen Druck stehen, verhalten sich irrational, um das schmerzliche Bewußtsein eventueller Unzulänglichkeiten und Mißerfolge auszuschalten, und diese Irrationalitäten können Alkohol, Drogen und sogar Selbstmord beinhalten. Auch hier entsteht die Selbstschädigung nicht aus dem Wunsch, sich selbst zu schaden oder zu zerstören, sondern aus dem Wunsch, das zu vergessen, was an einem selbst den Normen nicht entspricht.

Ein aus der jüngsten Vergangenheit stammendes Beispiel für das unsinnige Klischee vom sich selbst hassenden Eigensaboteur ist Earvin »Magic« Johnson, der Basketball-Superstar, der die Amerikaner mit der Offenbarung schockierte, daß er sich das AIDS-Virus zugezogen habe. Johnson bekannte, daß er in seinen großen Jahren mit Tausenden von Frauen Sexualverkehr gehabt hatte. Wenn wir die vernünftige Annahme machen, daß er von AIDS wußte und trotzdem keine Kondome benutzte, scheint es angemessen, die Ruinierung seiner Gesundheit als einen Akt selbstzerstörerischen Verhaltens zu bezeichnen. Aber es gibt nicht den geringsten Hinweis darauf, daß er sich verachtete oder sein Leben beenden wollte; seine Popularität bei Fans, Spielern und den zahlreichen von ihm beehrten Frauen entstammte zum Teil seiner positiven, optimistischen, lebensbejahenden Einstellung. Sogar sein Spitzname spricht von dieser Lebensfreude. Magic spielte gerne Basketball, war gerne mit seiner Familie zusammen, genoß es, ein Star zu sein, und wir können annehmen, daß er auch die sagenhafte Promiskuität genoß, die schließlich zu seinem Verderben führte. Man kann Johnson einer schlechten Urteilskraft, des exzessiven Optimismus, der hedonistischen Suche nach kurzfristigen Vergnügungen, der Mißachtung langfristiger Risiken oder irrationaler Sorglosigkeit bezichtigen, aber nicht des Triebs zur Selbstzerstörung.

Böswillige Selbstschädigung: Rache um jeden Preis

Der letzte und am klarsten gestörte Selbstschädigungsstil, den wir identifiziert haben, hat auch am meisten mit anderen Menschen zu tun. Um eine Pyrrhus-Rache zu bewerkstelligen, verletzen Selbstschädiger sich und ihre Partner gleichzeitig. Menschen, die böswillig selbstschädigende Verhaltensmuster ausagieren, nützen intime emotionale Verbindungen aus, um eins ihrer Ziele zu erreichen: sie wollen ein in der Kindheit erlittenes Unrecht auf symbolischem Wege richtigstellen.

Obwohl wir die Ansicht, daß Selbstschädigern ihre Bestrafung Spaß macht, ihres Nimbus beraubt haben, läßt sich die Behauptung schwer von der Hand weisen, daß sie durch ihre Pyrrhus-Rache auf pathologische Weise Liebe bekommen wollen. Weil Menschen mit diesem Selbstschädigungsstil die Produkte von Eltern sind, die ihnen eine pathologische Liebe entgegenbrachten, ahmen ihre Liebesbeziehungen oft die Interaktionsstile nach, die sie am besten kennen: verbalen oder körperlichen Mißbrauch, Verlassen, Verlassenwerden, eine Kombination von Idealisierung und Abwertung, und so weiter. Aber hinter dieser pathologischen Art zu lieben tauch das zweite wichtige Ziel böswilliger Selbstschädiger auf: Die Herstellung einer zwischenmenschlichen Verbindung, die das Entsetzen vor dem Alleinsein abwehrt.

Wir haben festgestellt, daß es Pyrrhus-Rache-Selbstschädigern – wie übrigens allen Selbstschädigern – sehr wichtig ist, ein potentiell unzulängliches Selbstwertgefühl abzustützen. Aber im Gegensatz zu anderen Selbstschädigern, die Aspekte von sich selbst manipulieren, um ihr Selbstwertgefühl zu schützen, stärken böswillige Selbstschädiger ihr Selbstwertgefühl durch die Beziehung zu einem in Ehren gehaltenen Partner. Diese Symbiose ist zwar vordergründig schmerzhaft und zermürbend, stellt aber eine Struktur zur Verfügung, die das Selbstwertgefühl des Eigensaboteurs fördern bzw. stärken kann. Solange die Verbindung mit dem Partner – durch wiederholte Schreiereien, Prügeleien oder den Wechseln zwischen Trennung und Wiedervereinigung – fortbesteht, ist der Pyrrhus-Rächer vom nagenden Gefühl der Leere oder des Selbsthasses befreit, denn er ist ja mit dem geschätzten Partner zusammen.

Die Bezeichnung Pyrrhus-Rache wird in der klinischen Diagnose wahrscheinlich am ehesten falsch angewandt, weil sie zumindest vordergründig die antiquierte Vorstellung vom Masochisten wachruft: die hilflose, klammernde Frau, der es Spaß macht, vom mächtigeren Mann beherrscht zu werden. Nichts könnte von der Wahrheit weiter entfernt sein. Kennzeichen von Pyrrhus-Rächern ist, daß sie ihr Leiden unter Kontrolle haben und praktisch jeden Aspekt der Beziehung dirigieren – die dazu benutzt wird, ihnen ein Zugehörigkeitsgefühl zu vermitteln. Das regelmäßige Initiieren und Beenden ihrer ungesunden Schlachten mit mißbrauchenden Partnern gibt ihnen ein zusätzliches Gefühl der Selbstwirksamkeit. Die Kontrolle über die – oberflächlich vielleicht zermürbend erscheinenden – Handlungen eines idealisierten Partners macht die Welt zu einem ungefährlichen Ort, mit dem sie umgehen können.

Man kann sich natürlich fragen, warum diese Menschen nicht auf sogenannte normale Weise lieben bzw. geliebt werden können. Warum werden fürsorgliche Intimpartner mit der Begründung abgelehnt, sie wären uninteressiert und würden sie nicht anregen? Warum lassen Pyrrhus-Rächer sich so schwer aus einer mißbrauchenden Beziehung herausholen? Ihr Versagen, die ihnen zur Verfügung stehenden Belohnungsmöglichkeiten adäquat einzuschätzen, geht weit über die Denkfehler anderer Selbstschädiger hinaus. Ihre scheinbare Irrationalität untermauert den Trugschluß, daß manche Selbstschädiger von dämonischen Charakterzügen in ein verzweifeltes Schicksal getrieben werden. Solchen Menschen gelingt es nicht, die Auswirkungen der Traumata aufzulösen, wegen derer sie sich nach einem angemessenen Verhalten ihrer Betreuer sehnen. Obwohl ihre wiederholten Beziehungen zu Elternsubstituten die durch eine mißbrauchende elterliche Betreuung entstandenen Narben nicht heilen können, kann Pyrrhus-Rächern – wie auch allen anderen Selbstschädigern – geholfen werden, wenn sie erkennen, was sie zu ihren selbstzerstörerischen Absichten treibt.

Die Selbstschädigung verhindern

Dieses Buch ist nicht als Psychotherapie- oder Selbsthilfeentwurf gedacht. Trotzdem scheint es lohnend, kurz zusammenzufassen, welche Folgerungen in bezug auf eine Minimierung der Selbstschädigung sich aus unserer Analyse ergeben. Ziel unserer Bemerkungen ist nicht, genau zu sagen, wie eine Selbstschädigung ausgeschlossen oder reduziert werden kann, sondern anzugeben, was notwendig wäre – welche Mechanismen umgekehrt werden müßten –, damit dies geschieht.

Umsichtig urteilen

Wir haben gezeigt, daß eine Selbstschädigung oft durch eine Fehlkalkulation verursacht wird. Die Selbstschädigung könnte daher potentiell dadurch behoben werden, daß wir durch eine Berichtigung unseres Denkens die Irrtümer und Vorurteile vermeiden, die solche Fehlurteile auslösen. Wenn man die üblichen Muster destruktiver Fehlurteile kennt, kann dies dazu beitragen, sie zu vermeiden. Wenn Sie etwa erkennen, daß Sie langfristige Risiken und Kosten ignorieren, können Sie die Selbstzerstörung möglicherweise vermeiden, indem Sie solche langfristigen Faktoren bei Entscheidungen besonders beachten. Wir haben auch gesagt, daß man sich bei destruktiven Fehlkalkulationen oft auf das Gewisse konzentriert und das lediglich Wahrscheinliche ignoriert; dies ließe sich dadurch berichtigen, daß man die möglichen Folgen und ihre Implikationen sorgfältig erwägt.

Auch emotionaler Schmerz kann eine Selbstschädigung begünstigen. Unangenehme emotionale Zustände verschwinden genausowenig wie die Egozentrik, und am vielversprechendsten scheint es also zu sein, sie beherrschen zu lernen. Wir müßten lernen, wie diese Gefühle die zur Selbstzerstörung führenden Fehlurteile und Irrationalitäten hervorrufen. Wie bereits gesagt, steht die nächste Forschergeneration vor der herausfordernden Aufgabe, zu untersuchen, wie emotionale Verfassungen den Denkprozeß beeinflussen. Bis entsprechende Ergebnisse vorliegen, wird es das beste sein, wenn Sie erkennen, daß eine Selbstschädigung wahrscheinlicher wird, wenn Sie niedergeschlagen sind, und lernen, diesen Zustand einzuschränken oder seine Folgen zu minimieren. Zumindest können Sie versuchen, Entscheidungen oder Verpflichtungen zu vermeiden, solange Sie sich schlecht fühlen.

Wir haben gezeigt, daß Egozentrik zu vielen irrationalen, zu destruktiven Ergebnissen führenden Entscheidungen beiträgt. Vielleicht können die schädlichen Folgen vermindert werden, wenn Sie einfach zugeben, daß Sie einen Fehler gemacht oder versagt haben. Viele Menschen lehnen diese Taktik ab, weil sie Angst vor den Auswirkungen haben. Aber das Zugeben menschlicher Schwächen, Fehler oder Unzulänglichkeiten hat selten entsetzliche Folgen gehabt.

Anstatt wie ein Arbeitssüchtiger zu versuchen, nicht unfähig auszusehen, könnten Sie Ihrem Image durch eine Achillesferse eine Blöße geben und dadurch entdecken, daß Sie als Mensch geschätzt werden und nicht nur als Produzent. Anstatt sich durch die Nicht-Teilnahme an einem Wettkampf selbst zu behindern, könnten Sie das Risiko eines Mißerfolgs akzeptieren und die ehrliche Anstrengung zum Erfolg unternehmen. Anstatt über kostspielige Pläne nachzudenken, wie eine leichte Beleidigung oder ein Gesichtsverlust sich rächen läßt, könnten Sie versuchen, den Vorfall als erledigt zu betrachten, und zu konstruktiveren Aufgaben übergehen. Demut und Selbstakzeptanz sind allerdings sehr schwer zu erreichen. Unsere Gesellschaft beruht nicht nur auf Mythen, die den Glauben fördern, daß das Heraufklettern der Leiter alle Belohnungen bringt, die das Leben zu bieten hat; sie wird auch von einem konkurrenzorientierten Individualismus geprägt, der Menschen gegenüber, die als zweite oder unter »ferner liefen« ankommen, intolerant ist. Bevor Sie das Gefühl haben können, daß das Zugeben von Fehlern und Schwächen ungefährlich ist, müssen Sie zuerst erkennen, daß seelischer Zufriedenheit mehr als Kompetenz zugrundeliegt.

Ersatzvorteile finden

Eine zweite Möglichkeit, die Selbstschädigung in den Griff zu bekommen, beruht auf unserer Analyse destruktiver Tauschgeschäfte. Bei Tauschgeschäften bekommt man etwas, muß dafür aber auch etwas bezahlen. Um eine Selbstschädigung zu vermeiden, sollte man eine andere Möglichkeit finden, das Gewünschte zu bekommen – oder lernen, ohne es zu leben. Therapeuten, Familienangehörige und andere mit einem Eigensaboteur befaßten Menschen müssen analysieren, welchen Nutzen er aus seinen Aktionen zieht, und dann einen Ersatz vorschlagen. Wenn sich zum Beispiel herausstellt, daß ein sich selbst sabotierender Schüler sich in der Schule schlecht benommen hat, damit er von seinen Eltern die Aufmerksamkeit erhält, die er normalerweise nicht bekommt (ein Vorgang, der in der Psychiatrie als »sekundärer Nutzen« bekannt ist), kann die Störung dadurch beseitigt werden, daß die

Eltern in solchen Fällen ihre Aufmerksamkeit versagen und sie bei gesunden Verhaltensweisen gewähren. Wenn etwa die Eltern des jungen Selbstschädigers in die Schule bestellt wurden, weil ihr Kind sich schlecht betragen hat, können sie es ohne Gezeter nach Hause bringen, ihm seine Strafe mitteilen und ihm sagen, daß es beim Abendessen wieder mit der Familie reden kann. Erst dann sollten die Eltern das Gespräch beginnen. Diese einfache Strategie, das durch selbstschädigende Handlungen beabsichtigte Ergebnis zu versagen und es für psychisch gesunde Handlungen zu gewähren, kann viele destruktive Tauschgeschäfte, bei denen Kinder den Interaktionsstil ihrer Eltern manipulieren wollen, auf wirkungsvolle Weise zunichte machen.

Unvollkommenheiten akzeptieren

Böswilligen Selbstschädigern sollte man auch bei der Erkenntnis helfen, daß nicht alle Schlachten gewonnen werden können und daß ein gesunder Gewinn genügt, um sich geliebt zu fühlen. Wenn Sie ohne Vergeltung leben können, die Beiträge anderer zu gescheiterten Beziehungen kennen und sich mit der Einsicht zufriedengeben, daß manche Verluste nicht gerechtfertigt sind, wird das Leben sehr viel lebenswerter. Obwohl viele politische Führer protestieren werden, leben wir nicht in einer Leistungsgesellschaft, und die Welt ist nicht immer gerecht. Wenn man sich mit diesen äußeren Unvollkommenheiten – und den persönlichen – abfindet, vermindert dies oft den Druck, der viele Selbstschädiger dazu treibt, an ihrem eigenen Untergang zu basteln.

Kritik akzeptieren

Selbstschädigende Verhaltensmuster, die durch die zu starke Beschäftigung mit sich selbst verursacht werden, sind schwieriger zu handhaben, können aber behandelt werden. Selbstbehinderer sollten vor allem wissen, daß die meisten Menschen sich um die eigene Kompetenz sorgen. Auch als Erwachsene sind wir im Grunde immer noch wie Kinder, die in der Pause auf dem Schulhof herumtollen und hoffen, bei einer Leistungsanforderung nicht geächtet, von den Gruppenaktivitäten ausgeschlossen oder in Verlegenheit gebracht zu werden. Sobald Selbstschädiger diese Einsicht akzeptieren können, besteht der nächste Schritt darin, die Überzeugung abzubauen, die so viele Menschen in soziale Interaktionen einbringen: »Wenn jemand anders gewinnt, verliere ich.«

Diese Wettbewerbsmentalität vergiftet auch intime Beziehungen und kann durchaus als Ursache für die meisten Entgleisungen von Selbstschädigern in der Psychotherapie angesehen werden. Die schwierigste Aufgabe bei der Arbeit mit Selbstschädigern besteht darin, die Aufmerksamkeit von den Schwächen anderer Leute auf ihre eigenen zu lenken. Für viele Selbstschädiger ist die effektivste Methode eine Paartherapie, was dem Therapeuten ermöglicht, das Problem jeden Partners in Gegenwart des anderen aufzuzeigen. Wenn man die Therapie unter der Prämisse beginnt »Für den Esel da drüben sind Sie der Esel da drüben«, kann der Tendenz von Selbstschädigern, persönliche Schwächen um jeden Preis zu ignorieren, oft wirkungsvoll begegnet werden. Zumindest kann der Selbstschädiger dank dieser Maxime der völligen Nutzlosigkeit des Versuchs, das Selbst vor jeder Kritik und Entwürdigung zu schützen, leichter ins Auge sehen.

Für Selbstbehinderer, die oft Leistungsnormen weit jenseits ihrer Fähigkeiten erfüllen wollen, ist es besonders wichtig, selbstkritischer zu werden. Eine gutgemeinte, aber keineswegs förderliche Methode besteht darin, ihr Ich durch Unterstützung und Ermutigung zu stärken.[13] Aber damit gießt man nur Öl ins Feuer. Wenn man versucht, Selbstschädigern, die Angst vor dem Versagen haben, zu einer besseren Leistung zu verhelfen, verstärkt man nur ihr Potential zum Verlieren. Eine konstruktivere Methode besteht darin, solchen Leuten zu helfen, sich von der Erfolgsorientierung zu befreien, was ihnen ermöglicht, sich wegen ihres So-Seins und nicht wegen ihrer Handlungen zu akzeptieren.

Wenn diese Methode fehlschlägt, hilft oft der Hinweis, daß

viele von der Gesellschaft hochgeachtete Menschen die eigenen Unzulänglichkeiten mit Humor und Gleichmut tolerieren. Das Fördern eines selbstkritischen Stils ist nicht nur eine effiziente Möglichkeit für Selbstschädiger, ihre Unzulänglichkeiten anzupacken, sondern für sie oft auch eine sehr bequeme Methode. Wenn Sie (wie etwa der berühmte amerikanische Wetteransager Willard Scott, der im Fernsehen regelmäßig von seiner Glatze oder seinem Übergewicht spricht) Ihre schlimmsten Eigenschaften offen denen präsentieren, die Sie für sie verdammen könnten, nehmen Sie ihnen effizient den Wind aus den feindlichen Segeln.

Abschließende Gedanken

Viele große Denker und spirituelle Führer haben beobachtet, daß das Leid zum Menschsein gehört, und obwohl sein Ausmaß unterschiedlich sein mag, scheint sein Vorhandensein an sich etwas Beständiges zu sein. Alle Menschen sind natürlichen und sozialen Kräften ausgeliefert, die sehr viel größer sind als sie selbst, und diese grundlegende Verwundbarkeit bedeutet, daß ein gewisses Leid unvermeidlich ist. Als Freud in einer seiner überzeugendsten Arbeiten das menschliche Glück analysierte, stellte er fest, daß es innerhalb und außerhalb des Individuums viele Ursachen für das Unglücklichsein gibt, und kam zu dem Schluß, daß weder die Natur noch die Kultur darauf eingestellt sind, das Glück des Menschen zu vermehren.[14]

Aber es gibt keinen Grund, nur deshalb aufzugeben, weil *etwas* Leid im Leben garantiert vorkommen wird – im Gegenteil, es ist um so mehr ein Grund, daß wir uns bemühen, dieses Leid auf ein Minimum zu beschränken. In diesem Zusammenhang wird die Beschäftigung mit und die Veränderung von selbstschädigendem Verhalten zu einem Hauptziel. Auch wenn es unmöglich ist, der Kriminalität, dem Altersprozeß, der Krankheit und der Unmenschlichkeit Einhalt zu gebieten, können wir zumindest versuchen, nicht selbst unsere ärgsten Feinde zu sein.

Wir müssen auch erkennen, daß die narzißtischen und egoistischen Probleme, die einige der fehlangepaßtesten selbstschädigenden Muster speisen, nur durch die Bezogenheit auf andere geheilt werden können. Obwohl das beste Heilmittel für pathologische Selbstliebe in der Verbindung zu einem anderen Menschen besteht, ist das Engagement für eine soziale Sache, die sich mit humanitären – und nicht mit selbstdienlichen – Anliegen beschäftigt, fast genauso gut. Auch wenn ein moralisches Engagement und erwachsene Liebesbeziehungen nicht die letzte Antwort sind, sind sie zumindest die vorletzte Antwort auf die Probleme, die vielen selbstschädigenden Verhaltensmustern zugrundeliegen.

Wir haben in diesem Buch verschiedene selbstschädigende Verhaltensmuster beschrieben und ein paar Vorschläge und Beobachtungen zu ihrer Reduzierung bzw. Minimierung gemacht. Diese Anregungen werden die mit der Selbstschädigung verbundenen Probleme nicht sofort auf magische Weise lösen. Wir bezweifeln sogar, daß eine solche Lösung überhaupt möglich ist. Die Ursachen für eine Selbstschädigung sind in der menschlichen Entwicklung und in der kulturellen Konditionierung tief verwurzelt. Aber der unabwendbar erste Schritt zur Beendigung der Selbstschädigung heißt eindeutig Verständnis. Unsere Analyse sollte verständlich machen, wie Menschen zu ihren eigenen schlimmsten Feinden werden. Wir hoffen, daß dieses Verständnis konstruktive Anstrengungen in Gang setzt, das tragische Paradox der Selbstschädigung zu lösen und Menschen zu helfen, zufriedener mit sich selbst zu leben.

Ein für immer glückliches Leben mag auf Phantasien und Märchen beschränkt sein. Es gibt zu viele destruktive Kräfte in der Welt, als daß Raum für die Hoffnung bliebe, daß Menschen irgendwann einmal ohne Leid leben können. Die steuerbarste dieser destruktiven Kräfte jedoch sind wir selbst. Wenn Menschen lernen könnten, ihre selbstzerstörerischen Handlungsabläufe zu beenden, gäbe es einen Feind weniger in der Welt, eine Ursache weniger für menschliches Leid. Diese Hoffnung rechtfertigt das wiederholte Bemühen, das tragische Paradox der Selbstschädigung zu verstehen und zu bewältigen.

Anmerkungen

Kapitel 1: Einen Sieg in eine Niederlage verwandeln

1. P. Hoban, »Prodigal Son: After the Drug Bust, Eugene Fodor Tries a Comeback«, *New York*, 4. Dez. 1989, S. 100.
2. Dieses Beispiel entstammt S. Berglas, »Self-handicapping and Self-handicappers: Cognitive/Attributional Model of Interpersonal Self-protective Behavior«, in *Perspectives in Personality*, Bd. 1, Hrsg. R. Hogan und W. H. Jones (Greenwich, Conn.: JAI Press, 1985), S. 235–270.
3. S. Freud, »Jenseits des Lustprinzips«, in *Gesammelte Werke*, Bd. 13 (Frankfurt/Main: Fischer, 1987); erstmals veröffentlicht 1920.
4. Zum Beispiel R. J. Ringer, *Winning through Intimidation* (Greenwich, Conn.: Fawcett Crest Books, 1973).
5. N. J. Baker und H. Manly, »Mississippi Gothic«, *Newsweek*, Okt. 1990, S. 36.
6. Ibid.
7. Siehe die Titelseite von *Newsweek*, 18. Mai 1987, und M. Kramer, »The Self-destruction of Gary Hart«, *U. S. News and World Report*, 18. Mai 1987, S. 25.
8. R. F. Baumeister, *Escaping the Self: Alcoholism, Spirituality, Masochism, and Other Flights from the Burden of Selfhood* (New York: Basic Books, 1991).
9. R. V. Krafft-Ebing, *Psychopathia Sexualis*. Eine klinisch-forensische Studie (Stuttgart, 1886).
10. G. Fulcher, »A Review of Self-injurious Behavior – SIB)«, *Australia and New Zealand Journal of Developmental Disabilities* 10 (1984), S. 51–67.
11. S. Freud, »Das ökonomische Problem des Masochismus«, in: Sigmund Freud, *Studienzugabe*, Bd. III, Hrsg. Alexander Mitscherlich et al. (Frankfurt/Main: Fischer, 1989); Original veröffentlicht 1924.
12. Ibid.
13. Ibid, S. 7–64.

14. Ibid.
15. S. Freud, »Ein Kind wird geschlagen« in: Sigmund Freud, *Studienzugabe*, Bd. VII, Hrsg. Alexander Mitscherlich et al. (Frankfurt / Main: Fischer, 1989); Orig. veröff. 1919.
16. O. Fenichel, *Psychoanalytische Neurosenlehre* (Frankfurt / Main, Berlin, Wien: Ullstein, 1983).
17. S. Freud, »Jenseits des Lustprinzips« in: Sigmund Freud, Studienzugabe, Bd. III, Hrsg. Alexander Mitscherlich et al. (Frankfurt / Main: Fischer, 1989); Original veröffentlicht 1920.
18. B. A. van der Kolk, »The Compulsion to Repeat the Trauma: Reenactment, Revictimization, and Masochism«, *Psychiatric Clinics of North America* 12 (1989), S. 389–411.
19. R. F. Baumeister und S. J. Scher, »Self-defeating Behavior Patterns among Normal Individuals: Review and Analysis of Common Self-destructive Tendencies«, *Psychological Bulletin* 104 (1988), S. 3–22.
20. J. G. Hull, »A Self-awareness Model of the Causes and Effects of Alcohol Consumption«, *Journal of Abnormal Psychology* 90 (1981), S. 586–600.
21. S. Duval und R. A. Wicklund, *A Theory of Objective Self-awareness* (New York: Academic Press, 1972).
22. J. G. Hull und R. D. Young, »Self-consciousness, Self-esteem, and Success-failure as Determinants of Alcohol Consumption in Male Social Drinkers«, *Journal of Personality and Social Psychology* 44 (1983), S. 1097–1109.
23 R. L. Higgins, C. R. Snyder und S. Berglas, *Self-Handicapping: The Paradox That Isn't* (New York: Plenum, 1990).
24. Siehe R. C. Simons, »Psychoanalytic Contributions to Psychiatric Nosology: Forms of Masochistic Behavior«, *Journal of the American Psychoanalytic Association* 35 (1987), S. 583–608, zur Quelle für dieses Beispiel und für eine aufschlußreiche psychoanalytische Betrachtungsweise selbstschädigender Verhaltensweisen.
25. R. Lowenstein, »A Contribution to the Psychoanalytic Theory of Masochism«, *Journal of the American Psychoanalytic Association* 32 (1957), S. 325–356.
26. T. Reik, *Masochism in Modern Man* (New York: Farrar and Rinehart, 1941).
27. J. Haley, *Die Jesus-Strategie* (Weinheim, Basel: Beltz, 1990).

Kapitel 2: Wenn gute Absichten ins Auge gehen

1. Siehe S. Berglas, *The Success Syndrome* (New York: Plenum, 1986), zur Karrierezerstörung.
2. McMillan, »Car Caper: Reach out and Bust Someone«, *Cleveland Plain Dealer*, 30. Dez. 1990, S. 1–A, 4–A.
3. R. F. Baumeister und S. J. Scher, »Self-defeating Behavior Patterns among Normal Individuals: Review and Analysis of Common Self-destructive Tendencies«, *Psychological Bulletin* 104 (1988), S. 3–22.
4. Berglas, *Success Syndrome*.
5. Nach F. McNulty, *The Burning Bed* (New York 1980).
6. D. B. McFarlin, »Persistence in the Face of Failure; The Impact of Self-esteem and Contingency Information«, *Personality and Social Psychology Bulletin* 11 (1985), S. 153–163.
7. Dies ist in vielen Untersuchungen festgestellt worden. Siehe z. B. J. S. Shrauger und P. B. Sorman, »Self-evaluations, Initial Success and Failure, and Improvement as Determinants of Persistence«, *Journal of Consulting and Clinical Psychology* 45 (1977), S. 784–795. Einen Überblick über die Literatur zum Selbstwertgefühl gibt R. F. Baumeister, Hrsg., *Self-Esteem: The Puzzle of Low Self-Regard* (New York: Plenum, 1993).
8. D. B. McFarlin, R. F. Baumeister und J. Blascovich, »On Knowing When to Quit: Failure, Self-esteem, Advice, and Nonproductive Persistence«, *Journal of Personality* 52 (1984), S. 138–155.
9. D. B. McFarlin, »Persistence in the Face of Failure«.
10. *Wall Street Journal*, 13. Mai 1992, S. A 1, A 9.
11. S. Freud, »Das ökonomische Problem des Masochismis«, in: Sigmund Freud, *Studienzugabe*, Bd. III, Hrsg. Alexander Mitscherlich et al. (Frankfurt/Main, 1989); Original veröffentlicht 1924. Zu weiteren psychoanalytischen Betrachtungsweisen siehe K. Horney, »The Problem of the Negative Therapeutic Reaction«, *Psychoanalytic Quarterly* 5 (1936), S. 29–44.
12. Zu einem Überblick über diese Literatur siehe B. A. van der Kolk, »The Compulsion to Repeat the Trauma: Reenactment, Revictimization, and Masochism«, *Psychiatric Clinics of North America* 12 (1989), S. 389–411.

13. Ibid.
14. Berglas, *Success Syndrome*.
15. S. Berglas, »Horatio Alger and the Mid-Life Crisis«, *New York Times*, 11. Aug. 1991, Wirtschaftsteil, S. 14.
16. B. M. Staw, »Knee-deep in the Big Muddy: A Study of Escalating Commitment to a Chosen Course of Action«, *Organizational Behavior and Human Performance* 16 (1976), S. 27–44. Zu einem Überblick über diese Literatur siehe Baumeister und Scher, »Self-defeating Behavior Patterns«, und A. I. Teger, *Too Much Invested to Quit* (New York: Pergamon, 1980).
17. J. Z. Rubin und J. Brockner, »Factors Affecting Enrapment in Waiting Situations: The Rosencrantz and Guildenstern Effect«, *Journal of Personality and Social Psychology* 31 (1975), S. 1054–1063.
18. M. H. Bazerman, T. Giuliano und A. Appelman, »Escalation of Commitment in Individual and Group Decision Making«, *Organizational Behavior and Human Performance* 33 (1984), S. 141–152.
19. F. V. Fox und B. M. Staw, »The Trapped Administrator: Effects of Insecurity and Policy Resistance upon Commitment to a Course of Action«, *Administrative Sciences Quarterly* 24 (1979), S. 449–471.
20. J. Brockner, J. Z. Rubin und E. Lang, »Face-saving and Entrapment«, *Journal of Experimental Social Psychology* 17 (1981), S. 68–79. Siehe auch S. Berglas und E. E. Jones, »Drug Choice as a Self-handicapping Strategy in Response to Non-contingent Success«, *Journal of Personality and Social Psychology* 36 (1978), S. 405–417; E. E. Jones und S. C. Berglas, »Control of Attributions about the Self through Self-handicapping Strategies: The Appeal of Alcohol and the Role of Underachievement«, *Personality and Social Psychology Bulletin* 4 (1978), S. 200–206; und S. Berglas, *Success Syndrome*.
21. E. J. Conlon und G. Wolf, »The Moderating Effects of Strategy, Visibility, and Involvement on Allocation Behavior: An Extension of Staw's Escalation Paradigm«, *Organizational Behavior and Human Performance* 26 (1980), S. 172–192.
22. American Psychiatric Association, *Diagnostisches und Statistisches Manual Psychischer Störungen. DSM–III–R*. 3., rev.

Auflage. (Weinheim und Basel: Beltz, 1991). Siehe z. B. auch J. C. Perry und R. B. Flannery, »Passive Aggressive Personality Disorder: Treatment Implications of a Clinical Typology«, *Journal of Nervous and Mental Disease* 170 (1982), S. 164–173.

23. J. Brockner, M. C. Shaw und J. Z. Rubin, »Factors Affecting Withdrawal form an Escalating Conflict: Quitting before It's Too Late«, *Journal of Experimental Social Psychology* 15 (1979), S. 492–503.

24. Beispiele und Erörterung siehe Berglas, *Success Syndrome*.

25. L. B. Rubin, *Worlds of Pain: Life in the Working-Class Family* (New York: Basic Books, 1976).

26. Eine Erörterung einzelner Probleme dieser Gruppe findet sich in Berglas, *Success Syndrome*.

27. Siehe Rubin, *Worlds of Pain*.

28. Natürlich können auch andere Faktoren bei solchen Problemen eine Rolle spielen; siehe Berglas, *Success Syndrome*.

29. F. McNulty, *Burning Bed*, S. 299.

30. Siehe R. F. Baumeister, »The Optimal Margin of Illusion«, *Journal of Social and Clinical Psychology* 8 (1989), S. 176–189.

31. S. E. Taylor, *Positive Illusions: Creative Self-Deception and the Healthy Mind* (New York: Basic Books, 1989); und S. E. Taylor und J. D. Brown, »Illusion and Well-Being: A Social Psychological Perspective on Mental Health«, *Psychological Bulletin* 103 (1988), S. 193–210.

32. Siehe z. B. P. M. Gollwitzer und R. F. Kinney, Effects of Deliberative and Implemental Mindsets on Illusion of Control«, *Journal of Personality and Social Psychology* 56 (1989), S. 531–542.

33. L. S. Perloff und B. K. Fetzer, »Self-Other Judgements and Perceived Vulnerability to Victimization«, *Journal of Personality and Social Psychology Bulletin* 50 (1986), S. 502–510.

34. J. M. Burger und L. Burns, »The Illusion of Unique Invulnerability and The Use of Effective Contraception«, *Personality and Social Psychology Bulletin* 14 (1988), S. 264–270.

35. Ibid.

36. R. Shilts, *And the Band Played On: Politics, People, and the AIDS Epidemic* (New York: Viking Penguin, 1987).

37. Ibid.

38. Berglas, *Success Syndrome*.

39. B. Shaw, »Effect of Johnson's Announcement Wearing Off«, *Cleveland Plain Dealer*, 2. Feb. 1992, S. 11–D.
40. Ibid.
41. S. Schama, *Der zaudernde Citoyen. Rückschritt und Fortschritt in der Französischen Revolution* (München: Kindler, 1989).
42. M. E. P. Seligman, *Erlernte Hilflosigkeit* (Weinheim: Psychologische Verlags-Union, 1992).
43. J. B. Overmier und M. E. P. Seligman, »Effects of Inescapable Shock upon Subsequent Escape and Avoidance Learning«, *Journal of Comparative and Physiological Psychology* 63 (1967), S. 23–33.
44. Siehe z. B. S. Roth und R. R. Bootzin, »Effects of Experimentally Induced Expectancies of External Control. An Investigation of Learned Helplessness«, *Journal of Personality and Social Psychology* 29 (1974), S. 253–264.
45. Siehe z. B. S. Roth und L. Kubal, »Effects of Noncontingent Reinforcement on Tasks of Differing Importance: Facilitation and Learned Helplessness«, *Journal of Personality and Social Psychology* 32 (1975), S. 680–691.
46. Nonkontingenter Erfolg kann auch Probleme verursachen, die nicht völlig verschieden sind. Siehe Berglas und Jones, »Drug Choice as a Self-handicapping Strategy«; Jones und Berglas, »Control of Attributions«; und Berglas, *Success Syndrome*.
47. Siehe z. B. J. Crocker und B. Major, »Social Stigma and Self-esteem: The Self-protective Properties of Stigma«, *Psychological Review* 96 (1989), S. 608–630.
48. J. Rodin und E. Langer, »Long-term Effects of an Control-relevant Intervention with the Institutionalized Aged«, *Journal of Personality and Social Psychology* 35 (1977), S. 897–902.
49. L. Y. Abramson, M. E. P. Seligman und J. D. Teasdale, »Learned Helplessness in Humans: Critique and Reformulation«, *Journal of Abnormal Psychology* 87 (1978), S. 49–74.
50. C. S. Carver, P. H. Blaney und M. F. Scheier, »Reassertion and Giving Up: The Interactive Role of Self-Directed Attention and the Outcome Expectancy«, *Journal of Personality and Social Psychology* 37 (1979), S. 1859–1870.
51. E. E. Jones und C. Wortman, *Ingratiation: An Attributio-*

nal Approach (Morristown, N.J.: General Learning Press, 1973).

52. E. E. Jones, K. J. Gergen und R. G. Jones, »Tactics of Ingratiation among Leaders and Subordinates in an Status Hierachy«, *Psychological Monographs* 77 (1963), ganze No. 566.

53. Siehe auch J. W. Brehm und A. Cole, »Effect of a Favor Which Reduces Freedom«, *Journal of Personality and Social Psychology* 3 (1966), S. 420–426.

54. M. H. Bazerman, *Human Judgement in the Managerial Decision Making* (New York: Wiley, 1986); M. H. Bazerman, »Why Negotiations Go Wrong«, *Psychology Today* 20 (1986), S. 54–58.

55. D. G. Pruitt, *Negotiation Behavior* (New York: Academic Press, 1981); D. G. Pruitt und J. Z. Rubin, *Social Conflict: Escalation, Stalemate, and Settlement* (New York: Random House, 1984).

56. M. Neale und M. H. Bazerman, »Systematic Deviations from Rationality in Negotiator Behavior: The Framing of Conflict and Negotiator Overconfidence«, *Academy of Mangement Journal* 28 (1985), S. 34–49.

57. Siehe Baumeister und Scher, »Self-defeating Behavior Patterns«.

58. Bazerman, *Human Judgement*.

Kapitel 3: Unter Druck blockieren

1. Siehe S. Berglas, *The Success Syndrome* (New York: Plenum, 1986), über den Druck von Erfolg.

2. R. F. Baumeister, »Choking under Pressure: Self-consciousness and Paradoxial Effects of Incentives on Performance«, *Journal of Personality and Social Psychology* 46 (1984), S. 610–620.

3. Ibid.

4. R. F. Baumeister und C. J. Showers, »A Review of Paradoxical Performance Effects. Choking under Pressure in Sports and Mental Tests«, *European Journal of Social Psychology* 16 (1986), S. 361–383.

5. Siehe G. Kimble und L. Perlmuter, »The Problem of Volition«, *Psychological Review* 77 (1970), S. 361–384.

6. Siehe z. B. S. Duval und R. A. Wicklund *A Theory of Objective Self-awareness* (New York: Academic Press, 1972); R. A. Wicklund, »Objective Self-awareness«, in *Advances in Experimental Social Psychology*, Bd. 8, Hrsg. L. Berkowitz (New York: Academic Press, 1975), S. 233–275; und C. S. Carver und M. F. Scheier, *Attention and Self-regulation: A Control-Theory Approach to Human Behavior* (New York: Springer-Verlag, 1981).

7. R. F. Baumeister, D. G. Hutton und K. J. Cairns, »Negative Effects of Praise on Skilled Performance«, *Basic and Applied Social Psychology* 1 (1990), S. 131–148.

8. Siehe Berglas, *Success Syndrome*.

9. S. Freud, »Some Charakter Types Met in Psychoanalytic Work«, in *Collected Papers*, Bd. 4, Hrsg. E. Jones (New York: Basic Books, 1949).

10. Siehe K. Horney, »The Problem of the Negative Therapeutic Reaction«, *Psychoanalytic Quarterly* 5 (1936), S. 29–44.

11. Berglas, *Success Syndrome*.

12. J. S. House, »Occupational Stress and Coronary Heart Disease: A Review and Theoretical Integration«, *Journal of Health and Social Behavior* 15 (1974), S. 12–27; Berglas, *Success Syndrome*.

13. B. R. Schlenker und M. R. Leary, »Social Anxiety and Self-preservation: A Conceptualization and Model«, *Psychological Bulletin* 92 (1982), S. 641–669.

14. Die zehn Meisterschaftsspiele, bei denen dieses Team alle Spiele gewann, wurden nicht gezählt, weil die Teams als zu ungleich betrachtet wurden. Wenn ein Team sehr viel besser als das andere ist, dürften Faktoren wie der Heimvorteil und das Blockieren nicht viel ausmachen. Bei diesen zehn Siegen war die heimische Kulisse tatsächlich irrelevant. Diskussion und ähnliche Forschungen siehe R. F. Baumeister und A. Steinhilber, »Paradoxical Effects of Supportive Audiences on Performance under Pressure: The Home Field Disadvantage in Sports Championchips«, *Journal of Personality and Social Psychology* 47 (1984), S. 85–93.

15. Dies entspricht der Ironie des Erfolgssyndroms, bei dem Erfolg zu der Art von Leid führt, die normalerweise eher mit einem Mißerfolg assoziiert wird; siehe Berglas, *Success Syndrome*.

16. J. Diaz, »Perils of Putting«, *Sports Illustrated*, 3. April 1989, S. 76–79.
17. Ibid., S. 79.
18. Baumeister und Steinhilber, »Paradoxical Effects«. Auch hier schlossen die Forscher alle Serien aus, bei denen über vier Spiele gesiegt wurde. Bemerkenswert ist, daß die NBA viele Playoff-Ebenen hat; in den ersten Runden der Playoffs stehen die besten Teams gegen die schlechtesten, und deshalb sollte man erwarten, daß die überlegenen Teams – die regelgemäß im allgemeinen mehr Spiele zu Hause spielen – die meisten Spiele gewinnen. Die Tendenz zum Blockieren dürfte nur in der letzten Runde erwartet werden, wenn die Identitätsverwirklichung auf dem Spiel steht.
19. Die Identitätsverwirklichungs-Hypothese impliziert zudem, daß verteidigende Meister weniger zum Blockieren neigen dürften als erstmalige Meister; dies stellt bei der Benutzung der NBA-Daten ein Problem dar, weil die »Dynastien« in dieser Liga besonders auffällig waren. Baumeister und Steinhilber beschlossen, den Überblick mit dem Jahr 1967 zu beginnen, weil in den 10 Jahren davor die Boston Celtics sehr dominierend gewesen waren. In dieser Zeit schien irgendein Heimvorteil tatsächlich wenig zu bedeuten, denn Boston gewann einfach immer. Auch die Vorherrschaft der Los Angeles Lakers in den 80er Jahren, vor allem in ihrer Liga, minimierte wahrscheinlich die Tendenz, daß die Daten auf das Heimspiel oder das Blockieren eine Wirkung hatten.
20. Im allgemeinen gibt es bei allen mit Erfolg zusammenhängenden Problemen individuelle Unterschiede; siehe J. O. Cavenar Jr., und D. S. Werman, »Origins of the Fear of Success«, *American Journal of Psychiatry* 138 (1981), S. 95–98.
21. D. M. Tice, J. Buder und R. F. Baumeister, »Development of Self-consciousness: At What Age Does Audience Pressure Disrupt Performance?« *Adolescence* 20 (1985), S. 301–305.
22. Fluktuationen werden durch Itemvarianz gemessen; siehe R. F. Baumeister und D. M. Tice, »Metatraits«, *Journal of Personality* 56 (1988), S. 571–598.

Kapitel 4: Tauschgeschäfte

1. S. Berglas, *The Success Syndrom* (New York: Plenum, 1986). Siehe auch E. E. Jones und S. Berglas, »Control of Attributions about the Self through Self-handicapping Strategies: The Appeal of Alcohol and the Role of Underachievement«, *Personality and Social Psychology Bulletin* 4 (1978), S. 200–206.
2. R. F. Baumeister und S. J. Scher, »Self-defeating Behavior Patterns among Normal Individuals: Review and Analysis of Common Self-destructive Tendencies«, *Psychological Bulletin* 104 (1988), S. 3–22.
3. Berglas, *The Success Syndrom*. Siehe auch S. Berglas und E. E. Jones, »Drug Choice as a Self-handicapping Strategy in response to Non-contingent Success«, in *Journal of Personality and Social Psychology* 35 (1978), S. 405–417.
4. B. Silverstein, »Cigarette Smoking, Nicotine Addiction, and Relaxation«, *Journal of Personality and Social Psychology* 42 (1982), S. 946–950.
5. Siehe auch R. F. Baumeister, »Masochism as Escape from Self«, *Journal of Sex Research* 25 (1988), S. 28–59; R. F. Baumeister, »Suicide as Escape form Self«, *Psychological Review* 97 (1990), S. 90–113; und R. F. Baumeister, *Escaping the Self: Alcoholism, Spirituality, Masochism, and other Flights from the Burden of Selfhood* (New York: Basic Books, 1991).
6. J. G. Hull, »A Self-awareness Model of the Causes and Effects of Alcohol Consumption«, *Journal of Abnormal Psychology* 90 (1981), S. 586–600.
7. R. A. Wicklund, »Objective Self-awareness«, in *Advances in Experimental Social Psychology* Bd. 8, Hrsg. L. Berkowitz (New York: Academic Press, 1975).
8. Siehe Berglas und Jones, »Drug Choice as a Self-handicapping Strategy«; Jones und Berglas, »Control of Attributions«; und Berglas, *The Success Syndrome*.
9. Berglas, *The Success Syndrome*.
10. J. M. Dunbar und A. J. Stunkard, »Adherence to Diet and Drug Regimen«, in *Nutrition, Lipids, and Coronary Heart Disease*, Hrsg. R. Levy, B. Fifkind, B. Dennis und N. Ernst (New York: Raven Press, 1979), S. 391–423.
11. D. L. Sackett und J. C. Snow, »The Magnitude of Com-

pliance and Noncompliance«, in *Compliance in Health Care*, Hrsg. R. B. Haynes, D. W. Taylor und D. L. Sackett (Baltimore: John Hopkins University Press, 1979), S. 11–22.

12. Siehe Baumeister und Scher, »Self-defeating Behavior Patterns« zu einem Überblick über dieses Thema und weiteren Referenzen.

13. Ibid.

14. C. Shepherd, »News of the Weird«, *Cleveland Plain Dealer Magazine*, 16. Dez. 1990, S. 4.

15. B. R. Brown und H. Garland, »The Effects of Incompetency, Audience Acquaintanceship, and Anticipated Evaluative Feedback of Face-saving Behavior«, *Journal of Experimental Social Psychology* 7 (1971), S. 490–502. Siehe auch R. F. Baumeister und J. Cooper, »Can the Public Expectation of Emotion Cause that Emotion?« *Journal of Personality* 49 (1989), S. 49–59; und Berglas, *Success Syndrome*.

16. B. W. Tuchman, *Die Torheit der Regierenden: Von Troja bis Vietnam* (Frankfurt/Main: Fischer, 1992).

17. B. R. Brown, »The Effects of Need to Maintain Face on Interpersonal Bargaining«, *Journal of Experimental Social Psychology* 4 (1968), S. 107–122.

18. S. Jacoby, *Wild Justice: The Evolution of Revenge* (New York: Harper and Row, 1983).

19. Siehe P. Zimbardo, *Shyness: What It Is, What to Do about It* (New York: Jove, 1987).

20. A. H. Buss, *Self-consciousness and Social Anxiety* (San Francisco: Freeman, 1989); M. R. Leary, »Affective and Behavioral Consequences of Shyness: Implications for Theory, Measurement, and Research«, in *Shyness: Perspectives on Research and Treatment*, Hrsg. W. H. Jones, J. M. Cheek & S. R. Briggs (New York: Plenum, 1986).

21. B. R. Schlenker und M. R. Leary, »Social Anxiety and Self-presentation: A Conceptualization and Model«, *Psychological Bulletin* 92 (1982), S. 641–669. Zu einer anderen Betrachtungsweise siehe Jones und Berglas, »Control of Attributions«.

22. Ein Überblick über die Literatur findet sich in Baumeister und Scher, »Self-defeating Behavior Patterns«.

Kapitel 5: Sich selbst behindern

1. R.L. Higgins, C.R. Snyder und S. Berglas, *Self-handicapping: The Paradox That Isn't* (New York: Plenum, 1990).
2. S. Berglas und E.E. Jones, »Drug Choice as a Self-handicapping Strategy in response to Noncontigent Success«, *Journal of Personality and Social Psychology* 36 (1978), S. 405–417.
3. S. Berglas, »Self-handicapping and Self-handicappers: A Cognitive/Attributional Model of Interpersonal Self-protective Behavior«, in *Perspectives in Personality*, Bd. 1, Hrsg. R. Hogan und W.H. Jones (Greenwich, Conn.: JAI Press, 1985), S. 235–270. Siehe auch M.R. Leary und J.A. Shepperd, »Behavioral Self-handicaps versus self-reported Handicapes: A Conceptual Note«, *Journal of Personality and Social Psychology* 51 (1986), S. 1265–1268.
4. C.R. Snyder, »Excuses«, *Psychology Today*, S. 50–55. Siehe auch R.L. Higgins und S. Berglas, »The Maintenance and Treatment of Self-handicapping: From Risk-taking to Face-saving – and Back«, in *Self-handicapping*, Higgins, Snyder und Berglas, S. 198–200.
5. S. Berglas, »A Typology of Self-handicapping Alcohol Abusers«, in *Advances in Applied Social Psychology* Bd. 3, Hrsg. M.J. Saks und L. Saxe (Hillsdale, N.J., 1986), S. 29–56.
6. D.M. Tice und R.F. Baumeister, »Self-esteem, Self-handicapping, and Self-presentation: The Strategy of Inadequate practice«, *Journal of Personality* 58 (1990), S. 443–464.
7. R.J. Gelles, *The Violent Home* (Beverly Hills, Calif.: Sage, 1972), S. 116.
8. C.H. Mc Caghy, »Drinking and Deviance Disavowal: The Case of Child Molesters«, *Social Problems* 16 (1968), S. 43–49.
9. Ibid., S. 48.
10. B. Critchlow, »The Blame in the Bottle. Attributions about Drunken Behavior«, *Personality and Social Psychology Bulletin* 11 (1985), S. 258–274.
11. P.G.W. Schouten und M.M. Handelsman, »Social Basis of Self-handicapping: The Case of Depression«, *Personality and Social Psychology Bulletin* 13 (1987), S. 103–110.
12. S. Waldman, »Tippling in Washington: How Traditions Change«, *Newsweek*, 6. März 1989, S. 23.

13. Die Rolle der generischen Unsicherheit bei der Herbeiführung der Selbstbehinderung wird erörtert in Higgins, Snyder und Berglas, *Self-handicapping*, S. 110–112.

14. J. Durso, »The Sudden Fall of a Baseball Phenomenon«, *New York Times*, 5. April 1987, S. 1.

15. Siehe S. Berglas, »Self-handicapping Alcohol Abusers« und S. Berglas, »Self-handicapping and Psychopathology: An Integration of Social and Clinical Perspectives«, in *Social Processes in Clinical and Consulting Psychology*, Hrsg. J. E. Maddux, C. D. Stoltenberg und R. Rosenwein (New York: Springer-Verlag, 1987), S. 113–125.

16. Zu einer weiteren Diskussion nonkontingenten Erfolgs siehe L. Y. Abramson, M. E. P. Seligman und J. D. Teasdale, »Learned Helplessness in Humans: Critique and Reformulation«, *Journal of Abnormal Psychology* 87 (1978), S. 49–74.

17. Siehe S. Berglas und E. E. Jones, »Drug Choice as a Self-handicapping Strategy in Response to Noncontingent Success«, *Journal of Personality and Social Psychology* 36 (1978), S. 405–417 und E. E. Jones und S. Berglas, »Control of Attributions about the Self through Self-handicapping Strategies: The Appeal of Alcohol and the Role of Underachievement«, *Personality and Social Psychiatry Bulletin* 4 (1978), S. 200–206.

18. Berglas, »Self-handicapping and Psychopathology«.

19. »Adventure. Lost Love, New Films: At Twenty-nine Candy Bergen Is Growing Up«, *People*, 28. Juli 1975, S. 48.

20. E. Jacobson, ›The ›Exceptions‹: An Elaboration of Freuds Character Study«, *Psychoanalytic Study of the Child* 14 (1959), S. 135–154.

21. Berglas, »Self-handicapping and Psychopathology«.

22. Duval und R. A. Wicklund, *A Theory of Objective Self-awareness* (New York: Academic Press, 1972).

23. J. G. Hull und R. D. Young, »Self-consciousness, Self-esteem, and Success-failure as Determinants of Alcohol Consumption in Male Social Drinkers«, *Journal of Personality and Social Psychology* 44 (1983), S. 1097–1109.

24. Siehe z. B. R. Radloff, »Social Comparison and Ability Evaluation«, *Journal of Experimental Social Psychology* Suppl. (1966), S. 6–26.

25. A. Bandura, »Self-efficacy: Toward a Unifying Theory of

Behavioral Change«, *Psychological Review* 84 (1977), S. 191–215.

26. S. Berglas, *The Success Syndrome: Hitting Bottom When You Reach the Top* (New York: Plenum, 1986), S. 144–145, 155–156.

27. S. Berglas, »Self-handicapping – Etiological and Diagnostic Considerations«, in *Self-handicapping*, R. L. Higgins, C. R. Snyder und S. Berglas, S. 151–186. Siehe auch Berglas und Jones, »Drug Choice as a Self-handicapping Strategy«, S. 406.

28. E. Berne, *Spiele der Erwachsenen* (Reinbek b. Hamburg: Rowohlt, [7]1991).

29. Siehe z. B. D. W. Tressmer, *Fear of Success* (New York: Plenum, 1977); und J. O. Cavenar und D. S. Werman, »Origins of the Fear of Success«, *American Journal of Psychiatry* 138 (1981), S. 95–98.

30. S. Freud, »Über einige Charaktertypen aus der psychoanalytischen Arbeit«, in: Sigmund Freud, *Studienzugabe*, Bd. X, Hrsg. Alexander Mitscherlich et al. (Frankfurt/Main: Fischer 1989); Original veröffentlicht 1915.

31. H. S. Sullivan, *Die interpersonale Theorie der Psychiatrie* (Frankfurt/Main: Fischer, 1983).

32. Eine Erklärung dazu, wie die Selbstbehinderung die Fähigkeitszuschreibung erhöhen kann, findet sich in S. Berglas, »Self-handicapping and Self-handicappers: A Cognitive/Attributional Model of Interpersonal Self-protective Behavior«, in *Perspectives in Perspponality*, Bd. 1, Hrsg. R. Hogan und W. H. Jones (Greenwich, Conn.: JAI Press, 1985), S. 235–270; und H. H. Keley, *Attribution in Social Interaction* (Morristown, N. J.: General Learning Press, 1971).

33. D. M. Tice, »Esteem Protection of Enhancement? Self-handicapping Motives and Attributions«, *Journal of Personality and Social Psychology* 60 (1991), S. 711–725.

34. Siehe z. B. H. Selye, *Streß beherrscht unser Leben* (München: Heyne, 1991); und R. S. Lazarus und R. Launier, »Stress Related Transactions between Person and Environment«, in *Perspectives in Interactional Psychology*, Hrsg. L. A. Pervin und M. Lewis (New York: Plenum, 1978), S. 287–327.

35. W. James, *Principles of Psychology*, Bd. 1 (London: MacMillan, 1901), S. 310

215

36. Siehe z. B. T. W. Smith, C. R. Synder und M. M. Handelsman, »On the Self-serving Function of an Academic Wooden Leg: Text Anxiety as a Self-handicapping Strategy«, *Journal of Personality and Social Psychology* 42 (1982), S. 314–321.
37. D. Ansen, »Greta Garbo: 1905–1990«, *Newsweek*, 30. April 1990, S. 73.
38. C. R. Synder, T. W. Smith und R. E. Ingram, »On the Self-serving Function of Anxiety. Shyness as a Self-handicapping stratey«, *Journal of Personality and Social Psychology* 48 (1985), S. 970–980. Siehe auch P. Zimbardo, *Shyness* (Reading Mass. Addison-Wesley, 1977), zu einer Diskussion der Schüchternheit als psychologische Störung.
39. C. R. Snyder, T. W. Smith, R. W. Augelli und R. E. Ingram, »On the Self-serving Function of Social Anxiety«, *Journal of Personality and Social Psychology* 48 (1985), S. 970–980.

Kapitel 6: Pyrrhus-Rache

1. Zu einem Überblick über die mit diesem Selbstschädigungs-stil zusammenhängende Literatur siehe S. Berglas, »Self-handicapping Behavior and the Self-defeating Personality Disorder: Toward a Refined Clinical perspective«, in *Self-defeating Behaviors: Experimental Research, Clinical Impressions, and Practical Implications*, Hrsg. R. C. Curtis (New York: Plenum, 1989), S. 266–268.
2. American Psychiatric Association, *Diagnostisches und Statistisches Manual Psychischer Störungen. DSM–III–R*. Rev. Auflage (Weinheim und Basel: Beltz, 1991), S. 392.
3. Siehe z. B. B. Berliner, »The Role of Object Relations in Moral Masochism«, *Psychiatric Quarterly* 27 (1958), S. 38–56.
4. W. Reich, *Charakteranalyse* (Köln: Kiepenheuer und Witsch, 1989).
5. R. D. Stolorow, »The Narcissistic Function of Masochism (and Sadism)«, *International Journal of Psychoanalysis* 56 (1975), S. 441–448.
6. Zu einer Übersicht über diese Meinung siehe R. L. Sack und W. Miller, »Masochism: A Clinical and Theoretical Overview«, *Psychiatry* 38 (1975), S. 244–257; und Berglas, »Self-handicapping Behavior«, S. 267.

7. J. Aronfreed, »Aversive Control of Socialization«, in *Nebraska Symposium on Motivation*, Bd. 16 (Lincoln: University of Nebraska Press, 1968).

8. Siehe z. B. N. L. Corah und J. Boffa, »Perceived Control, Self-observation, and Response to Aversive Stimuli«, *Journal of Personality and Social Psychology* 16 (1970), S. 1–4.

9. B. F. Skinner, *Wissenschaft und menschliches Verhalten* (München: Kindler, 1973).

10. American Psychiatric Association, *Diagnostisches und Statistisches Manual Psychischer Störungen. DSM–III–R.*, S. 85.

11. S. Brody, »Syndrome of the Treatment-Rejecting Patient«, *Psychoanalytic Review* 51 (1964), S. 75–84: E. Berne, *Spiele der Erwachsenen* (Reinbek b. Hamburg: Rowohlt, 1993).

12. T. Reik, Masochism in Modern Man (New York: Farrar and Strauss, 1941).

13. Stolorow, »Narcissistic Function«.

14. Zu einer ausführlicheren Erörterung dieser Dynamik siehe Berglas, »Self-handicapping Behavior«, S. 267–268.

15. Siehe Reik, *Masochism*.

16. Ibid.

17. Zu einer ausführlicheren Diskussion des Masochismus siehe R. F. Baumeister, »Masochism as Escape form Self«, *Journal of Sex Research* 25 (1988), S. 28–59; und R. F. Baumeister, *Masochism and the Self* (Hillsdale, N. J.: Erlbaum, 1989).

18. B. van der Kolk, »The Compulsion to Repeat the Trauma: Reenactment, Revictimization, and Masochism«, *Treatment of Victims of Sexual Abuse* 12 (1989), S. 389–411.

19. Siehe z. B. R. L. Solomon, »An Opponent-Process Theory of Acquired Motivation: The Costs of Leasure and the Benefits of Pain«, *American Psychologist* 35 (1980), S. 691–712; und G. M. Erschak, »The Escalation and Maintenance of Spouse Abuse: A Cybernetic Model«, *Victimology* 9 (1984), S. 247–253.

20. M. H. Silbert und A. M. Pines, »Sexual Child Abuse as an Antecedent to Prostitution«, *Child Abuse and Negligence* 5 (1981), S. 407–411.

Kapitel 7: Das tragische Paradox lösen

1. Zu einer vorläufigen Diskussion dieses Themas siehe S. Berglas, »Self-handicapping Behavior and the Self-Defeating Personality Disorder: Toward a Refined Clinical perspective«, in *Self-defeating Behaviors: Experimental Research, Clinical Impressions, and Practical Implications*, Hrsg. R. C. Curtis (New York: Plenum, 1989).

2. Dr. Susan Fiester und John Gunderson, Forschungstreffen mit Dr. Steven Berglas, McLean-Hospital, Belmont, Mass., 5. Okt. 1990.

3. C. Lasch, *Das Zeitalter des Narzißmus* (München: dtv, 1986).

4. S. E. Taylor, *Positive Illusions: Creative Self-deception and the Healthy Mind* (New York: Basic Books, 1981); S. E. Taylor und J. D. Brown, »Illusion and Well-being: A Social Psychological Perspective on Mental Health«, *Psychological Bulletin* 103 (1988), S. 193–210.

5. Siehe D. Kahneman, P. Slovic und A. Tversky, *Judgement under Uncertainty: Heuristics and Biases* (Cambridge: Cambridge University Press, 1982).

6. S. Berglas, *The Success Syndrome* (New York: Plenum, 1986).

7. A. M. Isen, T. E. Nygren und F. G. Ashby, »Influence of Positice Affect on the Subjective Utility of Gains and Losses: It is Just Not Worth the Risk«, *Journal of Personality and Social Psychology* 55 (1988), S. 710–717.

8 R. F. Baumeister und A. M. Stillwell, »Negative Affect and Self-defeating Choices« (Unveröffentlichte Forschungsergebnisse, Case Western Reserve University, 1992).

9. D. M. Tice, »Esteem Protection or Enhancement? Self-handicapping Motives and Attributions Differ by Trait self-esteem«, *Journal of Personality and Social Psychology* 60 (1991), S. 711–725.

10. R. F. Baumeister, Hrsg., *Public Self and Private Self* (New York: Springer, 1986); B. R. Schlenker, *Impression Management: The Self-concept, Social Identity, and Interpersonal Relations* (Monterey, Calif.: Brooks/Cole, 1980).

11. T. A. Kolditz und R. M. Arkin, »An Impression Management Interpretation of the Self-handicapping Strategy«,

Journal of Personality and Social Psychology 43 (1982), S. 492–502; D. M. Tice und R. F. Baumeister, »Self-esteem, Self-handicapping, and Self-presentation: The Strategy of Inadequate Practice«, *Journal of Personality* 58 (1990), S. 443–464.

12. R. F. Baumeister, J. C. Hamilton und D. M. Tice, »Public versus Private Expectancy of Success: Confidence Booster or Performance Pressure?«, *Journal of Personality and Social Psychology* 48 (1985), S. 1447–1457; B. R. Schlenker und M. R. Leary, »Social Anxiety and Self presentation: A Conceptualization and Model« *Psychological Bulletin* 92 (1982), S. 641–669; F. V. Fox und B. M. Staw, »The Trapped Administrator: Effects of Insecurity and Policy Resistance upon Commitment to a Course of Action«, *Administrative Sciences Quarterly* 24 (1979), S. 449–471.

13. R. L. Higgins und S. Berglas, »The Maintenance and Treatment of Self-handicapping: From Risk-Taking to Face-saving – an Back«, in *Self-handicapping: The Paradox That Isn't*, R. L. Higgins, C. R. Snyder und S. Berglas (New York: Plenum,), S. 187–238.

14. S. Freud, *Abriß der Psychoanalyse / Das Unbehagen in der Kultur* (Frankfurt / Main: Fischer, 1992).

Register

Philip Golabuk
Geschichten aus dem Sunset-Grill
Reflexionen über Liebe und Freundschaft
192 S., geb., DM 28,-
öS 219,- / sFr 29,-

Im Sunset-Grill treffen sich Kären, die Schriftstellerin, die ihren Job verloren und ihren Mann verlassen hat; Dennis, der Fotograf, der sein Handwerk nutzt, um den Dämonen seiner Jugend zu entkommen; Gretchen, die eine soziale Einrichtung leitet; Rick, der ehemalige Werbemanager mit unerfüllten beruflichen Träumen; und Philip, der an den Folgen einer gescheiterten Ehe laboriert.

Libby Purves
Die Kunst, (k)eine perfekte Familie zu sein
ca. 220 S., br., DM 29,80
öS 233,- / sFr 29,80

„Als Gott am sechsten Schöpfungstage alles ansah, was er gemacht hatte, war zwar alles gut, aber dafür war auch die Familie noch nicht da."
Kurt Tucholsky, Die Familie

Nach dem Erfolg von *Die Kunst, (k)eine perfekte Mutter zu sein* überzeugt die Autorin mit einem neuen Band voller praktischer Tips und köstlicher Anekdoten.